BUR
Rizzoli

Della stessa autrice in BUR Rizzoli

L'amore viene dal cielo
Gli angeli ci prendono per mano
Un angelo tra i capelli
La speranza degli angeli

Lorna Byrne

Una scala per il cielo

BUR Rizzoli varia

Pubblicato per

BUR Rizzoli

da Mondadori Libri S.p.A.

ISBN 978-88-17-06051-6

Titolo originale dell'opera:
Stairways to Heaven

Traduzione di Cristina Luisa Coronelli

Prima edizione Rizzoli: 2011
Prima edizione BUR: 2012
Sesta edizione BUR Varia: novembre 2021

Seguici su:

www.rizzolilibri.it /RizzoliLibri @BUR_Rizzoli @rizzolilibri

Dedico questo libro a tutti coloro che hanno scelto di fare la loro parte, dando ascolto a Dio e agli angeli.

Una scala per il cielo

Capitolo 1

I miei amici, compagni di viaggio e maestri

Un angelo avanzò aprendosi un varco tra gli alberi, mentre la luce che lo avvolgeva diventava sempre più vivida e brillante. Quell'angelo aveva assunto delle sembianze umane. Era alto, elegante e dall'aspetto radioso. Sul suo volto color dell'oro spiccava il bagliore luminoso che si riverberava dai suoi occhi simili a perle scintillanti. Benché la tunica che indossava fosse drappeggiata intorno al corpo, non si formavano pieghe o increspature a ogni suo movimento. Una fusciacca dorata gli cingeva la vita, e al collo portava una catena d'oro formata da anelli rotondi sui quali risaltava un grosso zaffiro verde all'altezza della scollatura a V. Una caratteristica che lo accomunava agli altri angeli risiedeva nel fatto che i suoi piedi non toccavano terra. Era attorniato da uno stormo di uccelli dorati che volteggiava intorno a lui mentre, appollaiati sul terreno circostante, si scorgevano uccelli di tutte le specie: corvi, taccole, pettirossi, passeri, fringuelli e cinciallegre.

D'un tratto, ci fu un'esplosione di luce all'interno dello zaffiro, dal quale presero a scaturire raggi luminosi ed energie che si proiettavano in tutte le direzioni. In quel preciso istante, gli uccellini si sollevarono dal terreno, e si misero a volteggiare intorno all'angelo, per poi spiccare il volo verso i raggi dello zaffiro verde smeraldo e svanire al suo interno.

Solo allora, l'angelo avanzò verso di me spalancando le ali e muovendole delicatamente. Erano enormi e incredibilmente belle. Riuscivo a scorgere nitidamente la perfezione di ogni singola piuma. Le dimensioni variavano da una piuma all'altra: alcune erano immense, mentre altre erano decisamente piccole. Tutte le piume erano di colore bianco, con una sfumatura dorata che rifulgeva verso l'esterno. Non sempre gli angeli hanno le ali e non sempre le ali sembrano piume, ma io sapevo che quell'angelo aveva qualcosa di diverso, poiché lui era l'angelo degli uccelli. Lo avevo visto per l'ultima volta poco prima della morte di mio marito Joe. Joe era scomparso solo da qualche mese, e io sentivo terribilmente la sua mancanza. Per questo motivo, provai un'intensa emozione nel rivedere quella creatura celeste, sapendo che era venuta per darmi conforto, mentre sedevo su un tronco di legno nel bosco vicino a casa.

L'angelo degli uccelli si era inginocchiato di fronte a me, avvolgendomi nelle sue enormi ali. Percepivo distintamente il contatto delle sue ali sopra il mio corpo. La sensazione di pace che provai accoccolandomi contro di lui era molto intensa. D'un tratto, gli sussurrai: «Grazie per essere venuto a darmi conforto».

Lui mi sussurrò a sua volta: «Ogni volta che vedrai un uccello, voglio che tu sorrida pensando a me». Sentii che, a poco a poco, l'angelo degli uccelli si stava sciogliendo dal nostro abbraccio, dopodiché mi prese il mento fra le mani, obbligandomi a sollevare il capo. Mi rivolse uno sguardo sorridente. Tanto era l'amore e la dolcezza che si irradiavano dal suo volto dorato, che non ci fu bisogno di aggiungere altro.

Si rialzò lentamente, congedandosi da me nell'attimo in cui lasciò la mia mano. Mentre ripercorreva a passi lenti il sentiero dal quale era arrivato, il suo corpo divenne gigantesco e le sue grandi ali si spalancarono nuovamente. D'un tratto, cominciarono a muoversi con armoniosa agilità, evocando le percussioni ritmate di un tamburo. Lentamente, cominciò ad alzarsi in volo; quindi si fermò, circondato dalla luce scintillante, che si irradiava dal suo corpo e da un'infinità di uccelli. All'improvviso, scomparve dentro quella luce.

* * *

Vedo costantemente gli angeli, al punto che non ricordo che ci sia stato un momento in cui io non li abbia visti. Loro mi sono stati sempre accanto, fin dalla nascita, benché in quell'istante non sapessi che erano angeli. Li vedevo accanto a mia madre, quando ero solo una neonata dentro la culla. Mi divertivo cercando di afferrarli, senza mai riuscirci. Li vedo ancora distintamente, così come vedo mia figlia seduta dall'altro capo del tavolo da pranzo, e parlo con loro nello stesso modo in cui parlo con le persone, anche se riesco a comunicare senza parole. Non ho vissuto un solo giorno senza vederli. Per me, vedere gli angeli è la cosa più naturale del mondo. Gli angeli sono i miei migliori amici e compagni di viaggio. Ero ancora piccola quando loro mi pregarono di non rivelare a nessuno tutto quello che mi appariva, neppure ai miei genitori, ai miei fratelli e alle mie sorelle. Ignoravo il motivo per il quale Dio avesse scelto proprio me. Non credo di essere migliore degli altri. A onor del vero, quando ero piccola, i medici avevano detto ai miei genitori che ero ritardata. Di sicuro, non sono perfetta. Sono una persona normalissima, oltretutto con delle difficoltà di apprendimento. Ciò non toglie che Lui mi abbia scelto, incaricando i Suoi angeli di insegnarmi tutto quello che dovevo sapere. Ogni volta che vedo un angelo, non posso fare a meno di fermarmi a guardarlo fissamente. Ho l'impressione di essere al cospetto di una forza incommensurabile.

Quando ero più giovane, gli angeli avevano l'abitudine di assumere delle sembianze umane, affinché potessi accettarli più facilmente. Ora non è più necessario, perlomeno non in modo tassativo. Gli angeli che vedo io non sempre hanno le ali; tuttavia, quando le hanno, mi capita di provare un certo stupore dinanzi alla loro forma. A volte somigliano a lingue di fuoco, a dispetto della loro struttura solida e compatta. Le ali di alcuni di loro sono piumate come quelle dell'angelo degli uccelli.

Quando gli angeli assumono sembianze umane – con o senza ali –, è innegabile che i loro occhi rappresentino uno degli elementi più affascinanti. Gli occhi di un angelo sono diversi da quelli di un essere umano; sono molto più vividi e trasudano un'enorme carica vitale colma di luce e di amore, come se celassero l'essenza della vita stessa. Lo splendore che irradiano mi riempie il cuore.

Non mi è mai capitato di scorgere i piedi di un angelo toccare terra; ogni volta che vedo un angelo avanzare verso di me, percepisco qualcosa di simile a un cuscino di energia che si frappone fra il terreno e i suoi piedi.

Ogni singolo individuo ha il suo angelo custode, indipendentemente dalla religione, dalla nazionalità e dal colore della pelle. Questo vale anche per gli atei e per chi non crede in nulla. Finora non ho mai incontrato nessuno che non avesse un angelo custode, ragion per cui, che ci crediate o no, anche voi avete un angelo custode che fa del suo meglio per aiutarvi. Il vostro angelo è un dono di Dio.

Ai miei occhi, gli angeli custodi assumono le sembianze di una colonna di luce alta poco meno di un metro, situata all'incirca tre passi indietro rispetto alla persona. Può capitare che un angelo custode decida di intensificare al massimo la sua luce, per consentirmi di notarlo meglio, e di assumere delle sembianze umane caratterizzate da una notevole bellezza e da una perfezione assoluta. Questo fenomeno accade perlopiù dopo che mi sono ristabilita in seguito a una malattia o a un momento difficile. Sebbene gli angeli non abbiano sesso, può succedere che assumano le fattezze di un uomo o di una donna. Nella maggior parte dei casi, vedo soltanto la luce degli angeli custodi poiché, se tutti gli angeli manifestassero la loro luce in modo costante, non potrei avere una mia vita, come è giusto che sia.

Il vostro angelo custode non vi abbandona mai per un solo istante, dal momento in cui entrate nel grembo di vostra madre fino alla fase che segue l'abbandono della dimensione terrena. Il vostro angelo custode è sempre pronto ad aiutarvi e vi ama. A onor del vero, voi siete la persona in assoluto più importante per lui. Egli ha il compito di fare tutto il possibile per voi, nei limiti delle sue capacità. È il custode della vostra anima, ed è autorizzato a farvi entrare altri angeli, come per esempio gli angeli maestri, che possiedono una conoscenza approfondita di particolari tematiche. Poiché tutti possono beneficiare del supporto di un angelo maestro, non fatevi nessun riguardo a invocarne l'aiuto. Gli angeli sono i miei amici, i miei compagni di viaggio e i miei maestri; ce ne sono addirittura alcuni che trascorrono molto tempo accanto a me, soprattutto l'angelo Michele, l'angelo Hosus e l'angelo Elia.

In realtà, Michele non è un angelo bensì un Arcangelo; io però non lo sapevo quando lo vidi per la prima volta, anche perché all'epoca ero solo una bambina. Michele è in assoluto l'angelo più presente accanto a me, se si esclude il mio angelo custode del quale non sono autorizzata a parlare. L'angelo Michele mi appare sempre con le fattezze di un uomo affascinante che non dimostra mai la stessa età, che è comunque compresa fra i venti e i quarant'anni.

L'angelo Hosus mi apparve per la prima volta mentre ero a scuola; il suo aspetto è quello di un maestro vecchio stampo, che indossa un camice e un buffo cappello. La sua grande cultura e la sua profonda saggezza gli conferiscono una certa seriosità, ma vi garantisco che è abilissimo nel farmi tornare il buonumore. Mi infonde fiducia fin dai lontanissimi anni della scuola, quando mi sentivo un'idiota in un ambiente che mi era estraneo. Ora invece mi sostiene quando scrivo e quando concedo interviste.

L'angelo Elia appare nelle fasi cruciali della mia vita. Il suo aspetto è sempre lo stesso: altissimo e corpulento, con una pelle color ruggine-ambrato. Ha un incedere vigoroso e a tratti può divenire collerico. Sa infondermi la forza necessaria per combattere le mie piccole battaglie. Discuto sempre delle problematiche quotidiane con Michele e Hosus, ma non con Elia.

A volte, mi viene concesso il grande privilegio di vedere le anime degli esseri umani. L'anima, che dimora dentro il corpo, riempiendone l'intera sagoma, si protende verso l'esterno. Quasi tutte le anime rimangono all'interno del corpo fisico durante il sonno, ed è raro che fuoriescano, anche solo leggermente, dal loro involucro in carne e ossa. L'anima, così come mi viene mostrata, presenta una certa somiglianza con l'individuo, pur non essendo identica e pur non avendo le stesse caratteristiche e gli stessi tratti somatici. Per certi versi, è lecito affermare che l'individuo appare fisicamente perfetto. Ogni volta che mi viene concesso di vedere un'anima, significa che è in atto un evento di matrice spirituale, anche se la persona potrebbe non esserne consapevole. Quando avviene questo fenomeno, mi sento pervadere da un'immensa sensazione di gioia e serenità, nella certezza che Dio si sta occupando di tutto.

Ogni giorno, vedo anche gli spiriti dei trapassati che sono andati in Paradiso. A volte le persone attribuiscono la presenza di uno spirito a un evento negativo, ma di solito non è così. Capita spesso che uno spirito decida di ritornare per garantire il suo sostegno a una persona cara. A volte ritorna semplicemente per la gioia di trascorrere di nuovo un po' di tempo in questo mondo. Da piccola, avevo preso l'abitudine di giocare con lo spirito di mio fratello Christopher, che era morto prima che io nascessi. Christopher mi ha insegnato a distinguere gli spiriti dagli angeli. C'è chi considera un angelo la propria nonna che ha abbandonato la dimensione terrena. Non si può escludere che il proprio angelo custode permetta allo spirito della nonna di stare vicino ai suoi cari per guidarli e sostenerli, ma affermare che la nonna sia un angelo non corrisponde al vero. Nessuno degli individui che ha vissuto in questo mondo diventa un angelo.

Capitolo 2

La profezia di Elia si è avverata

Avevo dieci anni quando incontrai l'angelo Elia per la prima volta. Ero in piedi in riva a un fiume. Quel giorno, ero andata a pescare con mio padre e, a un certo punto, avevo deciso di avventurarmi da sola in mezzo al verde. L'angelo Elia attraversò il fiume, camminando sul pelo dell'acqua per raggiungere la sponda su cui mi trovavo. Non avevo mai visto un angelo camminare sull'acqua, e mi incantai a contemplarlo. Lui mi mostrò una sequenza. Vidi un bel ragazzo che percorreva a piedi un viale alberato. Mentre osservavo con attenzione quelle immagini, l'angelo mi disse che mi sarei innamorata di quel giovane di nome Joe, che ci saremmo sposati e che avremmo avuto dei figli. Aggiunse che Joe avrebbe avuto dei problemi di salute e che non saremmo invecchiati insieme.

Mi arrabbiai molto con l'angelo Elia per avermi rivelato quelle cose; dopotutto avevo solo dieci anni e trovavo profondamente ingiusto sentirmi dire che io e quel ragazzo non saremmo invecchiati insieme. Tutto ciò che aveva previsto era comunque destinato ad avversarsi. Joe era venuto a cercare un impiego presso la stazione di servizio di mio padre – dove peraltro lavoravo anch'io –. Ci innamorammo, decidemmo di acquistare la nostra casetta di campagna a Maynooth e infine ci sposammo. La salute di Joe aveva cominciato a mostrare subito qualche problema. Per quanto mi riguarda, alternavo momenti nei quali supplicavo Dio e gli angeli di farlo stare meglio, ad altri nei quali, in preda alla disperazione, mi rivolgevo a loro in tono perentorio affinché si decidessero a dare ascolto una volta per tutte alle mie preghiere.

Subito dopo il nostro matrimonio, Joe cominciò ad avere un problema di salute dietro l'altro. Con il passare degli anni, gli era venuto il diabete, che aveva finito per compromettere gravemente lo stato del suo cuore, al punto da dover essere operato. Mio marito trascorse gran parte degli ultimi dieci anni della sua vita inchiodato in un letto. Con l'approssimarsi della fine, fu ripetutamente vittima di ictus e screzi ischemici. A dispetto delle sue pessime condizioni di salute, il nostro fu un matrimonio felice, allietato dalla nascita di quattro figli: Christopher, Owen, Ruth e la piccola Megan. Joe spirò a casa nostra nella mattinata del 26 marzo 2000, mantenendo così la sua promessa di rimanere vivo fino al compleanno mio e di Ruth, che cadeva alla vigilia di quella data. Aveva solo 47 anni. Megan, la nostra ultimogenita, ne aveva appena quattro.

Nelle ultime settimane della sua vita, mi incantavo a osservare gli angeli che lo avvolgevano in un lenzuolo eterico, tutte le volte che si accomodava sulla sua sedia. Quel lenzuolo, che sembrava avere la consistenza del cotone, irradiava una luce particolarmente vivida. Non potevo fare a meno di notare con quanto amore e con quanta dolcezza gli angeli lo accudivano, facendo il possibile per alleviare le sue sofferenze fisiche. Ero spesso costretta a intervenire per impedire a Joe di alzarsi da solo dalla sedia. Rimanevo a osservare gli angeli che lo aiutavano a sedersi con la schiena eretta, sorreggendolo per evitare che potesse perdere l'equilibrio e cadere mentre si trascinava verso il bagno o la camera da letto. A volte, le scene a cui assistevo erano talmente buffe che non riuscivo a reprimere un sorriso. Comunque, malgrado l'aiuto degli angeli, seguivo sempre Joe. Capitava addirittura che gli angeli si voltassero verso di me per dirmi che la situazione era sotto controllo e potevano gestire il tutto senza problemi. Ricordo che ci fu una volta in cui l'angelo custode di Joe mi aveva rivelato che mio marito teneva moltissimo a preservare la sua dignità.

La notte prima della sua morte mi svegliai in continuazione, voltandomi verso di lui, che dormiva al mio fianco, per essere certa che fosse tutto a posto. Sapevo che, di lì a poco, gli angeli sarebbero venuti a prendere la sua anima. Il suo bellissimo angelo custode, che si era preso cura di lui con tanto amore per tutta la sua vita, e in special modo nel corso degli ultimi anni, non si trovava più alle sue spalle, come voleva la consuetudine. Era invece entrato nel corpo di Joe, rimanendo saldamente aggrappato alla sua anima. Il mattino successivo, al mio risveglio, l'angelo custode di mio marito mi disse per la prima volta di non toccare Joe, per non correre il rischio di disturbarlo. Da quel momento, ogni volta che mi svegliavo, mi limitavo a guardarlo con gli occhi pieni di lacrime; subito dopo, il suo angelo custode mi ordinava di riaddormentarmi, e io scivolavo subito nel sonno, per poi risvegliarmi all'incirca un'ora più tardi. Quella mattina saranno state le sette, quando fui svegliata dall'angelo Michele. Joe non respirava più. La sua anima bellissima e assolutamente perfetta, scortata dal suo angelo custode, si stava già allontanando per dirigersi verso una luce meravigliosa, verso una scala che le avrebbe permesso di raggiungere il Paradiso. In quel momento, avrei voluto gridare: «Joe, non lasciarmi! Ho bisogno di te!».

Avrei voluto disperatamente implorare Dio di fare in modo che mio marito rimanesse qui con me, ma sapevo che non era possibile, e che mi avrebbe detto di no. L'Arcangelo Michele posò una mano sulle mie labbra, per impedirmi di parlare. La stanza si era riempita all'inverosimile di angeli. Benché fossero presenti anche i miei angeli speciali – i miei amici e i miei maestri – il dolore che provavo era troppo straziante perché potessi trovare conforto nella loro vicinanza. Ero stordita, mentre stringevo a me il corpo senza vita di Joe. D'un tratto, sentii che l'angelo Michele mi aveva avvolto in un lenzuolo eterico, bisbigliandomi in un orecchio di avvertire i ragazzi e di chiamare un'ambulanza.

L'accettazione della morte di una persona cara non è resa più semplice dal fatto che si sapeva già da tempo che ci avrebbe lasciato. Io ero distrutta e dilaniata dal dolore, un dolore acuito dalla sofferenza che provavano i miei figli. Cercavamo di consolarci a vicenda. La presenza degli angeli non servì tuttavia a lenire quello strazio.

Quando arrivò l'ambulanza, gli addetti ai primi soccorsi tentarono inutilmente di rianimare Joe. Io ero in piedi a osservarli, tremando in preda allo shock. Li guardavo mentre cercavano di riportarlo in vita, ripetendo: «Così non funziona». Alla fine, lo avvolsero in un lenzuolo, lo caricarono sull'ambulanza, e si diressero verso l'ospedale a sirene spiegate. Io e Christopher seguimmo l'ambulanza a bordo di un taxi. Owen era rimasto a casa con Megan, che stava ancora dormendo, ignara di quanto era accaduto a suo padre.

Una volta giunti in ospedale, ci fecero attendere dentro una piccola stanza. A tratti, scorgevo la sagoma dell'angelo custode di Christopher, che lo avvolgeva in un abbraccio per dargli conforto. L'angelo Michele tenne la mia mano stretta nella sua, senza lasciarla per un solo istante. Il tempo passava, ma non avevo idea di che ora fosse. All'improvviso, la porta si aprì ed entrò una dottoressa per comunicarci quello che io già sapevo: Joe era morto.

Non ricordo nulla del viaggio di ritorno a casa. So soltanto che ci sedemmo affranti intorno al tavolo della cucina, nel vano tentativo di rinfrancarci bevendo una tazza di tè. Megan, seduta sulle mie ginocchia, non faceva che ripetere singhiozzando: «Voglio vedere il mio papà». Quella mattina, nell'attimo in cui suo padre aveva abbandonato la dimensione terrena, lei stava ancora dormendo. Io sapevo che il suo angelo custode non le aveva permesso di svegliarsi. Aveva solo quattro anni e non poteva certo comprendere quanto stava accadendo; non poteva certo comprendere che suo padre era volato in Paradiso.

Ricordo che quel giorno, accorgendomi d'un tratto dell'assenza di Megan, mi ero chiesta dove potesse essere finita. Mi misi dunque a cercarla finché non la trovai in camera da letto, nascosta sotto le lenzuola sul lato del materasso in cui dormiva Joe, mentre il suo angelo custode, chino su di lei, cercava di consolarla. Sempre quel giorno, la vidi voltarsi di scatto verso di me: l'espressione dipinta sul suo viso tradiva la rabbia che provava nei miei confronti perché non l'avevo svegliata.

La mia casa era invasa da gente che veniva a farci le condoglianze. Insieme ai miei figli più grandi, cercai di decidere se fosse più opportuno riportare a casa Joe prima del funerale piuttosto che lasciarlo all'interno della camera mortuaria allestita a Maynooth. Alla fine, vista la tenera età di Megan, optammo per la seconda ipotesi. Christopher telefonò all'impresa di pompe funebri per prendere accordi. Mentre varcavo la soglia della camera mortuaria, vidi la bara ancora aperta, che campeggiava al centro della sala, «presidiata» da una schiera di angeli. Mi sentii sollevata e mi rivolsi mentalmente a loro, ringraziandoli per non averlo lasciato solo. So bene che in quella bara era adagiato solo ed esclusivamente il corpo fisico di mio marito, ma ciò non mi impedì di essere riconoscente agli angeli per quel piccolo gesto solidale.

Ero distrutta dal dolore, seppur nella consapevolezza che l'anima di Joe era sopravvissuta e aveva raggiunto il Paradiso scortata dal suo angelo custode. Sapevo che lui aveva potuto riabbracciare la sua famiglia, mio padre e gli amici che se ne erano andati prima di lui. So che la morte riguarda esclusivamente il nostro corpo fisico, e che la nostra anima continua a vivere. Pur essendo consapevole dell'assoluta veridicità di tutto ciò, ero pervasa da un'immensa tristezza.

Owen prese in braccio Megan per consentirle di vedere Joe. In quel preciso istante, la luce dell'angelo custode di mia figlia divenne più intensa. L'angelo mi comunicò mentalmente questo messaggio: «Megan non è in grado di comprendere che il suo papà è andato in Paradiso». Lei, infatti, trotterellava da un capo all'altro della sala, mentre noi rimanemmo in piedi accanto alla bara di Joe, continuando a fissarlo in silenzio.

Quando rincasammo, i miei tre figli più grandi proposero a Megan di scegliere un oggetto da deporre all'interno della bara. Lei si precipitò nella sua cameretta, per fare un disegno da regalare al suo papà.

Nel tardo pomeriggio, ci recammo nuovamente alla camera mortuaria. Era l'ultima occasione che avevamo per vedere Joe, prima che chiudessero la bara. Una volta arrivati, notammo che i responsabili dell'impresa di pompe funebri erano già lì. La sala traboccava di angeli, compresi gli angeli custodi dei miei figli. A ogni buon conto, quella visione non riuscì a rincuorarmi. Ero annichilita dal dolore, e sapevo che anche i ragazzi lo erano. Tutti noi ci stavamo sforzando di essere forti gli uni per gli altri, ma soprattutto per Megan. Ruth mi aiutò a intrecciare la corona del rosario in modo che rimanesse ben stretta fra le dita di Joe. Megan si sollevò sulla punta dei piedi, aggrappandosi con una mano alla bara per riuscire a vedere il corpo di suo padre, dopodiché posò delicatamente accanto a lui il disegno che aveva fatto e il suo orsacchiotto giallo a cui teneva più che a ogni altra cosa. Ognuno di noi aveva un piccolo cimelio da introdurre nella bara, in ricordo di alcuni momenti speciali: per Christopher, si trattava di un pacchetto di sigarette e di un mazzo di carte da gioco; Owen aveva optato invece per la sua maglia della nazionale irlandese di calcio e per la sua sciarpa rossa del Liverpool; Ruth aveva scelto un anello e una lettera. Mentre osservavo i miei figli intenti a salutare il padre per l'ultima volta, pensai che il mio cuore sarebbe andato in frantumi e che non avrei retto a quella sofferenza. Quei poveri ragazzi erano pallidissimi e con gli occhi gonfi di lacrime. Mi sentivo inerme e incapace di consolarli.

La notte prima del funerale, mentre ero a letto, scrissi una lettera a Joe, singhiozzando sommessamente, per evitare che i miei figli potessero sentirmi. L'arcangelo Michele era seduto accanto a me, ma io lo ignorai finché lui non pronunciò il mio nome costringendomi così a guardarlo. Michele mi sfiorò una mano e disse: «Recapiterò questa lettera a Joe in Paradiso».

Mentre stavo sistemando quello scritto dentro la bara accanto al corpo, l'angelo Michele mi bisbigliò in un orecchio: «Lorna, verificherò personalmente che tutto quello che avete messo nella bara arrivi in Paradiso da Joe».

Non fu facile, né per me né per i miei figli, dover prendere atto che, una volta chiusa la bara, non avremmo mai più rivisto il corpo di Joe. So bene che, come non è stato facile per noi, non lo è neppure per chiunque abbia subito la perdita di una persona cara. Sforzatevi di ricordare – così come io stessa mi sono sforzata di farlo – che quella persona a voi tanto cara non è morta, poiché la sua anima è immortale. Quando arriverà anche per noi l'ora di accomiatarci da questo mondo, abbandonando il nostro involucro di carne, ritroveremo tutti coloro ai quali abbiamo voluto bene.

Capitolo 3

Un pianto disperato

Dopo la morte di Joe, la mia vita era diventata faticosa e stressante. Benché mi sforzassi di andare avanti e di affrontare tutte le problematiche quotidiane, e benché né Dio né gli angeli mi facessero mancare il loro sostegno, devo ammettere che non fu facile trovare la forza per continuare a vivere. Senza il conforto del dialogo con gli angeli, non sarei riuscita a sopportare il silenzio che era piombato fra le mura di casa mia. Quando ero sola o Megan dormiva nel suo letto, ricevevo quasi sempre la visita degli angeli. Alcune volte dicevo loro di andarsene e di lasciarmi in pace, poiché non gradivo la loro presenza. Essi ubbidivano senza comunque allontanarsi troppo al punto che, di quando in quando, intravedevo la sagoma di un angelo.

Megan sentiva terribilmente la mancanza di Joe e piangeva molto. A volte, capitava che venisse da me per farsi abbracciare e coccolare, dando sfogo alla sua profonda tristezza. Un giorno, mentre stava giocando con le bambole e i pupazzetti, e io ero intenta a stirare, cominciò a piangere sommessamente. Posai il ferro da stiro e sollevai lo sguardo, notando che la stanza si era riempita di angeli, e che la luce del suo angelo custode era divenuta più intensa. L'angelo mi guardò e comunicammo senza parole. L'argomento della nostra conversazione silenziosa riguardava il dolore e l'angoscia che affliggevano mia figlia. Corsi ad abbracciare Megan per infonderle conforto ma, nell'attimo in cui la strinsi a me, proruppe in un pianto disperato. Prima di allora, non avevo mai sentito nulla di simile, un suono stridulo caratterizzato da un'unica nota che mantenne a lungo la stessa tonalità alta. Era davvero molto inquietante. D'un tratto, i vetri delle finestre si misero a vibrare, e io temevo che potessero andare in frantumi. Chiamai gli angeli a gran voce, implorandoli di fare qualcosa per aiutarmi. Tutto tacque all'improvviso, a eccezione del suo pianto. Provate a immaginare il silenzio più assoluto, rotto dal pianto di una bambina piccola. A chiunque si sarebbe spezzato il cuore dinanzi a quella sofferenza. Mentre gli angeli ci avvolgevano nel loro abbraccio, fummo circondate da raggi di luce bianca e scintillante. Nel volgere di poco tempo, ebbi la percezione che il calore e l'amore degli angeli stavano cominciando a lenire il suo tormento. Nell'attimo in cui smise di piangere, la stanza fu invasa da un silenzio irreale. A poco a poco, la luce degli angeli si dissolse finché, d'un tratto, la camera ritornò alla sua dimensione normale. Ero seduta sul pavimento stringendo fra le braccia mia figlia, che finì per addormentarsi.

Poco dopo, la adagiai sul divano, coprendola con un lenzuolo, poi uscii in punta di piedi dalla stanza e richiusi la porta alle mie spalle. Fu solo allora che chiamai gli angeli. Michele avanzò seguito da Hosus, da Elia e da molti altri. Gridai in preda all'esasperazione: «Volete spiegarmi che cosa è successo?».

«Siediti, Lorna» rispose Michele. «Non dimenticare che Megan ha avuto vicino suo padre ventiquattro ore su ventiquattro. Da quando è nata, ha sempre potuto contare sulla sua presenza, e adesso non c'è da stupirsi se le manchi terribilmente.»

«La sentirò ancora piangere in quel modo?» domandai in preda allo sconforto, mentre mi sedevo al tavolo.

L'angelo Hosus, che stava in piedi accanto alla finestra, rispose semplicemente: «Sì» affrettandosi ad aggiungere: «Non possiamo impedirglielo!».

«Perché no?» replicai alzandomi di scatto dalla sedia.

Hosus mi venne vicino e mi si parò davanti, esclamando: «Lorna! Tutto questo fa parte della vita di Megan; fa parte delle prove che deve affrontare per poter evolvere».

Guardai prima Hosus e poi gli altri angeli. «Lo comprendo benissimo, ma mi fa troppo male vederla soffrire! Ho visto Megan spalancare la porta della camera da letto con tutte le sue forze, e ho visto la sua energia svanire di colpo nel preciso istante in cui si è resa conto che suo padre non era lì. L'ho vista anche fare un disegno nella sua cameretta e poi precipitarsi nel soggiorno per mostrarglielo, convinta che fosse seduto come al solito sulla sedia davanti al camino.»

Provai una stretta al cuore. Alla fine soggiunsi: «Suppongo che l'unica cosa che posso fare è darle tanto amore. So che gli angeli custodi di Christopher, di Owen e di Ruth si stanno prodigando più che mai, e che sono in contatto con gli angeli custodi dei loro amici. I loro amici li stanno aiutando moltissimo. Potete ringraziare i loro angeli custodi da parte mia?».

«Lo faremo sicuramente» disse l'angelo Michele protendendosi in avanti per stringere le mie mani fra le sue. «Gli amici dei tuoi figli danno ascolto ai loro angeli.» A quel punto, tutti gli angeli che si erano assiepati nella stanza scomparvero.

In settembre, Megan cominciò ad andare a scuola. Poiché avrebbe frequentato la stessa scuola elementare dove, a suo tempo, aveva studiato sua sorella Ruth, quest'ultima le fornì una descrizione dettagliata della struttura e degli insegnanti. Se da un lato ero felice di sapere che sarebbe andata a scuola – un'ottima occasione per allontanarsi dall'ambiente domestico –, dall'altro ero in ansia all'idea che potesse faticare a integrarsi nella sua nuova vita. A volte, la vedevo rincasare triste e di malumore, perché i suoi compagni parlavano di tutto quello che facevano insieme alle loro mamme e ai loro papà durante i fine settimana. E quando loro le chiedevano che cosa facesse durante il weekend con i suoi genitori, per lei era sempre molto difficile dover spiegare che il suo papà era morto ed era andato in Paradiso. Per non parlare poi di alcune ricorrenze speciali, come la festa del papà, in cui tutti gli scolari preparavano biglietti augurali. Sapendo che tutto questo le avrebbe causato un dolore insopportabile, invocavo Dio e gli angeli affinché le stessero vicino.

Gli angeli si sforzavano di rincuorare anche me. In un gelido mattino d'inverno, mentre stavo rincasando dopo aver accompagnato Megan a scuola, decisi di percorrere a piedi il sentiero che costeggiava il canale di Maynooth, decisamente più tranquillo rispetto alla strada. Mi era sempre piaciuto quell'angolo del canale, perché c'erano tante anatre e una coppia di cigni. Quel giorno, mentre camminavo, notai invece la presenza di un folto drappello di cigni (direi che erano suppergiù una ventina). Ero stupita, ma non ci badai più di tanto. All'improvviso, un angelo mi disse di fermarmi.

Ebbi l'impressione che l'acqua del canale avesse mutato consistenza, trasformandosi in una specie di lastra di vetro.

«Che cosa succede?» domandai agli angeli che sostavano intorno a me. «Osserva tutta quella luce che avvolge i cigni; osserva come il bianco delle loro piume stia diventando via via più candido, annullandosi in quel fulgore abbacinante.» Uno di quei cigni si diresse verso di me con incedere soave e aggraziato. A quel punto, mi accorsi che gli altri lo stavano seguendo in fila indiana. Sollevai nuovamente lo sguardo, ed ebbi quasi l'impressione che stessero formando la lettera S. Rimasi incantata a guardarli. Subito dopo aver raggiunto l'argine, il cigno, che era davanti agli altri si diresse verso di me, seguito a ruota dagli altri. Mi domandai che cosa stesse succedendo. Arretrai di un passo, e rimasi immobile in mezzo al sentiero. In men che non si dica, mi ritrovai circondata dai cigni. D'un tratto, alcuni di loro si staccarono dal gruppo, disponendosi in cerchio intorno a me. Erano così vicini, che avevo quasi l'impressione che mi sfiorassero. Gli ultimi due erano rimasti all'esterno del cerchio come se volessero presidiarlo. Quelli, che si trovavano all'interno, sollevarono il corpo e il collo protendendosi verso il cielo; quel gesto li fece sembrare più alti di me. Dopodiché, spalancarono le ali agitandole delicatamente. Cominciarono quindi a emettere dei suoni melodiosi, muovendo le ali al ritmo di quel canto, che produceva un effetto ammaliante e ristoratore. Non mi sentivo affatto intimorita dalla stazza imponente e dal vigore di quegli animali. Ormai erano così vicini, che decisi di rimanere immobile temendo che, se solo mi fossi spostata di un millimetro, avrei potuto colpirne uno.

Non ho idea di quanto tempo potesse essere passato; so solo che, d'un tratto, il cigno che presidiava il cerchio si voltò dirigendosi nuovamente verso la riva, per poi scivolare dentro l'acqua, mentre quelli che formavano il cerchio esterno si allontanarono in modo aggraziato, quasi fossero degli attori che si accingevano ad abbandonare il proscenio. I cigni all'interno del cerchio più piccolo, che avevano formato intorno alla mia persona, furono gli ultimi ad andarsene. Rimasi incantata a guardarli mentre riacquistavano delicatamente la loro grandezza naturale. Alla fine, tutti si ritrovarono nell'acqua, scivolando soavemente lungo il canale.

Tutto tornò alla normalità, e io ringraziai gli angeli. Ogni volta che passeggio lungo quel tratto del canale, non posso fare a meno di ripensare a questo episodio. Gli angeli mi avevano appena dato una dimostrazione della solidità del legame che unisce l'uomo alle altre creature di Dio, rammentandomi una volta di più le meraviglie di questo mondo.

Una mattina, mentre Megan era a scuola, decisi di fare una passeggiata, dirigendomi verso una bellissima chiesetta, conosciuta come la Cappella della Beata Vergine. Oggi come oggi, è diventato impossibile camminare lungo queste strade perché sono troppo trafficate; tuttavia, in quegli anni erano più tranquille. Se non ricordo male, quella mattina vidi passare solo un'automobile. C'era un freddo pungente ma almeno non pioveva; anzi, di quando in quando, il sole faceva capolino aprendosi un varco nella fitta coltre di nubi. Mentre passeggiavo assaporando l'aria frizzante, mi rivolsi a Dio, supplicandolo di concedermi un miracolo. La mia mente era affollata di pensieri e preoccupazioni, soprattutto per Megan ma anche per alcune persone che erano venute a farmi visita nel corso delle ultime settimane.

Avevo appena svoltato a sinistra, imboccando un sentiero più tranquillo quando, d'un tratto, mi sentii chiamare per nome da una voce che mi esortava ad accelerare il passo. Smisi per un attimo di fissare la strada che stavo percorrendo, sollevai lo sguardo e notai un bellissimo angelo. Intravidi a stento la sagoma che si stagliava in lontananza, ma lo riconobbi subito. Era l'angelo Elisha, che troneggiava in mezzo al sentiero in tutto il suo splendore: ebbi l'impressione che la luce del sole si riverberasse su di lui. Gli corsi incontro e, non appena lo raggiunsi, gli domandai: «Da dove vieni, angelo Elisha?». Invece di rispondermi, camminò al mio fianco per un breve tratto del sentiero. Infine, sostammo davanti allo steccato di un campo. La luce del sole splendeva su di noi, e io non sentii più il freddo pungente, rimanendo a fissare l'angelo mentre parlava. Notai che non era affatto cambiato dalla prima volta in cui mi era apparso sullo specchio del bagno della stazione di servizio di Rathmines, presso cui lavoravo. Mi è difficile descriverlo a parole. A dispetto delle sue sembianze umane, pareva fatto di bellissime piume luminescenti.

L'angelo Elisha mi sollevò il mento con la sua mano destra, dicendo: «Lorna, ti ricordi dei Brennan? Erano venuti a trovarti quando Joe era ancora vivo». Annuii. «Ricordi la proposta che ti fece nonna Brennan?» Annuii di nuovo. «Dio vuole che tu le dica di sì.»

Ero esterrefatta. I Brennan erano venuti a farmi visita alcuni anni prima, per chiedermi di aiutarli. All'epoca, Joe stava molto male. Stranamente, non appena i Brennan misero piede dentro casa, gli angeli mi avevano esortato a presentare loro Joe. Accadeva molto di rado che gli angeli mi permettessero di coinvolgerlo in quel genere di situazioni. Dal canto suo, Joe era molto restio all'idea di incontrare i Brennan per via delle sue precarie condizioni di salute ma anche perché faceva molta fatica a camminare. Ciononostante, alla fine ero riuscita a convincerlo. Ci sedemmo tutti al tavolo della cucina insieme a Maura Brennan, a sua madre – che io ho sempre chiamato nonna Brennan –, al marito di Maura e ai loro quattro figli. Ben presto, seppi che quelli non erano gli unici figli che avevano. I Brennan si erano presentati a casa nostra con un cestino colmo di ogni ben di Dio, che divorammo, chiacchierando piacevolmente. Quella sera, nel congedarsi da noi prima di far ritorno a casa, invitarono me, Joe e i nostri tre figli (Megan non era ancora nata) ad andare una domenica a cena da loro.

Quella sera, dopo che se ne furono andati, Hosus mi aveva detto: «Voi e quella famiglia diventerete buoni amici. Lorna, sappi che in futuro quelle persone avranno un ruolo importantissimo nella tua vita. Diventerete grandi amici; ricordati che l'affetto che vi legherà è molto importante per le vostre famiglie». Hosus aveva ragione: quello era il preludio di un'amicizia duratura, peraltro una delle mie rare amicizie, visto e considerato che gli angeli mi avevano sempre impedito di avere degli amici, anche se non sono mai riuscita a comprenderne il motivo.

Elisha mi chiese dunque se mi ricordavo ancora della proposta di nonna Brennan: assolutamente sì! Come avrei potuto dimenticarmene? Erano trascorsi ormai diversi anni da quella prima domenica in cui eravamo stati ospiti a cena dai Brennan. Dopo mangiato, nonna Brennan mi aveva accompagnato a vedere una vecchia fattoria di sua proprietà, situata in fondo al sentiero. Manifestò il desiderio di regalarmela, proponendomi di trasferirmi lì con la mia famiglia non appena l'anziano inquilino che vi abitava avesse traslocato altrove.

«Sarebbe fantastico se veniste ad abitare qui a Johnstown. Saremmo vicinissimi, visto che la fattoria si trova in fondo al sentiero, e dunque solo a pochi passi da qui! Lorna, non sai quanto vorrei fare questo regalo a te e a Joe! Ma vedrai che ci riuscirò, te lo prometto. Sappi che io mantengo sempre le mie promesse!» Mi innamorai subito di quel posto, perché mi ricordava la vecchia casa di Old Kilmainham nella quale ero vissuta da bambina, e Joe rimase piacevolmente colpito dal silenzio che vi regnava.

E adesso l'angelo Elisha mi stava consigliando di accettare l'offerta di nonna Brennan riguardo a quella vecchia fattoria, dove sarei potuta andare a vivere insieme a Megan. Lo guardai incapace di reprimere un moto di insofferenza: «Elisha, mi sento male solo all'idea: per poter fare questo, dovrei prima sistemare un'infinità di altre cose. Che ne sarebbe dei miei tre figli più grandi? So bene che sono adulti, ma non posso certo vendere la casa lasciandoli senza un tetto sopra la testa! Oltretutto è da un po' che non metto piede nella vecchia fattoria di Johnstown. In che stato sarà?».

Elisha disse: «La struttura esterna non è cambiata, e dunque si presenta bene. Temo però che all'interno sia conciata piuttosto male. Non è abitabile e occorre fare qualche grosso intervento di idraulica e di elettricità. In buona sostanza, bisogna rifare tutti gli impianti. Non ti nascondo che c'è da lavorare sodo». Elisha mi rivolse un sorriso di incoraggiamento. «Telefona a nonna Brennan e dille che hai intenzione di prendere la fattoria. Passerà comunque un annetto prima che tu ti trasferisca a vivere lì. Nel frattempo, accadranno molte cose.»

Nell'udire quelle parole, scoppiai a ridere, «contagiando» anche l'angelo Elisha. La sua risata faceva pensare al fruscio dell'acqua che scorre dolcemente sopra i sassi di un fiume. Percorsi un tratto del sentiero con Elisha, parlando d'altro finché, all'improvviso, scomparve. Io però non telefonai ai Brennan! Al mattino della domenica seguente, camminavo tenendo per mano Megan, mentre attraversavamo il centro di Maynooth per andare a mangiare le ciambelle alla crema nella nostra solita pasticceria. D'un tratto, notai un gruppo di angeli bianchi che si stavano dirigendo verso di noi. Gli angeli bianchi abbondano dappertutto. State pur certi che, dovunque vi siano delle persone, se ne trovano a centinaia, sempre pronti ad aiutare in qualunque modo e in qualunque momento chiunque sia in difficoltà. Contrariamente agli angeli maestri, che conoscono alla perfezione una materia ben precisa (come per esempio la medicina o i metodi di studio che permettono di superare gli esami; esistono comunque degli angeli maestri per qualunque disciplina), gli angeli bianchi non possiedono nessuna specializzazione, ma sanno rendersi utili sotto molti punti di vista. Sono luminosissimi, ed è per questo che li chiamo angeli bianchi. Le loro dimensioni possono variare: a volte sembrano altissimi mentre, in altre circostanze, hanno la medesima statura delle persone alle quali stanno accanto.

Non riuscivo a nascondere lo stupore per l'incredibile quantità di angeli bianchi che vedevo ovunque mi voltassi, sembravano confluire da tutte le direzioni. D'un tratto, ebbi l'impressione che l'atmosfera fosse divenuta pressoché immobile. Tutto sembrava essersi fermato, a eccezione di un'auto colorata che avanzava a stento. Un uomo era seduto al posto di guida, senza tuttavia compiere il benché minimo movimento. Vidi un uomo e una donna all'estremità opposta della strada; era come se fossero in procinto di camminare, con un piede sospeso a mezz'aria, senza però muoversi. Io ero in piedi accanto a Megan. La luce del suo angelo custode divenne intensa, rifulgendo al punto da accecarmi, impedendomi così di vederla. In quel preciso istante, seppi che cosa sarebbe accaduto di lì a poco.

La piccola cominciò a singhiozzare disperatamente. Mi inginocchiai vicino a lei, cercando di consolarla con tutte le parole amorevoli che mi venivano in mente, abbracciandola e dicendole di non piangere. Per un attimo, il suo pianto disperato parve divenire sommesso, salvo poi farsi via via più stridulo ai limiti dell'assordante. Avevo infatti la sensazione che quegli strepiti potessero essere uditi in un raggio di vari chilometri. Ebbi la certezza che tutto il mio amore non sarebbe mai riuscito a rasserenarla. Invocai Dio e gli angeli, implorandoli con tutta me stessa: «Aiutatela, vi prego!».

Gli angeli bianchi, dai quali eravamo attorniate, intonarono un canto melodioso. Quel canto riuscì a calmare Megan, al punto che le sue urla disperate si attenuarono leggermente, finendo a poco a poco per affievolirsi del tutto. La abbracciai sentendomi pervasa da un profondo sollievo e provando un'immensa gratitudine verso Dio e gli angeli. Il silenzio che avvolgeva il pianto di Megan fu rotto all'improvviso da uno stridore di freni, dallo sportello di un'automobile che veniva sbattuto, e da un uomo che gridò: «Per caso la bambina sta male?».

In quel preciso istante, udii i passi dell'uomo e della donna che avevo visto poco prima. Vidi che correvano verso di noi dall'estremità opposta della strada.

«Serve aiuto?»

D'un tratto, l'atmosfera divenne nuovamente immobile. Quelle tre brave persone si bloccarono come se fossero cadute in uno stato di trance. Vidi che gli angeli bianchi le stavano sfiorando. Quella scena durò solo una manciata di secondi e poi ogni cosa tornò alla normalità. A quel punto, mi accorsi che l'uomo e la donna stavano attraversando la strada. Era come se gli angeli avessero cancellato dalla loro mente il ricordo di ciò che avevano udito. Ringraziai Dio e gli angeli per aver fatto in modo che quella mattina ci fossero in giro pochissime persone. In effetti, la cittadina sembrava quasi deserta. Io e Megan ci dirigemmo spedite verso la pasticceria. Ad attenderci sulla soglia del locale c'era l'angelo Hosus, che accarezzò la testa di mia figlia.

Ciò che era accaduto quel giorno mi convinse a traslocare a Johnstown. Ormai ebbi la certezza che dovevo portare Megan lontano da Maynooth, e da tutti quei ricordi dolorosi che la stavano facendo soffrire atrocemente. Doveva assolutamente ricominciare a vivere in un ambiente nuovo.

Erano trascorsi alcuni giorni quando, una sera, nonna Brennan mi telefonò per comunicarmi che la vecchia fattoria di Johnstown si era liberata perché l'anziano signore che vi abitava era morto. Dunque, se la volevo, era mia. Le dissi di sì e la ringraziai con tutto il cuore. Nonna Brennan accolse con gioia la mia decisione di trasferirmi lì. Anch'io ero molto soddisfatta, benché non potessi fare a meno di sentirmi in ansia per gli impegni che un simile cambiamento avrebbe comportato. Le dissi pertanto che avevo bisogno di tempo per organizzarmi. Parlammo per un po' e infine ci salutammo.

Capitolo 4

La dolcezza degli angeli

Ho sempre fatto in modo che la mia vita privata rimanesse separata dal lavoro che Dio e gli angeli mi chiedono di svolgere. Le persone, che mi venivano a trovare subito dopo la morte di Joe, non sapevano nulla del grave lutto che avevo appena subito. Erano trascorse alcune settimane dalla scomparsa di mio marito quando, una sera in cui mi trovavo da sola in casa con Megan che dormiva, sentii bussare alla porta. Mi ritrovai davanti un uomo ritto sulla soglia. Nel preciso istante in cui lo invitai a entrare nel salone, un angelo mi bisbigliò all'orecchio pregandomi di accettare la richiesta di quell'individuo. Riconobbi la voce dell'angelo che mi stava parlando: era Hosus. L'uomo mi spiegò che, mentre percorreva in automobile la strada che lo avrebbe ricondotto a Dublino, si era trovato a passare per Maynooth. Ebbe così l'idea di venire a ringraziarmi per l'aiuto che avevo dato a lui e alla sua famiglia, rivelandomi che quanto avevo fatto per loro era stato davvero preziosissimo. A quel punto, mi domandò se fossi disposta a ricevere un suo amico che stava vivendo un periodo di grande stress, possibilmente in uno dei giorni successivi.

Benché fossi alquanto titubante, feci come l'angelo Hosus mi aveva detto di fare e accettai. Stabilimmo che all'indomani mi avrebbe chiamato per fissare un appuntamento, dopodiché mi ringraziò e andò via.

Mentre l'uomo si stava dirigendo verso il cancello, apparvero due angeli, uno alla sua sinistra e l'altro alla sua destra, dicendomi mentalmente che quella persona aveva una profonda fede in Dio e negli angeli, e che sapeva ascoltare. Nell'aprire lo sportello della sua automobile, si voltò verso di me accennando un saluto con la mano. Mi sentivo comunque oppressa da una profonda malinconia. Rientrai dentro casa, aprii la porta della cucina e vidi che l'angelo Hosus era seduto al tavolo. Mi lasciai cadere su una sedia accanto a lui e dissi tra le lacrime: «Non so se ce la posso fare. Non è un po' troppo presto per ricominciare a ricevere le persone che hanno bisogno del mio aiuto?».

Hosus si protese in avanti per prendermi una mano. Mi sentii subito rincuorata e più tranquilla mentre diceva: «Lorna, questa è la tua vita! Questo è il lavoro che Dio ti chiede di compiere. Puoi contare sull'aiuto di folte schiere di angeli, ed è per questo che ce la puoi fare!». Mi asciugò le lacrime e poi scomparve.

All'indomani, quell'uomo mi telefonò e io ricevetti il suo amico quella sera stessa.

Il tempo stava diventando sempre più clemente e l'aria cominciava a essere più tiepida, al punto che un giorno decisi di portare Megan allo zoo di Dublino. Arrivammo in macchina al Phoenix Park e parcheggiammo in un punto che ci avrebbe permesso di raggiungere a piedi lo zoo in una decina di minuti. A Megan non dispiacque affatto dover camminare, anche perché era elettrizzata all'idea di visitare lo zoo, e anche io ero felicissima di passeggiare nel parco, contemplando gli alberi, gli uccelli, e gli angeli intenti a giocare con i bambini, del tutto ignari della loro presenza. In prossimità dello zoo, si scorgevano alcune bancarelle, alle cui spalle si snodava un ripido pendio erboso, ai piedi del quale intere frotte di bambini giocavano scatenati. Mi fermai di colpo, perché ero convinta che, dietro uno di quegli alberi ci fosse una persona che conoscevo. D'un tratto, mentre guardavo fissamente il pendio, capii che quella figura non era una persona bensì un angelo, anche se chiunque lo avesse visto avrebbe potuto scambiarlo facilmente per un essere umano. Benché il suo aspetto mi fosse familiare, non riuscivo a risalire alla sua vera identità. Non facevo altro che ripetere fra me e me: «No, non può essere lui».

Quell'angelo si allontanò dall'albero e fece qualche passo avanti, andandosi a sedere su una panchina. Nel volgere di una manciata di minuti, lo raggiunse un gruppetto di bambini piccoli. Vidi l'angelo alzarsi in piedi per giocare con la palla insieme a loro. A quel gruppetto si unirono ben presto altri bimbi, ma anche un uomo e una donna. Essendo molto aperti e ricettivi, i bambini riescono facilmente a vedere gli angeli; ebbi comunque l'impressione che anche le due persone adulte lì presenti riuscissero a notarlo, seppur ignare del fatto che non si trattasse di un essere umano.

All'improvviso, l'angelo si voltò verso di me salutandomi con un cenno della mano: in quel preciso istante, riconobbi l'angelo Michele, e gli sorrisi rivolgendogli a mia volta un saluto agitando la mano. Michele smise di giocare con la palla, si mosse in direzione degli alberi e quindi scomparve.

In quel periodo, gli angeli si erano davvero prodigati per darmi conforto e restituirmi il sorriso.

A volte le persone mi sorprendevano, vista l'incredibile capacità con cui riuscivano a trovarmi attraverso il passaparola. Ero piuttosto restia a comunicare il mio numero di telefono; ciononostante, erano in grado ugualmente di scoprirlo, oppure si presentavano semplicemente davanti alla porta di casa mia, magari mentre stendevo il bucato o mentre mi accingevo a uscire per andare a far la spesa. A volte, chiedevano di essere ricevute subito. Capitava anche che mi domandassero di poter ritornare un altro giorno, o di poter venire accompagnate da un'altra persona (magari un parente malato o un amico afflitto da qualche problema non meglio definito).

Un pomeriggio, udii bussare alla porta; corsi ad aprire, vedendo tre donne in piedi sulla soglia di casa mia. Notai che indossavano tutte e tre una gonna e un maglione nelle sfumature del bianco e dell'azzurro mare. Benché non portassero il velo, capii subito che erano suore cattoliche. Una di loro era molto anziana e si reggeva a un bastone; accanto a lei, c'erano una giovane suora dal volto sorridente e un'altra sulla cinquantina. Intorno a loro vedevo moltissimi angeli, ai quali chiesi mentalmente: «Perché mai avete spinto queste donne a venire qui? Eppure lo sapete che, in questo periodo, per me non è affatto facile tollerare la vicinanza delle persone!».

Uno degli angeli che affiancavano la giovane suora mi rivolse uno sguardo implorante, giungendo le mani come se volesse pregarmi: «Per favore, Lorna, queste donne hanno davvero necessità di parlare con te».

A quel punto, replicai con un tono raddolcito: «Miei cari angeli, come potrei dirvi di no se me lo chiedete così amorevolmente?».

«Ci perdoni, se ci siamo permesse di venire a bussare senza alcun preavviso» disse la suora sulla cinquantina. «Ci rincresce disturbare. Spero che non ce ne vorrà per questa visita non programmata, ma abbiamo sentito parlare molto di lei. È da tanto tempo che suor Catherine» sorrise indicando l'anziana consorella «desiderava incontrarla.» Ricambiai il sorriso e spalancai la porta.

«Non ci sono problemi. Mi fa molto piacere vedervi.» La più giovane aiutò suor Catherine a salire i gradini. Dopo che le feci accomodare in cucina, la più giovane delle tre suore disse di chiamarsi Ann, mentre la suora sulla cinquantina si chiamava Mary. Chiesi loro se desideravano essere ricevute tutte insieme, ma suor Mary rispose senza alcuna esitazione: «Suor Catherine preferirebbe avere un colloquio a quattr'occhi con lei, e anche noi siamo convinte che sia la cosa migliore». Proposi a suor Catherine di rimanere in cucina con me; la religiosa accettò di buon grado, e io lasciai suor Mary e suor Ann ad attendere nel soggiorno.

Non appena ebbi rimesso piede in cucina, notai che la luce dell'angelo custode di suor Catherine era divenuta particolarmente intensa. Quell'angelo aveva assunto le sembianze di un uomo bellissimo, che indossava una specie di armatura color argento, dalla struttura fine e impalpabile. L'angelo mi pregò di avvicinare la mia sedia a quella in cui sedeva suor Catherine. La monaca si protese in avanti per stringermi le mani, e cominciò a piangere. La luce, che irradiava il suo angelo custode, divenne ancor più intensa, rivelando tutto l'amore e tutta la compassione che provava per lei. D'un tratto, fummo avvolte da una luce che era discesa lentamente su di noi. Il suo angelo custode mi sorrise. Io sapevo che lui aveva chiesto agli angeli della guarigione di venire in nostro aiuto.

Eravamo circondate da quattro angeli della guarigione, così alti e snelli che, al loro confronto, io e suor Catherine sembravamo quasi due puntini invisibili seduti al tavolo della cucina. Erano luminosissimi.

Mi capita regolarmente di vedere gli angeli della guarigione; oserei dire che mi succede quasi tutte le settimane, anche se non posso affermare con certezza di aver mai visto le loro ali nitidamente, come non le avevo peraltro viste nitidamente in questa occasione, benché io sappia che le hanno. Il loro aspetto li rende pressoché identici gli uni agli altri, anche se io noto alcune leggere differenze che coinvolgono i loro tratti somatici, come la forma del viso o la mimica facciale. Si presentano quasi sempre in gruppo, comunicando l'impressione di lavorare disponendosi in cerchio intorno alla persona che ha bisogno di essere guarita. Va da sé che gli angeli della guarigione sono un dono di Dio e che il vostro angelo custode è autorizzato ad accoglierli dentro di voi. Se il vostro angelo custode nega l'accesso a un altro angelo (o allo spirito di un trapassato che è andato in Paradiso), sappiate che non esistono altre possibilità per farlo entrare. Come ho già avuto modo di ripetere più volte, il vostro angelo custode veglia sulla vostra anima. La Grazia Divina si riversa su di noi attraverso gli angeli della guarigione. A livello fisico, sono in grado di aiutare l'organismo a resistere a un virus o ad accelerare il processo di guarigione; a volte, ci permettono di guarire a livello emozionale; se per esempio siamo depressi, ci aiutano ad avere una visione più luminosa della vita. Questi angeli possono fornirci anche un sostegno a livello spirituale, per esempio squarciando una parte del velo della nostra cecità spirituale, aiutandoci ad aprire un po' di più gli occhi dinanzi all'esistenza di Dio e dei Suoi angeli, ma anche alle meraviglie della vita intorno a noi.

I quattro angeli della guarigione erano ormai vicinissimi a me e a suor Catherine, al punto che percepivo un'intensa sensazione di amore e di leggerezza, come se la Grazia Divina si stesse riversando su di noi. Fra un singhiozzo e l'altro, mi parlò dei suoi timori legati alla morte, consapevole del fatto che la sua ora sarebbe giunta nel volgere di poco tempo. Mi confidò di provare vergogna per queste sue paure poiché, essendo una monaca, nutriva la convinzione di non doverle provare, e che Gesù fosse in collera con lei perché aveva paura, dimostrandogli così di non avere fede.

Il suo angelo custode mi disse di abbracciarla: «Falle sentire l'affetto che provi per lei. Non le capita spesso di ricevere questo tipo di conforto». La abbracciai, notando la sua fragilità che non le impedì comunque di stringersi forte a me. Le sussurrai in un orecchio che non doveva avere paura, perché Dio l'avrebbe presa dolcemente con Sé. La rassicurai in merito al fatto che non aveva alcun motivo di temere la morte.

«Una volta che la tua anima avrà abbandonato il corpo che l'accoglieva, non vorrai più tornare indietro. E per quale motivo dovresti sentire il bisogno di ritornare dentro un corpo vecchio e malandato?» le dissi per sdrammatizzare. Ridemmo entrambe.

Nel volgere di una manciata di minuti, suor Catherine allentò la presa, e io mi appoggiai nuovamente allo schienale della sedia, pur continuando a tenerle la mano. Mi confidò che il senso di solitudine che la attanagliava non l'aveva mai abbandonata per un attimo nell'arco dell'intera esistenza, neppure quando poteva contare sulla vicinanza di tutte le sue consorelle. Io le parlai del suo angelo custode, e suor Catherine mi chiese di pregare insieme a lei. Mentre stavamo recitando una preghiera, gli angeli della guarigione toccarono i suoi occhi chiusi, per poi invitarmi a chiudere a mia volta gli occhi. Pian piano, sentii che la paura la stava abbandonando e che trovava spazio una sensazione di pace profonda.

Mi parve che il mio colloquio a tu per tu con suor Catherine fosse durato all'incirca un'ora. Mentre entravamo nel soggiorno, l'anziana monaca mi ringraziò: «Non ho più paura di morire. Sapevo che Gesù stava insistendo affinché venissi da lei. Dovevo venire, e adesso ne conosco anche il motivo».

Dopo aver lasciato suor Catherine in compagnia di suor Mary, tornai in cucina con suor Ann. Durante il nostro colloquio, mi disse che era una novizia, che era felice di diventare suora e che avrebbe dovuto prendere i voti nel giro di un anno. Ciononostante, le capitava spesso di dubitare che fosse proprio questo ciò che Dio le chiedeva di fare. Vidi due angeli maestri accanto a lei: il primo aveva il compito di aiutarla a imparare, mentre il secondo doveva insegnarle a pregare. Sorrisi, mentre le domandavo: «Che cosa sente nel suo cuore?».

Mi rispose prontamente: «L'amore di Dio».

Non potei reprimere un sorriso. «Si è già data una risposta, suor Ann.» Pregammo insieme e poi le feci il segno della croce. Quando andò a prendere suor Mary, aveva un sorriso radioso. Era felice.

Mentre conversavo con suor Mary, la luce del suo angelo custode divenne intensa per un breve istante, lasciando intravedere una figura femminile dotata di una grande forza di carattere. Non ricordo di cosa parlammo; so per certo, comunque, che mi aveva chiesto di pregare insieme a lei e di farle il segno della croce.

Accompagnai le tre suore fino alla loro auto. Suor Catherine continuava a tenere la sua mano stretta nella mia, senza smettere di ripetere: «Grazie Lorna, ringrazi Dio per me». Ci salutammo e io agitai una mano per salutarle, mentre si allontanavano in macchina. Quando tornai in cucina, notai che l'angelo Michele era in piedi accanto alla finestra. Ero felice di vederlo. Lui mi prese una mano, dicendomi: «Hai fatto un buon lavoro». Mi colmò nuovamente di energia, e un attimo dopo scomparve.

Squillò il telefono: la persona all'altro capo del filo volle sapere se ero disposta a ricevere un ragazzo che era rimasto coinvolto in un incidente. Nella mattinata del giorno in cui avevamo fissato l'incontro, sentii il rumore di un'automobile che frenava davanti al cancello, e corsi ad aprire la porta. Vidi un ragazzo poco più che ventenne seduto su una sedia a rotelle, spinta da due persone che presumevo fossero i genitori. Dopo i convenevoli di rito, entrammo in casa.

Ci sedemmo intorno al tavolo della cucina. Scrutai attentamente quel ragazzo che si chiamava Conor; la luce dell'energia che lo circondava era oltremodo tenue. Non riusciva a parlare e a muoversi. Mentre i genitori descrivevano il suo stato di salute, la madre scoppiò a piangere. Il giovane aveva subito delle gravi lesioni cerebrali, e le sue gambe erano paralizzate. In linea di massima, sembrava aver perso tutte le capacità motorie e non essere in grado né di comprendere né di udire nulla. Non rispondeva agli stimoli e non c'era modo di comunicare con lui. I medici avevano detto che era impossibile sperare in un suo recupero e che avrebbe vissuto in uno stato vegetativo per il resto della vita.

Guardai quel ragazzo, notando la presenza di alcuni angeli della guarigione intorno a lui. La luce del suo angelo custode divenne intensa mentre mi diceva in tono energico: «Non è un vegetale, Lorna! Parlagli, e vedrai che riuscirà a sentirti. Ha bisogno di trovare una ragione per tornare a vivere. Ha bisogno del coraggio indispensabile per lottare affinché un giorno possa alzarsi da quella sedia, camminare e vivere la sua vita».

Dopo aver pronunciato quelle parole, la luce dell'angelo custode si attenuò. Mi alzai per raggiungere Conor; recitai mentalmente una preghiera, mentre toccavo le sue gambe, le sue mani, le sue braccia e il suo torace. Sentendo il battito del suo cuore, gli posai una mano sul capo e lo guardai negli occhi, dicendogli: «So che puoi sentirmi. So che starai bene, ma dovrai lottare per farcela. Dovrai impegnarti a fondo per poter riprendere a camminare e a parlare. Devi farlo. Devi manifestare la volontà di stare meglio. Mi stanno facendo vedere che puoi guarire, lavorare, sposarti e avere dei figli, ma non ti devi arrendere ripiegandoti su te stesso. Devi lottare affinché tu possa stare meglio. Ogni giorno, pregherò Dio per te: non intendo darmi per vinta. Puoi farcela benissimo, indipendentemente da quello che dicono i medici o chiunque altro. Puoi riavere indietro la tua vita, ma dovrai lottare perché questo accada!».

Tacqui per un breve istante, pregando per lui. Sei angeli della guarigione si erano disposti in cerchio intorno a Conor. Le loro braccia si erano protese in avanti per toccare ogni singola parte del suo corpo. Gli dissi: «So che puoi sentirmi. So che hai sentito quello che ho detto, anche se così non sembra. Ce la puoi fare, ma dovrai lottare».

I suoi genitori stavano pregando accanto a me tra le lacrime. Avevano creduto alle parole dei medici e adesso erano spaventati all'idea di ricominciare a sperare. Volevano disperatamente credere che ci fosse anche una sola probabilità che il loro ragazzo riuscisse finalmente a guarire. Li accompagnai fino alla macchina, continuando a pregare affinché Conor si riprendesse.

Era trascorso un po' di tempo da quel giorno – parecchi mesi se non addirittura un anno – quando quelle persone telefonarono perché desideravano tornare a farmi visita insieme al loro figlio. Notai subito che era completamente diverso rispetto al ragazzo che avevo incontrato in passato. Pur essendo ancora bloccato sulla sedia a rotelle, riusciva comunque a muovere le braccia e la testa. E riusciva a parlare! Va da sé che la voce era alquanto incerta, e forse un tantino difficile da comprendere. Comunque, io riuscivo a capirlo senza difficoltà. Mi disse: «Lorna, quel giorno ti ho sentito. Dentro di me, ho esultato perché tu sembravi l'unica ad aver capito che non ero un vegetale. Mi hai ridato la speranza».

Doveva fare un grandissimo sforzo per riuscire a parlare; per questo motivo, decise di concedersi una breve pausa. Gli sorrisi nell'attimo in cui aggiunse: «Tu mi hai trasmesso la fede e il coraggio per obbligare il mio corpo a reagire. Grazie. So che starò meglio. Pregherai sempre per me?». Pregai nuovamente per lui, quando gli angeli della guarigione discesero sopra di lui. Gli feci il segno della croce.

Da allora, ho rivisto quel ragazzo in un paio di occasioni: ogni volta, mi accorgevo che aveva fatto ulteriori progressi. L'ultima volta che ci siamo incontrati è stato circa un anno fa. Rideva e camminava mano nella mano con una ragazza, lungo Grafton Street a Dublino. Mi parve che non avesse nessun problema di deambulazione e che non c'erano più tracce dello spaventoso incidente di cui era rimasto vittima. Non so se avrò nuovamente occasione di rivederlo. So soltanto che continuo a pregare, affinché possa conservarsi in salute e ricevere tutto ciò di cui ha bisogno.

Capitolo 5

Decido di traslocare

Era trascorso quasi un anno dalla morte di Joe. Christopher e Owen si erano diplomati e lavoravano poco lontano dalla nostra casa di Maynooth. Ruth stava frequentando l'ultimo anno di liceo, e in giugno avrebbe dovuto sostenere l'esame di maturità. I miei tre figli più grandi conducevano un'esistenza molto piena, anche se vivevano ancora con me.

Un giorno, mentre stavo rientrando in casa dopo che avevo finito di stendere il bucato, mi apparve l'angelo Hosus vicino al telefono della cucina. Ero contenta di vederlo.

Mi disse: «Lorna, fra qualche minuto ti telefonerà nonna Brennan. Dille che domenica prossima ti farebbe molto piacere andare a trovarla». Non appena terminò la frase, squillò il telefono e, ovviamente, all'altro capo del filo c'era nonna Brennan. Scambiammo due chiacchiere per una manciata di minuti e poi ci salutammo. Hosus era rimasto lì, anche se adesso sedeva al tavolo della cucina. Mi sistemai vicino a lui, annunciandogli: «Hosus, io e la mia famiglia siamo attesi a Johnstown per cena, ma anche per dare un'occhiata alla vecchia fattoria».

«Lorna, questa sera, dopo che Ruth e gli altri due ragazzi saranno rientrati dal lavoro, parla con loro del tuo progetto di trasferirti a Johnstown» disse. «Devi insistere affinché ti accompagnino a visitare la fattoria, per vedere in che condizioni si trova. Tutto si sistemerà, anche se a volte potreste avere l'impressione che si tratti di un'impresa ai limiti dell'impossibile.» Dopo aver pronunciato questa frase, scomparve.

I miei figli più grandi rientravano quasi sempre alla spicciolata e dunque in orari diversi, ma quella sera varcarono la soglia di casa praticamente nello stesso istante. Ci mettemmo a tavola per mangiare lo stufato che avevo preparato per cena. Megan aveva già cenato e stava guardando i cartoni animati nel soggiorno.

Nel preciso istante in cui si sedettero al tavolo, notai che la luce dei loro angeli custodi era divenuta molto intensa. Fu come se, per un attimo, il tempo si fosse fermato: tutta la cucina era inondata dalla loro luce. I miei ragazzi erano ignari del fatto che i loro angeli custodi mi stessero sempre vicino, sostenendomi e apprezzando i miei sforzi. Come madre, provavo un'intensa emozione sapendo di poter contare sull'aiuto dei loro angeli custodi, ed ero commossa dalla compassione, dall'amore e dalla bellezza che irradiavano. D'un tratto, la loro luce si attenuò ed ebbi la sensazione che qualcuno mi stesse scompigliando i capelli.

Confidai ai miei figli di sentirmi preoccupata per Megan, e per le sue difficoltà a sopportare il peso dei ricordi che aleggiavano nella nostra casa. Per questo motivo ritenevo che, per il suo bene, dovevo accettare l'offerta di nonna Brennan e andare a vivere alla fattoria. Contavo pertanto di traslocare in giugno, dopo l'esame di maturità di Ruth.

I ragazzi rimasero talmente sconvolti da quella notizia che smisero di mangiare! Tuttavia, una volta superato lo shock iniziale, compresero quanto fosse importante che io prendessi una decisione in grado di salvaguardare la serenità della sorellina, pur sentendosi rattristati alla prospettiva di non vedere lei (e me) ogni giorno.

«Mamma, quella fattoria era già in uno stato terribile prima che papà morisse» disse Christopher. «Adesso sarà in condizioni peggiori.»

Gli risposi: «So che non sarà facile e che questa scelta comporterà una serie di impegni onerosi. Va da sé che non posso lasciarvi senza un tetto sopra la testa. Magari tu e tuo fratello potreste chiedere un mutuo e comprare questa casa, in modo che io possa disporre di una discreta somma di denaro per ristrutturare la fattoria. Che ne pensate?».

Parlarono tutti insieme, riversandomi addosso un torrente di parole. «Mamma, ci puoi concedere un po' di tempo per riflettere?» «Ne possiamo riparlare prima che tu prenda una decisione definitiva?»

Cercai di calmarli, dicendo: «Certo che avremo modo di riparlarne! Ricordatevi sempre che vi voglio bene e che non mi sognerei mai di lasciarvi in mezzo a una strada, ma sono convinta che per Megan sia giusto andarsene da Maynooth».

Ovviamente non potevo rivelare ai miei figli che l'angelo Elisha mi aveva detto che Dio voleva che mi trasferissi a Johnstown, anche se avrei tanto voluto condividere quel segreto con loro, per aiutarli a comprendere che non avevo nessuna intenzione di abbandonarli.

Ripresi a parlare, dicendo loro: «Voglio che il prossimo fine settimana veniate a vedere la fattoria insieme a me e a Megan, così riusciremo a farci un'idea più precisa delle reali condizioni in cui si trova». Ruth, visibilmente scossa dalla mia decisione, mi disse con voce rotta dai singhiozzi: «Mamma, mi mancherete molto! Come farò a vivere senza di te e senza la mia sorellina?». Mi si strinse il cuore nel percepire quel dolore. Corsi ad abbracciare Ruth, stringendola forte a me.

La domenica seguente, ci recammo tutti insieme a Johnstown. Dopo esserci rinfrancati con una bella tazza di tè, nonna Brennan e sua figlia Maura salirono in macchina con noi per accompagnarci lungo il breve tragitto che ci separava dalla fattoria. Dopo aver percorso un sentiero piuttosto angusto, parcheggiammo l'automobile fuori dal cortile perché il cancello era chiuso a chiave. Poco più avanti, c'era un piccolo steccato che consentiva l'accesso al giardino antistante all'ingresso principale. Quel giardino incolto e pieno di erbacce mi ricordava quello della casetta di Maynooth nei primi tempi del mio matrimonio. Quei ricordi ebbero il potere di rassicurarmi: sapevo che avrei finito per innamorarmi anche di questo.

Quando nonna Brennan girò la chiave nella serratura, fummo costretti a spingere la porta che era bloccata. Riuscimmo finalmente a entrare, notando subito che l'interno della fattoria era gelido e invaso dall'umidità. L'angelo Elisha aveva avuto ragione nel dire che non era abitabile. Nonna Brennan commentò la scena con queste parole: «C'è una caterva di cianfrusaglie da buttare via. Quel vecchietto aveva il vizio di conservare ogni cosa, e adesso bisogna fare lo slalom per poter passare». Christopher mi disse che, visto lo stato pietoso dei mobili e degli oggetti all'interno della fattoria, forse era il caso di buttare via tutto. Sentivo la presenza di Joe, anche se non mi fu concesso di vederlo. Pensai fra me e me: «Sì, potrei affezionarmi a questo posto. Io e Megan potremmo essere felici qui».

Più tardi, una volta tornati nella casa di nonna Brennan, parlammo delle pratiche notarili per intestare a me l'abitazione.

Capitolo 6

La biblioteca di Dio

Gli angeli mi ripetevano sempre che avrei scritto dei libri. Tutte le volte che lo dicevano scoppiavo a ridere, ribattendo che mi sembrava un'ipotesi alquanto remota, dal momento che sapevo a malapena scrivere il mio nome! Poi, quando avevo quattordici anni, ebbi una fantastica visione della biblioteca di Dio, che mi aveva permesso di comprendere quanto siano importanti i libri. E forse anch'io ero chiamata ad avere un ruolo in quel settore.

Durante l'infanzia e l'adolescenza, andavo spesso a pesca con mio padre e Arthur, il suo migliore amico. Ad Arthur piacevano molto i bambini, ed era sempre ben felice di dedicarmi un po' del suo tempo. Aveva sempre tante cose da raccontarmi. Anche se dimostrava più anni rispetto a mio padre (a causa delle molte rughe che gli segnavano il volto), penso che fossero quasi coetanei. A volte mi mettevo a pescare vicino a loro; quasi sempre, però, andavo a sedermi alle loro spalle, per poterli osservare meglio, ma soprattutto per guardare i loro angeli custodi e gli altri angeli che li attorniavano.

Le nostre «battute di pesca» non erano sempre tranquille. Talvolta capitava che la lenza rimanesse impigliata dentro un ramo o un cespuglio, se non addirittura sotto una delle grosse pietre adagiate sul letto del fiume. Ricordo che un giorno ero rimasta a fissare mio padre che armeggiava nello strenuo tentativo di liberare un pesce che aveva abboccato, dicendo in tono affannoso che era la sua preda migliore e che non aveva nessuna intenzione di lasciarsela sfuggire. Ebbi la certezza che i suoi sforzi fossero comunque destinati a fallire, quando vidi un angelo toccare la lenza, permettendo così al pesce di riacquistare la libertà.

Ricordo che, in un'altra occasione, avevo camminato lungo l'argine del fiume davanti a mio padre e ad Arthur. Quando giunsi in prossimità di un'ansa, mi fermai, urlando a mio padre che avrei proseguito. Nell'attimo in cui mi voltai per avanzare, vidi un angelo venirmi incontro. Mi era già capitato di incontrarlo quando avevo all'incirca quattro anni; ricordo bene che mi aveva insegnato a pregare.

Mi disse: «Vieni qui, Lorna». Mentre gli correvo incontro, notai che un folto gruppo di angeli era apparso alle sue spalle. Percorremmo un tratto del sentiero, raggiungendo un punto nel quale si ergevano alcuni alberi. Mi sedetti appoggiando la schiena contro uno di loro.

L'angelo mi disse: «All'epoca non ti ho mai rivelato il mio nome, e tu non me lo hai mai chiesto».

Gli risposi: «Ti ho sempre considerato il mio angelo della preghiera, un angelo molto speciale».

Mi afferrò le mani, dicendo: «Chiamami "Amen"».

«È la parola che pronunci alla fine di ogni preghiera?» replicai con un sorriso.

«Lorna, io sono alla fine di ogni preghiera» rispose. «Dio ascolta le preghiere di tutti gli uomini, di tutte le donne e di tutti i bambini indipendentemente dalla religione che professano. Alla fine di ogni preghiera, sono sempre presenti alcuni angeli. Attraverso l'ultima parola "Amen", gli angeli rafforzano e glorificano quella preghiera, supplicando Dio di esaudirla.»

«Angelo Amen, è per questo motivo che ci sono schiere di angeli vicino a te? Sei forse il loro capo?»

«Tutti questi angeli hanno il compito di scongiurare il rischio che anche un solo amen alla fine di una preghiera si disperda nel nulla, addirittura nel caso in cui una persona non usi la parola "Amen" o si dimentichi di pronunciarla.»

«Noto che gli angeli devono lavorare sodo!» commentai. L'angelo Amen sorrise, senza però dirmi se lui fosse a capo di quelle schiere di angeli.

D'un tratto, mi disse: «Chiudi gli occhi, Lorna». Dopo che tutti gli angeli vennero a radunarsi intorno a noi, cominciammo a pregare. Io stavo pregando con ogni fibra del mio corpo e della mia anima. A poco a poco, l'atmosfera cominciò a mutare; mi sentivo leggera come una piuma che fluttuava senza sfiorare il suolo, pur sapendo di essere seduta per terra. Ero entrata in uno stato meditativo, avviluppata fra gli angeli di

Dio. All'improvviso, mi fu chiesto di aprire gli occhi. Vidi che l'angelo Amen era ritto di fronte a me. Mi sembrò ancora più alto e più bello di prima. Avanzò verso di me, come se si stesse muovendo al rallentatore; mise un ginocchio sul terreno e sollevò la mano destra appoggiandola contro il mio torace. A quel punto, disse: «Lorna, Dio ti vuole. Ora prenderò la tua anima. Non avere paura». Mi tolse letteralmente il respiro. Per una frazione di secondo, provai una sensazione terribile poiché non riuscivo più a respirare.

All'improvviso, mi ritrovai all'interno di un immenso corridoio. Avevo l'impressione che non ci fossero né pareti né porte. Sembrava inoltre che quel corridoio non avesse né un inizio né una fine. Ero avvolta in qualcosa di simile a una nebbiolina che emanava una luce bianchissima, ma non al punto da risultare abbacinante. L'angelo Amen mi teneva per mano. Vedevo molti angeli e molte anime che ci passavano accanto, muovendosi in entrambe le direzioni. Camminammo a lungo ma non mi sentivo stanca.

D'un tratto ci fermammo, mentre la nebbiolina sembrava dissolversi. «Eccoci qua, Lorna» disse l'angelo Amen voltandosi a guardarmi. Non avevo la più pallida idea di ciò a cui alludesse il «qua» che aveva appena pronunciato. Davanti a me c'era una tenda sottile, di una consistenza simile alla seta. Mi ero protesa in avanti per toccarla, ma l'angelo me lo impedì. La tenda cominciò a svanire fino a dissolversi del tutto. In quel preciso istante, scomparve anche lui.

Mi ritrovai da sola all'interno di una gigantesca biblioteca. C'erano file e file di scaffali sui quali erano accatastate montagne di libri. Non riuscivo a vedere gli scaffali posizionati più in alto, perché scomparivano all'interno della nebbiolina che fluttuava in corrispondenza dei piani superiori. Ognuno di quei ripiani era impreziosito da una serie di incisioni lignee molto elaborate, che si armonizzavano con quelle delle gambe dei lunghi tavoli presenti all'interno della sala. Erano tavoli enormi. Intorno a ognuno di essi, erano disposte da tre a cinque sedie, sistemate un po' a casaccio, i cui braccioli e le cui gambe erano riccamente intarsiati, mentre gli schienali erano lisci e disadorni. I tavoli erano coperti di libri, accatastati oppure aperti come se qualcuno li stesse leggendo.

Tutti gli oggetti contenuti all'interno della biblioteca erano enormi. Fra una sedia e l'altra, si notava la presenza di strutture simili a pulpiti, le cui dimensioni potevano essere quelle di una casetta. In prossimità di quei pulpiti, c'era una scala che conduceva a una larga pedana. Ogni pulpito era diverso dall'altro e rifulgeva come se fosse stato appena creato. Non avevo mai visto nulla di simile prima di allora. L'elemento più incredibile di quella biblioteca sterminata era tuttavia rappresentato dall'immensa scala a chiocciola che si trovava poco lontano, alla mia destra. Esattamente come gli scaffali, sembrava infinita, tracciando una serie di curve che salivano tortuose verso l'alto, fino a perdersi dentro la nebbiolina sospesa in cima. Quella scala sembrava comunque sprofondare anche all'interno del pavimento. I gradini rifulgevano di una luce vivida che presentava dei riflessi bianco-dorati.

D'un tratto, i gradini si affollarono di angeli e di anime che salivano e scendevano. Sembravano fuoriuscire dal pavimento, che per la prima volta osservai con attenzione. Inizialmente, mi sembrava che fosse di marmo mentre ora, guardandolo più da vicino, avevo capito che non era marmo così come lo intendiamo noi. Vedevo la luce e i movimenti attraverso la struttura trasparente del pavimento. Provai un grande stupore. Osservando con maggiore attenzione, mi accorsi che, attraverso il pavimento, vedevo quella scala a chiocciola scendere maestosamente verso il basso, tracciando delle linee sinuose lungo le quali camminavano le anime e gli angeli assiepati su un piano più basso. Mi accovacciai perché volevo osservare meglio la scena e toccare la superficie del pavimento.

Un bellissimo angelo mi diede un colpetto su una spalla, dicendo: «No, Lorna! Puoi visitare qualunque angolo della biblioteca, ma non devi toccare nulla». L'angelo scomparve dopo aver pronunciato quelle parole. Pur essendoci rimasta male, sapevo di non dover fare domande.

In quella biblioteca c'era un gran via vai di creature alquanto indaffarate. Era come se una parte di me sentisse di non dover essere lì, come se per certi versi stesse invadendo gli spazi altrui. Data la mia giovane età, avevo l'impressione che non avrei mai potuto avere accesso a un luogo simile nel mondo normale. Eppure, gli angeli e le anime lì presenti sembravano accettarmi, annuendo nella mia direzione, come se si fossero aspettati la mia visita. C'era sempre un gran via vai sulla scala a chiocciola. Mi era stato detto che, fra le anime che la affollavano, c'erano anche quelle degli apostoli. Tutte le anime erano molto più alte di me – una statura peraltro commisurata alle dimensioni della biblioteca –. Gli angeli che le scortavano erano addirittura più alti di loro.

L'apostolo Pietro scese l'ultimo gradino della scala, e si mosse nella direzione in cui mi trovavo, seguito da quattro angeli. Aveva l'aspetto di un uomo maturo e corpulento, con i capelli arruffati. Gli occhi emanavano una luce molto intensa, ma l'espressione dipinta sul suo volto era seria e preoccupata. Gli angeli, dai quali era attorniato, sostarono davanti a un tavolo, cominciando a sfogliare i libri sparpagliati lì sopra, e annotando i loro commenti. Pietro raggiunse uno dei pulpiti. Sembrava che non avesse notato la mia presenza. Nel frattempo, altri due apostoli (Marco e Simon Pietro), erano scesi dalla scala, avanzando lungo il corridoio della biblioteca. Anche Marco, come Pietro, era un uomo ben piazzato sui quarant'anni, a differenza di Simon Pietro che appariva più giovane, con la sua aria sbarazzina, il fisico agile e scattante, e i capelli che sembravano schiariti dal sole[1].

Dopo essere saliti su due pulpiti distinti, Marco e Simon Pietro si misero a sfogliare alcuni libri e a prendere appunti. D'un tratto, altre grandissime anime appartenenti a varie tradizioni religiose varcarono la soglia della biblioteca, seguite da una schiera di angeli. Analizzando quella sequenza in retrospettiva, mi rendo conto che quelle anime appartenevano ad altrettanti leader spirituali, e che la mia attenzione si era focalizzata su quelli che potevo riconoscere, ovvero sui capi della tradizione religiosa cristiana, i cui valori avevano scandito il mio percorso di crescita. Questo non significa che esistono religioni migliori di altre. Se fossi stata di confessione ebraica o musulmana, o se avessi professato una qualunque altra fede religiosa, mi sarebbero stati indicati altri leader spirituali. Quegli apostoli sembravano essere alla ricerca di qualcosa di molto importante per loro, manifestando una sorta di frenesia mossa dal desiderio di trovare al più presto quello che cercavano. Pietro, Simon Pietro e Marco si muovevano incessantemente fra un pulpito e l'altro. Li sentivo bisbigliare fra loro, ma non avevo la più pallida idea di quello che stessero cercando.

Mentre attraversavo la biblioteca, gli angeli non smisero mai di osservarmi; perfino gli apostoli sembravano spiare i

[1] In alcune tradizioni religiose, è noto come Simone lo Zelota *(N.d.R)*.

miei movimenti dai pulpiti sui quali si trovavano. D'un tratto, vidi Pietro interrompere il suo lavoro e guardarsi intorno in preda all'ansia poiché, per un attimo, mi aveva perso di vista. Quando finalmente vide dov'ero, si rituffò nel suo lavoro. Rimasi a osservare gli angeli che si affannavano a prendere i libri dagli scaffali e ad appoggiarli sopra i tavoli, che ormai traboccavano di volumi di ogni genere. A volte, gli angeli accatastavano i libri sul pavimento. Altri angeli trasportavano i libri all'interno dei pulpiti. Tutti si prodigavano molto nello svolgimento di quel lavoro di ricerca che sembrava molto importante per loro, considerando l'incredibile frenesia dalla quale erano pervasi.

All'improvviso, mi fu tutto chiaro. Qualcuno mi disse – senza però che io ne udissi la voce – che Dio aveva affidato loro quel compito, che era una sorta di esame che avrebbero dovuto terminare entro un lasso di tempo ben preciso. La risposta a quello che stavano cercando si celava in uno dei libri collocati in un angolo non meglio identificato della biblioteca. Ero anche certa di sapere di quale volume si trattava e sapevo addirittura dove si trovava. Mi ritrovai ai piedi di quell'incredibile scala a chiocciola: per la prima volta, potevo osservarla da vicino, notando che era inondata dalla luce emanata dagli angeli e dalle anime che salivano e scendevano. Ecco da dove scaturiva lo scintillio bianco-dorato che avevo visto attraverso la biblioteca. Gli immensi gradini erano fatti dello stesso materiale del pavimento. Riuscivo a vedere attraverso di loro.

Qualcuno mi disse, sempre senza parole, di allontanarmi dalla scala. Nel voltarmi, notai distintamente un senso di frenetico entusiasmo che si stava diffondendo con crescente intensità nell'intero spazio della biblioteca. Sapevo che Dio sarebbe giunto di lì a poco. La frenesia crebbe a dismisura. Nessuno era ancora riuscito a trovare ciò che Dio aveva chiesto! Provavo molta pena per Pietro e per gli altri; avrei tanto voluto rivelare a tutti dove si celava la risposta, ma non mi era consentito farlo.

Sollevai lo sguardo e vidi Pietro intento a sfogliare un libro. Marco lasciò il suo pulpito, per raggiungere in fretta e furia quello di Pietro, salendo due gradini alla volta. Non vedevo Simon Pietro perché il suo pulpito era quello più lontano rispetto al punto nel quale mi trovavo. Raggiunsi nuovamente gli angeli e le anime dei santi intente a setacciare i tavoli. Da lì, riuscivo a scorgere Simon Pietro che correva da un tavolo all'altro, per comunicare con gli angeli e con le anime dei santi delle varie compagini religiose. Vidi che gli angeli gli stavano mostrando gli appunti che avevano preso, dopo aver consultato i libri. Due di loro lo raggiunsero; reggevano diversi volumi piuttosto grossi e gliene porsero alcuni. L'apostolo prese i volumi e si diresse a passo spedito verso il pulpito di Pietro, seguito dagli angeli che reggevano molti altri libri. Tanta era la fretta con cui si muoveva, che fu sul punto di farli cadere. Marco se ne accorse, e corse da lui per aiutarlo. Per questo motivo, seppur con le braccia cariche di volumi, Simon Pietro, Marco e i due angeli salirono di corsa i gradini del pulpito per raggiungere Pietro. Una volta lì, cominciarono a passare in rassegna le pagine di ciascun volume, affaccendandosi instancabilmente fra un volume e l'altro.

Avrei tanto voluto aiutarli, poiché sapevo dov'era scritta la risposta! Ciononostante, non avevo ancora il permesso di dar loro una mano. Sentivo che Dio stava scendendo i gradini della scala a chiocciola per raggiungere la biblioteca. Scappai a gambe levate! Corsi a nascondermi dietro un libro sistemato in un angolo. Quel volume, che era aperto e posizionato all'impiedi, era enorme, permettendomi così di nascondermi bene e di sbirciare tutto ciò che stava accadendo. Dio scese lungo la scala a chiocciola con un incedere possente. Era una scena incredibile, per nulla facile da descrivere. L'intensità di quell'energia era superiore rispetto a quella della tempesta più violenta che potreste immaginare, accompagnata dal fragore di un vento impetuoso, dal rombo sordo dei tuoni e dal bagliore accecante dei fulmini. L'attesa di quanto sapevo sarebbe accaduto di lì a poco era sfibrante. La mia anima era scossa da brividi di entusiastica eccitazione. Benché fossi profondamente impaurita, ero consapevole che quella paura apparteneva a un livello che non aveva nulla a che vedere con la «solita» paura che noi tutti conosciamo.

So bene di non rendere affatto giustizia a quei momenti attraverso la descrizione che ne sto dando al punto che, in questo preciso istante, mentre scrivo, continuo a implorare gli angeli affinché mi aiutino a essere il più possibile esauriente. L'arcangelo Michele mi ha appena posato una mano sulla spalla, dicendomi: «Te la stai cavando egregiamente, Lorna. Dio ti dice che cosa devi scrivere, e noi siamo qui con te per darti una mano». Questa certezza mi è se non altro di conforto mentre scrivo, benché io non possa celare la preoccupazione dovuta al fatto che mi mancano le parole per illustrare opportunamente l'esperienza che ho vissuto.

Dio si ergeva in tutta la sua possenza al centro della biblioteca. Pietro parlò per primo, ammettendo l'incapacità, sua e di tutti gli altri, di portare a termine il compito che Dio aveva loro affidato. Inutile dire che Dio lo sapeva già, e sembrava esserne alquanto irritato.

E finalmente Dio parlò, con una voce che evocava il rombo di un tuono. Gli angeli e le anime non osarono batter ciglio. Se in Paradiso fosse mai esistito qualcosa di simile a uno spillo, state pur certi che, nell'ipotesi in cui qualcuno l'avesse fatto cadere, chiunque lo avrebbe udito distintamente! «Pietro, ciò che vi avevo chiesto di fare era un'inezia» tuonò Dio. «Dovevate semplicemente trovare una risposta in uno dei libri della biblioteca. Non vi ho mai fatto mancare il mio aiuto, ma neppure questo vi è bastato e avete fallito.» In un impeto di esasperazione quasi umana, Dio sollevò vigorosamente il braccio destro, quasi volesse dire: «Toglietevi di torno e sparite per sempre dalla mia vista».

Tutti gli angeli e tutte le anime scomparvero. Eravamo rimasti soltanto io e Pietro. La forza incommensurabile di Dio mi aveva sconvolto. Era bastato quel semplice gesto ad allontanare tutti. Cercai di nascondermi un po' meglio all'interno, perché temevo che potesse vedermi. In realtà, avrei potuto benissimo evitare di spaventarmi poiché, oltre alla Sua forza, percepivo anche tutto il Suo immenso amore. Sentivo quell'amore e avrei voluto correre da Lui, ma fui talmente sopraffatta dalla Sua potenza che continuai a rimanere nascosta.

Fu allora che Dio mi chiamò per nome. «Lorna, perché continui a nasconderti quando sai che posso vederti sempre, ovunque tu sia?» gridò.

Senza lasciare il mio nascondiglio e rimanendo accovacciata dietro il libro, dissi in un soffio: «Ho paura». Lui abbassò lo sguardo su di me e sorrise. Io mi sentivo piccola piccola.

In quel preciso istante, entrambi spalancammo le braccia in segno di reciproca accoglienza, e Dio mi prese una mano. Benché la Sua mano fosse gigantesca, ebbi la sensazione che le nostre mani fossero perfettamente compatibili. Mi sentivo protetta e ne fui felice, al punto che avrei voluto rimanere sempre aggrappata a Lui.

«Lorna, non devi avere paura» mi disse.

«Lo so» replicai in un soffio «ma Dio, tu sei tanto grande e potente, mentre io sono così piccola!» Camminammo tenendoci per mano, e raggiungemmo il pulpito sul quale si trovava Pietro. Poiché i gradini che conducevano al centro del pulpito erano troppo grandi per me, Dio non esitò a prendermi in braccio, come avrebbe fatto un padre. Fu in quel momento che mi resi conto che noi tutti siamo solo dei bambini ai Suoi occhi.

La pedana del pulpito somigliava a un salone pieno di scaffali, con una grande scrivania ovale al centro, e il suo perimetro era delimitato da un ampio scaffale tappezzato di libri, che, una volta giunto a metà circonferenza, si trasformava in una scrivania leggermente inclinata a mo' di leggio. Sull'intera superficie erano accatastati molti volumi, buona parte dei quali era aperta, come se qualcuno li avesse consultati.

«Lorna, fai vedere a Pietro dove si celava la risposta» mi ordinò Dio, mettendomi giù. Puntai un dito verso la scrivania. Pietro mi prese per mano e iniziammo ad avanzare. D'un tratto, sotto la scrivania, apparvero alcuni gradini, che mi avrebbero permesso di salire abbastanza in alto da riuscire a vedere i libri accatastati sul piano. Con un sorriso dissi: «Grazie». Sapevo che Dio mi era venuto in aiuto. Lo fa sempre, così come mi vede sempre.

C'erano libri sparsi in ogni angolo, ma la mia attenzione fu attratta da un volume aperto, più grosso rispetto agli altri. Mentre lo sfogliavo, dissi a Pietro: «La risposta è in questo libro».

«Avrò passato in rassegna ogni singola pagina almeno un centinaio di volte» rispose Pietro, protendendosi verso di me per aiutarmi.

«Ti ripeto che la risposta è qui, ne ho la certezza!» ribattei. Benché non fossi in grado di comprendere né di sapere esattamente cosa stessi cercando, ero sicura che lo avrei riconosciuto nel preciso istante in cui lo avessi visto, anche se il libro era scritto in una lingua a me sconosciuta. Le lettere dell'alfabeto erano diverse da quelle che avevo visto fino a quel momento. Eppure, sebbene non conoscessi una sola parola di quella lingua, riuscivo a leggerlo. Riuscivo a decifrare i nomi in mezzo a tutte quelle parole. A volte c'erano più frasi collegate a un nome; altre volte, invece, appariva soltanto un nome sganciato da tutto il resto. D'un tratto, mentre giravo una pagina insieme a Pietro, vidi scritto il mio nome. Il mio stupore era tale che scoppiai a ridere.

Sentivo che Dio mi stava sfiorando i capelli; in quel preciso istante, vidi nuovamente il mio nome all'altro capo della pagina, seguito dalla risposta che Dio aveva chiesto di trovare. Era un brano composto soltanto da tre o quattro frasi. Il mio nome, che appariva in alto, precedeva molti altri. Lo indicai, dicendo a Pietro: «Ecco quello che cercavi!». All'improvviso, la biblioteca tornò ad animarsi, salutando il ritorno di una folta schiera di angeli, a cui si unirono molte anime di santi, comprese quelle degli apostoli Marco e Simon Pietro. Si respirava un'atmosfera intrisa di gioia, dove tutti cantavano e festeggiavano l'epilogo felice di quella vicenda.

Mentre leggevo la risposta a Pietro, ne colsi immediatamente il significato. In quel momento mi fu tutto chiaro; adesso, però, non mi è possibile ricordarlo. So che, per un motivo non meglio precisato, gli angeli mi impediscono di ricordare le parole di quella frase. Dieci anni fa, ero in grado di farlo. Un giorno, forse, ci riuscirò di nuovo.

Il volto di Pietro si illuminò per il sollievo. Accostò il suo dito indice al mio, e lo rilesse ad alta voce, dopodiché rivolse a Dio uno sguardo colmo di gioia. La missione era compiuta. D'un tratto, l'angelo Amen apparve sul pulpito accanto a Dio e a Pietro. Sapevo che per me era giunto il momento di ritornare; ciononostante, sollevai lo sguardo verso Dio, chiedendogli, quasi fossi una bambina: «Devo proprio andare?». Rispose di sì.

Nel preciso istante in cui Amen mi prese per mano, mi ritrovai sull'argine del fiume, avvolta in una coperta intessuta di angeli. Come quasi sempre accade, ogni volta che la mia anima viene «presa», anche in quella circostanza gli angeli mi avevano avvolto in un'enorme coperta candida come la neve, morbida come un manto di piume, ma pervasa da quella che potrei definire una carica di elettricità, che fluiva da un'estremità all'altra emettendo delle scintille in modo incessante. Sempre tenendomi per mano, Amen collocò nuovamente la mia anima all'interno del mio corpo fisico, agendo con amorevole delicatezza.

Disse: «Apri gli occhi, Lorna». Eseguii quell'ordine, dopodiché l'angelo scomparve. Ero sdraiata per terra, sentendomi profondamente stanca e con il corpo irrigidito. Poco dopo, raggiunsi mio padre e Arthur nel punto in cui li avevo lasciati. Benché avessi la sensazione di essermi assentata per parecchie ore, notai che si comportavano come se fossi stata via per una manciata di minuti.

Conservo nitido il ricordo della scala di quella biblioteca. Nel corso degli anni, mi è stato concesso di vedere un discreto numero di scale, forse una dozzina, che salivano verso il Paradiso oppure che si snodavano all'interno del Paradiso stesso, permettendo di raggiungere i diversi piani dai quali è composto. Sebbene tutte queste scale presentino delle caratteristiche tali da renderle uniche, occorre tener presente che il loro denominatore comune è rappresentato dal fatto che seguono una traiettoria curvilinea; nessuna scala permette di salire seguendo una traiettoria diritta. Se preferite, potete chiamarle scale a chiocciola. Credo che una delle ragioni per le quali mi vengono mostrate consiste nel fatto che ne posso parlare nei miei libri, aiutando così le persone a comprendere che il Paradiso esiste ed è infinito.

Ho avuto modo di vedere le scale in varie circostanze. A volte è accaduto mentre mi trovavo in uno stato meditativo; altre volte, le ho viste nell'attimo in cui una persona muore. Mi è capitato anche di vederle quando ho vissuto le mie esperienze di premorte. Va da sé, comunque, che non mi è mai stato concesso di raggiungere la loro sommità. Sono stata sempre rispedita indietro; se così non fosse stato, oggi non starei scrivendo questo libro.

Tutte le volte che mi viene concessa l'opportunità di salire una scala che conduce in Paradiso, provo una gioia immensa perché mi sento più vicina a Dio. In genere, vengo accompagnata dall'angelo Amen.

Capitolo 7

La pioggia mi tocca

Sebbene né Christopher né Owen fossero riusciti a ottenere un mutuo che permettesse loro di acquistare la casa di Maynooth, io non mi diedi per vinta e decisi, di comune accordo con nonna Brennan, di adempiere ugualmente a tutte le pratiche necessarie per poter diventare proprietaria della vecchia fattoria. Ciononostante, sapevo che, senza il denaro che avrei potuto ricavare vendendo la casa ai miei figli, non sarei stata certo in grado di ristrutturare la fattoria. Un giorno, Owen accennò al suo capo delle difficoltà che aveva nell'ottenere un mutuo, e quell'uomo si offrì di aiutarlo. Quando mio figlio me lo raccontò, non potei reprimere un sorriso, consapevole del fatto che il suo superiore aveva dato ascolto al proprio angelo.

L'uomo aiutò Owen a gestire i rapporti con la banca e, pur potendo contare sul suo prezioso supporto, ci vollero mesi prima di concludere tutto, poiché il ragazzo aveva solo diciannove anni e la banca continuava a ridurre l'importo del mutuo. Alla fine, comunque, ci riuscimmo.

Erano trascorsi alcuni giorni quando, una mattina, un camion provvisto di una piccola gru sostò in prossimità del cancello della casa di Maynooth. Il mezzo trasportava un container metallico all'interno del quale avremmo dovuto mettere tutti i nostri effetti personali in vista del trasloco. Cominciai subito a sistemare le cose mie e di Megan.

Quando venivo assalita dall'ansia, l'angelo Hosus mi si avvicinava per tranquillizzarmi, dicendo: «Lorna, sappi che in questo momento ci sono tantissimi angeli custodi che bisbigliano all'orecchio di altrettante persone, chiedendo loro di darti una mano. Alcune di quelle persone non le conosci neppure, ma non ti devi preoccupare perché accadranno molti miracoli».

Una sera, sentii bussare alla porta: era un mio vicino che mi disse di aver saputo da Owen del mio trasloco. Quell'uomo si offrì di aiutarmi. Quando gli parlai della fattoria, mi propose di incaricare Tony, un suo amico architetto, di fare un sopralluogo, in modo da potermi dare delle indicazioni riguardo agli interventi che avrei dovuto fare. Lo ringraziai. Erano trascorse alcune settimane da quel giorno quando, una domenica, incontrai finalmente Tony. Dopo aver ispezionato con cura la fattoria, mi confermò quello che i miei figli avevano già detto, ovvero che era in pessime condizioni e che doveva essere ristrutturata da cima a fondo. Gli spiegai che il budget di cui disponevo era molto ristretto, ma, ahimè, gli interventi che avremmo potuto evitare erano davvero pochi.

Decisi di seguire il suo consiglio e, dopo averne parlato con i mie due figli maschi, misi un'inserzione sul quotidiano locale nella speranza di trovare l'impresa di costruzioni che faceva al caso nostro. Se ne fecero vive alcune, le quali tuttavia ci sottoposero dei preventivi troppo onerosi rispetto alle nostre possibilità. Un giorno, mi contattò un falegname di nome Eddie che aveva letto il mio annuncio; notando che le sue tariffe erano un po' più abbordabili, io e Tony ci accordammo con lui per vederci tutti insieme alla fattoria, nel pomeriggio della domenica seguente.

Io e Megan fummo le prime ad arrivare, seguite poco dopo da Eddie e da Tony. Rimasi in disparte, mentre i due uomini ispezionavano ogni singola stanza dell'abitazione, passando in rassegna ogni oggetto che vi era contenuto. Parlottarono fra loro, dopodiché Tony venne da me comunicandomi che a suo parere Eddie rappresentava una valida alternativa, visto che il suo preventivo era ragionevole e che sarebbe stato in grado di farsi carico di una parte cospicua dei lavori, anche se in un secondo tempo avrei dovuto chiamare un idraulico e un elettricista. Ero elettrizzata all'idea che finalmente le cose si stavano muovendo. Adesso potevo contare su una persona che mi avrebbe ristrutturato la casa!

Eddie avrebbe potuto dare inizio ai lavori non prima di qualche settimana. Questo mi andava benissimo, poiché avremmo avuto tutto il tempo per sgombrare l'abitazione e vedere se fosse stato possibile salvare qualche vecchio mobile presente nella fattoria. Il fine settimana seguente, alloggiai con Megan e Christopher in un bed and breakfast nei pressi della fattoria. Ero riuscita a recuperare qualcosa: un armadio, un paio di cassapanche, due lavandini di marmo. Avevo addirittura trasformato un portavasi in un minuscolo sgabello. Mi sarebbe piaciuto poter recuperare più oggetti, ma si trattava perlopiù di mobili distrutti dai tarli, e dunque inutilizzabili. Collocammo i pezzi che eravamo riusciti a salvare all'interno di uno dei grossi container sistemati in prossimità del muro di cinta, dopodiché li sottoposi a un trattamento antitarlo.

Tutte le volte che gli era possibile, Christopher trascorreva il fine settimana alla fattoria, dando man forte nei lavori di ristrutturazione. Uno degli interventi più onerosi era rappresentato senza ombra di dubbio dalla sostituzione degli architravi in legno, che oscillavano lungo la sommità di ciascuna finestra. Il primo giorno in cui ci dedicammo a quell'incombenza, Christopher mi disse di sfilare una scheggia rimasta incastrata dentro uno degli architravi in legno, come se fosse un bastone di pane. Lo guardai, chiedendomi come diamine potevo cimentarmi in una simile impresa con un pezzo di legno. Riuscii tuttavia a sfilarne un frammento, come se stessi armeggiando con una morbida pagnotta. Con mia grande sorpresa, lo sentii sbriciolarsi fra le dita. A quanto pare, tutte quelle travi portanti erano completamente marce, e questo ci avrebbe costretti a sostituirle con altre. Inutile dire che si trattava di un'impresa estenuante, visto e considerato che gli architravi in cemento erano più lunghi di circa tre metri rispetto a quelli in legno, oltre che pesantissimi. Benché Christopher potesse contare sull'aiuto di un suo amico, si trattava pur sempre di un lavoro che richiedeva molto tempo. Notai che, nelle fasi in cui i due ragazzi provvedevano alla posa di quei pezzi pesantissimi, gli angeli prestavano molta più attenzione del solito, esortandomi a non perderli di vista neppure per un solo istante. Vidi che cinque angeli si erano avvicinati a loro, per aiutarli a sollevarne uno. Rimasi a osservarli con il cuore in gola, benché provassi un grande sollievo sapendo che anche gli angeli li stavano tenendo d'occhio.

Un giorno, mentre guardavo i due giovani intenti a posare i nuovi architravi, un angelo mi disse: «Lorna, vai sul retro della casa: l'angelo Hosus sta aspettando che tu lo raggiunga lì». Scavalcai il davanzale di una finestra, cercando di aprirmi un varco fra le montagne di detriti. D'un tratto, vidi Hosus ritto in prossimità di un angolo che confluiva sul retro della casa. Come al solito, aveva l'aria di un maestro di scuola vecchio stampo, mentre il vento gonfiava le pieghe del mantello in cui era avvolto. Scoppiò a ridere vedendomi tutta impolverata, e non poté fare a meno di esclamare: «Lorna, ho l'impressione che quegli stivali siano troppo grandi per te».

Un attimo dopo, persi l'equilibrio rischiando di scivolare per terra. Hosus si protese in avanti per afferrarmi, impedendomi così di cadere. «Grazie, Hosus. Farò volentieri a meno di qualche livido e di qualche escoriazione!» Ci mettemmo a sedere sopra un cumulo di detriti e parlammo per un po'. D'un tratto, gli confidai le mie ansie. «Hosus, tremo al pensiero che fra poco Christopher e il suo amico dovranno lavorare al piano di sopra. È molto pericoloso perché non possono disporre di una superficie di appoggio. Saranno dunque costretti a rimanere in equilibrio sulle assi disposte sopra i travicelli.»

Lui mi prese una mano, dicendo: «Non temere, Lorna. Faremo tutto il possibile per scongiurare situazioni rischiose». Mi sentii rasserenata. All'improvviso, udii il rumore di un'automobile che si stava avvicinando lungo il sentiero. In quel preciso istante, Hosus scomparve. Nel periodo in cui i ragazzi erano impegnati con i lavori al piano di sopra, solo una volta furono sul punto di perdere l'equilibrio; ciononostante, riuscirono in qualche modo a non mollare la presa. In cuor mio sapevo che gli angeli li avevano aiutati a non cadere. Provai una gioia immensa quando tutti gli architravi furono sistemati: quel lavoro difficile e pericoloso era finalmente concluso!

In quanto al fienile, destinato a trasformarsi nel salone della nostra nuova casa, fummo costretti a fare i conti con il pavimento da sostituire, che si prospettava come l'ennesimo lavoro ingrato da affrontare di buona lena. Dovevano smantellare il pavimento e scavare fino a raggiungere una profondità di circa novanta centimetri. I primi trenta centimetri non erano ridotti tanto male, visto che erano perlopiù composti da sporcizia e pietrisco; scavando più in profondità, si imbatterono tuttavia in una serie di enormi massi tondeggianti. Si videro dunque costretti a noleggiare delle apparecchiature speciali che permettessero loro di frantumarle. In men che non si dica, il cortile antistante alla casa e al cortile posto sul retro finirono per traboccare di detriti. In alcuni momenti, Christopher doveva aprirsi un varco sufficientemente ampio per poter passare con la carriola. Ci vollero mesi prima che riuscisse a terminare quel lavoro, poiché vi si poteva dedicare soltanto nei weekend. Cominciavo a pensare che gli interventi di ristrutturazione sarebbero durati in eterno; chissà quanto tempo sarebbe passato, prima che la vecchia fattoria diventasse un luogo abitabile!

Non sempre portavo Megan con me, per il semplice fatto che a volte era troppo pericoloso. La bambina non lasciava mai in pace suo fratello, perché voleva mostrare a tutti i costi la nuova casa a una delle sue bambole e al suo orsetto di peluche. Quando era lì, si metteva a giocare in un angolino con alcuni pezzetti di legno. Era perfino riuscita a costruire un tavolo e un letto per la sua bambola e uno sgabello su cui aveva messo a sedere il suo orsacchiotto. Un giorno, intercettai una sua «conversazione» con l'orsacchiotto, nel corso della quale lo esortava a non cadere sul pavimento per non sporcarsi. Le piaceva osservare tutto quello che succedeva intorno a lei; ogni cosa aveva il potere di affascinarla molto. Nelle giornate che trascorreva alla fattoria, era sempre contenta e anche più rilassata del solito. Osservandola, sapevo con certezza che quella di traslocare si era rivelata una saggia decisione, benché i lavori fossero difficoltosi e procedessero a rilento.

In alcuni momenti, sollevando lo sguardo, scorgevo la sagoma dell'angelo custode di Megan che giocava con lei seduto sul pavimento. Quell'angelo dimostrava all'incirca otto anni; era dunque leggermente più grande di mia figlia, che all'epoca ne aveva cinque. Malgrado ciò, si somigliavano sotto molti punti di vista. Sembravano due bambine normalissime che passavano del tempo insieme, con la sola differenza che il suo angelo custode non si copriva di polvere. A volte, quell'angelo si voltava a guardarmi. Il taglio arrotondato dei suoi grandi occhi marroni evocava la sagoma di due piattini. Era bellissimo ed emanava una luce molto vivida. I suoi lunghi capelli neri erano legati in una treccia fissata da laccetti di cuoio variopinto. Non sempre vedo l'angelo custode di Megan e, quando questo accade, mi sento una privilegiata. Come sono solita ripetere, riesco a scorgere l'intenso bagliore degli angeli custodi che si trovano alle spalle di ciascun individuo. Non ho mai visto un solo essere umano, poco importa se si trattava di un uomo, di una donna o di un bambino, che non fosse accompagnato dalla luce del suo angelo custode. Ciò non toglie che quando la luce di quell'angelo mi si manifesta in tutta la sua intensità, io mi senta una privilegiata. Questo accade per vari motivi. Può capitare che l'angelo custode mi dica che qualcosa non va nella vita della persona che egli è chiamato a proteggere, chiedendomi di pregare per lei. In altre circostanze, invece, stabilisce una contatto a livello sottile fra l'anima di quella persona e la mia anima. Può darsi che io non rivedrò mai più quella persona e che il suo nome non mi sarà mai rivelato. Si tratta comunque di un fattore irrilevante. Ciò che conta è che l'angelo custode di quell'individuo e il mio faranno ciò che Dio si aspetta da loro. Mi sarà concesso di vedere i volti di quegli angeli, fintanto che l'anima di quella persona avrà bisogno di mantenere un contatto con me. Non passa giorno senza che io veda una moltitudine di volti, e senza che io preghi affinché guariscano.

Ricordatevi che ognuno di noi ha il proprio angelo custode che non ci abbandona mai. Gli altri angeli possono andare e venire, così come gli spiriti dei vostri cari che hanno definitivamente abbandonato la dimensione terrena, ma il vostro angelo custode non vi lascerà soli neppure per un attimo. Lui è il dono che Dio ha scelto di elargirvi. Non esitate a invocare il suo aiuto, indipendentemente dai problemi che vi affliggono. Il vostro angelo custode veglia sulla vostra anima, ed è sempre pronto ad aiutarvi: dovete soltanto chiederglielo! È semplicissimo.

* * *

Era un sabato e dovevo acquistare qualcosa per il pranzo. Attraversai il piccolo sentiero piuttosto incolto, che si snodava in prossimità della mia casa e lungo il quale passavano perlopiù i trattori e le mandrie di bestiame che facevano la spola tra una fattoria e l'altra. Le piogge abbondanti, che erano cadute per tutta la settimana, avevano reso il terreno fangoso. Non ricordo nulla del tragitto a piedi fino ai negozi. A volte, mentre cammino per conto mio, mi capita di entrare in uno stato meditativo che mi impedisce di ricordare come mi muovo da un luogo all'altro.

Mentre percorrevo il sentiero in senso inverso per far ritorno a casa, successe qualcosa. Avevo appena imboccato quella viuzza, quando mi apparve l'angelo Michele che si era messo a camminare al mio fianco. Era più imponente che mai, con una massa fluente di capelli neri raccolti in una disordinata coda di cavallo. Indossava un cappotto pesante e un paio di stivali di gomma; così combinato, avrebbe potuto essere facilmente scambiato per un contadino che lavorava nei campi. Ero felice di vederlo. Mi prese per mano. Faccio molta fatica a descrivere le sensazioni che provo quando un angelo mi prende per mano; quel che è certo, è che mi sento pervadere da un'incredibile sensazione di pace e di amore. Mi voltai a guardarlo, esclamando: «Michele, quanto vorrei che tu stringessi la mia mano per sempre!».

Lui ignorò le mie parole e disse: «Lorna, penso che sia giunto il momento che tu e Megan andiate a vivere a Johnstown».

Lo guardai atterrita. «Ma il piano di sopra è inagibile! E poi manca l'elettricità, così come mancano le finestre. Non ci sono neppure i servizi igienici, e quindi saremmo costrette ad andare in mezzo ai campi! E poi fa un freddo cane! Mi dici come potrei farcela a vivere in quella casa da sola con una bambina piccola?»

Sul volto di Michele si era dipinto un sorriso radioso, mentre mi diceva: «Lorna, voglio che nei prossimi giorni tu chiami l'uomo che si sta occupando dei lavori di ristrutturazione, per chiedergli di rendere agibile una delle stanze al piano di sopra. Dovrà collocare qualche asse in più sopra i travicelli, per rendere sicuro il piano calpestabile, e montare delle finestre provvisorie. Sarebbe inoltre opportuno che mettesse una porta provvista di serratura, in modo che tu possa chiudere a chiave. Per quanto riguarda la scala, temo invece che dovrai attendere ancora un po'. Nel frattempo, dovrete arrangiarvi con una scaletta. Vedrai che, vivendo stabilmente alla fattoria, i lavori di ristrutturazione procederanno con un ritmo molto più accelerato, grazie alla tua presenza costante».

Sostammo brevemente sul ponte della ferrovia, proprio mentre il sole faceva capolino attraverso le nuvole. Sollevai lo sguardo verso di lui, che teneva ancora stretta la mia mano nella sua, ed esclamai: «Michele, sono terrorizzata! Manca l'impianto elettrico: questo significa che saremo costretti a rimanere al buio. E poi, non essendoci altre case lungo il sentiero, nessuno si è preso la briga di mettere qualche lampione. Non appena scende la sera, ci ritroveremo immersi nelle tenebre più nere!».

«Non temere, Lorna. Ricordati che gli angeli ti staranno sempre vicino. Tutte le volte che avrai paura, ti basterà chiamarmi e io arriverò subito. Dai, torniamo a casa prima che si rimetta a piovere.»

Riflettei per un attimo e poi gli dissi: «Non posso traslocare prima che Ruth abbia terminato gli esami di maturità».

«Non preoccuparti,» mi rispose Michele con un sorriso «nel giro di qualche settimana sarà tutto finito; nel frattempo, Eddie riuscirà a organizzarsi in vista dei lavori che dovrà effettuare alla fattoria.»

Mentre camminavamo, mi spiegò inoltre che i Brennan mi avrebbero messo volentieri a disposizione alcuni oggetti che potevano essermi utili. Gli chiesi dunque di essere più preciso al riguardo.

«Lorna, fra quegli oggetti ci sono per esempio una tenda da campeggio e un materassino gonfiabile» mi indicò. «Potrai sistemare la tenda nella stanza al piano di sopra. Tu e tua figlia vivrete lì provvisoriamente.»

Lo guardai perplessa. «In una tenda?» Nel preciso istante in cui intravidi all'orizzonte la sagoma della fattoria, una fitta pioggia cominciò a cadere e Michele scomparve. Mi misi a correre lungo il sentiero; quando varcai la soglia di casa, fui ben felice di essermi lasciata alle spalle la pioggia e il freddo. Christopher aveva messo a bollire l'acqua sul nostro piccolo fornello da campo, e poco dopo ci rifocillammo con una bella tazza di tè e un tozzo di pane.

Attesi pazientemente che arrivasse lunedì e, in mattinata, telefonai a Eddie, per comunicargli le mie intenzioni. Dopo qualche giorno, io e Megan ci recammo a Johnstown per discutere con lui in merito ai progetti finalizzati a rendere abitabile la fattoria. Eddie nutriva qualche dubbio in proposito. «È proprio sicura di volersi trasferire lì prima che la casa sia pronta? Ci sono i topi. Non ha paura?» Sapevo che c'erano i topi, perché li avevo visti. Un giorno, mentre io e Christopher stavamo facendo uno spuntino seduti sopra un'assicella, fummo raggiunti da tre topi in cerca di cibo, che si fermarono davanti a noi, rimanendo ritti sulle zampe posteriori! L'anziano signore che abitava lì prima del nostro arrivo, aveva l'abitudine di dar loro da mangiare; immagino quindi che li abbia viziati ben bene. Eddie si offrì di avvelenarli, ma io non ero d'accordo. Lo pregai quindi di limitarsi a rendere sicura la stanza al piano di sopra; a tenere alla larga i topi, ci avrei pensato io.

Verso sera, un attimo prima di andarsene, Eddie disse: «Lei è una donna coraggiosa!».

Più tardi feci sedere Megan in macchina, le allacciai la cintura di sicurezza, e le porsi un album da colorare e alcuni pastelli. La pregai quindi di aspettarmi, poiché volevo tornare a dare una rapida occhiata dentro casa, per essere certa che non avessimo dimenticato nulla. Non c'era verso di chiudere a chiave il cancello della vecchia fattoria. Le finestre erano coperte da semplici cartoni, mentre all'ingresso era stato collocato un pannello di cartone leggero. Chiamai Michele, che apparve subito sulla soglia della porta aperta. Indossava un elmetto di un colore giallo particolarmente vivido, e impugnava una pala. Il suo aspetto era più radioso che mai; i suoi occhi evocavano l'immagine di due soli che rifulgevano di luce e di vita. La vecchia fattoria fu rischiarata dalla sua presenza. Varcò la soglia della casa, sfiorandomi una spalla. D'un tratto, la pala che stava impugnando scomparve.

«Lorna, mi hai chiamato.»

Sollevai lo sguardo su di lui, dicendogli: «Michele, la tua pala è scomparsa, ma vedo che indossi sempre l'elmetto!». Entrambi scoppiammo a ridere, dopodiché mi affrettai ad aggiungere: «Grazie, Michele. La tua presenza mi tranquillizza». Da quando mi aveva detto che mi sarei dovuta trasferire alla vecchia fattoria, dove avrei vissuto sotto una tenda da campeggio, ero stata assalita da un'ansia che non riuscivo a placare, perché mi spaventava la prospettiva di vivere in un cantiere senza poter contare sulla presenza di un'altra persona adulta. Ora, però, la sua vicinanza aveva avuto il potere di rasserenarmi.

«Lorna, ce la farai» disse Michele. «Ricordati che gli angeli non ti abbandoneranno mai per nessun motivo. Dio è a conoscenza di tutte le tue preoccupazioni e di tutti i tuoi timori, e mi ha pregato di dirti che devi cercare di accantonarli.» D'un tratto, assunse nuovamente un atteggiamento pratico e concreto. «Adesso ti conviene andare dai Brennan, per farti prestare la tenda e il materassino gonfiabile.» Con una mano, mi sfiorò la sommità del capo e quindi scomparve. Ricollocai il pannello di cartone all'altezza dello stipite ancora privo della porta d'ingresso, e mi diressi lentamente verso la macchina dove Megan era seduta ad aspettarmi.

Nel preciso istante in cui sostai davanti al cancello dell'abitazione dei Brennan, la porta d'ingresso si aprì e Maura si affacciò sulla soglia mentre alcuni dei suoi figli più piccoli cercavano di nascondersi dietro di lei. Sembravano felici di ricevere la nostra visita. Più tardi, mentre sedevamo tutti intorno al tavolo facendo uno spuntino a base di tè e panini imbottiti, dissi a Maura e a nonna Brennan del mio progetto di traslocare alla fattoria benché non fosse ancora completamente abitabile. Le due donne si offrirono di riattare il soggiorno della loro casa, trasformandolo in una camera da letto per me e mia figlia. Pur apprezzando molto la loro disponibilità, non cambiai idea. Accettarono la mia decisione, insistendo però sul fatto che avremmo perlomeno dovuto acconsentire a farci una doccia calda nel bagno della loro casa e cenare insieme tutte le sere. Inutile dire che, come mi aveva promesso Michele, mi diedero una tenda da campeggio e un materassino gonfiabile senza che dovessi chiederlo.

Nelle settimane che seguirono, radunai tutte le cose di cui non avremmo potuto fare a meno, pregando gli angeli di indicarmi il momento giusto per organizzare il trasferimento alla fattoria.

Cadeva una fitta pioggia a Maynooth, in quella giornata di giugno del 2002. Soltanto il giorno prima, Ruth aveva terminato gli esami per il conseguimento del diploma di maturità. Non ero ancora uscita a fare la spesa, nella speranza che smettesse di piovere da un momento all'altro. Nel pomeriggio, vidi che un raggio di sole si era aperto un varco nella fitta coltre di nubi. Io e Megan varcammo la soglia di casa, non prima di esserci equipaggiate di impermeabile e stivali di gomma. Faceva freddo ma, se non altro, la pioggia era cessata. Lungo il sentiero che conduceva al villaggio, la piccola si divertì a saltare dentro le pozzanghere. Sbrigammo le nostre commissioni ma, non appena imboccammo il sentiero per tornare a casa, riprese a piovere.

«Facciamo un gioco che si chiama "la pioggia mi tocca"» proposi a mia figlia.

Lei era tutta euforica all'idea di cimentarsi in questa nuova «avventura». Mentre camminavamo lungo il sentiero, le afferrai una mano, tenendola saldamente stretta nella mia, dopodiché le dissi di tendere in avanti il palmo dell'altra mano per sentire la pioggia che la toccava. Ubbidì, per poi voltarsi a guardarmi eccitatissima. «Mamma, sento che la pioggia mi sta bagnando anche la faccia» esclamò ridendo. Tirò fuori la lingua, nel tentativo di catturare alcune gocce. Ci mettemmo a correre e poi rallentammo nuovamente il passo. In men che non si dica, raggiungemmo la nostra casa, inzuppate e inzaccherate all'inverosimile. Megan si era messa a correre in tondo dentro il giardino, con le braccia spalancate. Io non vedevo l'ora di trovare rifugio dentro casa, ma lei mi chiese in tono supplichevole di rimanere sotto la pioggia un altro po'.

Mentre giravo la chiave dentro la serratura, impaziente di ripararmi, per poco non mi prese un colpo! L'angelo Kaphas era in piedi dietro la porta. Ero a dir poco esterrefatta, poiché non era cambiato affatto dall'ultima volta che lo avevo visto (ormai erano passati molti anni), quando mi apparve per dirmi che una sorpresa speciale era in serbo per Joe. Ora come allora, quell'angelo era di una bellezza spettacolare, che si palesava nel suo maestoso splendore. Sembrava scolpito in un blocco di cristallo frastagliato, le cui sfaccettature erano identiche le une alle altre. Aveva una sagoma affilata e spigolosa, e le sfaccettature di cristallo facevano riverberare la luce sul suo volto. La statura di Kaphas era così imponente, che avevo quasi l'impressione che il soffitto del salone svanisse al suo cospetto. Irradiava una musica soave e ammaliante. Era incantevole.

«Ciao, Lorna» disse con la sua voce delicata e carezzevole. «Sei pronta? Hai finito di riempire gli scatoloni? Il prossimo fine settimana, tu e Megan vi trasferirete a Johnstown. Niente se e niente ma, Lorna! Ormai è deciso.» Sorrise, come se volesse dirmi che, per quanto lo riguardava, non avevamo altra scelta, se non quella di traslocare nel fine settimana. Guardò mia figlia che continuava a correre in tondo, con le braccia spalancate sotto la pioggia battente. «Vai da Megan e spiegale qualcosa in più su come godere dello splendore della vita. Non dimenticare quello che ti abbiamo insegnato quando eri piccola, a proposito dell'importanza di godere appieno della luce e dell'energia della pioggia.»

Senza indugiare oltre, appoggiai i sacchetti della spesa sul pavimento del corridoio, e raggiunsi precipitosamente Megan sotto la pioggia. «Facciamo un altro gioco.» Protendendomi in avanti, le afferrai la mano destra, sfiorandole i polpastrelli. «Solleva la testa verso il cielo, e tieni gli occhi spalancati.» Lei era felicissima, beandosi della pioggia che toccava il suo volto, mentre i suoi occhi cominciarono a emanare dei bagliori di luce sfavillante. Ci raggiunse l'angelo Kaphas, che afferrò la mia mano destra e la mano sinistra di Megan; ci eravamo disposti in cerchio, come se avessimo voluto fare il girotondo. La vita prese a ruotare vorticosamente intorno a noi, avvolta nella luce e nel dinamismo prorompente della pioggia, nell'energia che cadeva dal cielo. Vedevo ogni singola goccia di pioggia muoversi lentamente in direzione dei miei occhi. Era una sensazione incredibile.

Mentre giravo in tondo a un ritmo velocissimo, scrutando la pioggia con gli occhi spalancati, mi sentii trafiggere da un colpo che mi mozzò il respiro, ed ebbi la percezione che la mia anima stesse fuoriuscendo dal corpo. Di solito, la mia anima (come l'anima di tutti gli esseri umani) si trova all'interno del corpo, occupandone l'intera superficie. Quando l'anima si proietta verso l'esterno, significa che sta per accadere qualcosa a livello sottile. Tutte le volte che ho la percezione che è in procinto di fuoriuscire dal corpo, nel volgere di pochi istanti la vedo fluttuare davanti a me. Quando la osservo, provo immancabilmente un'immensa sensazione di gioia e di pace, poiché in quel momento ho la certezza che Dio provvederà a ogni cosa. Non saprei dire se anche ad altri sia concesso di sperimentare questo fenomeno.

Ogniqualvolta ho il privilegio di vedere l'anima di un mio simile, mentre si protende verso l'esterno del suo corpo, riesco tuttavia a scorgerne solo una propaggine, poiché rimane dentro il suo involucro di carne. Un'eccezione che ricordo risale al periodo che precedeva di poco la morte di mio padre, quando mi fu dato di vedere la sua anima che fluttuava sopra il suo corpo, al quale era ancorata da una catena d'oro.

Non saprei dire con certezza quali siano i motivi che quel giorno spinsero la mia anima a fuoriuscire dal corpo. Posso soltanto immaginare che gli angeli stavano cercando di ripristinare un contatto fra me e la vita, nell'intento di aiutarmi ad approdare alla guarigione interiore e a riassaporare le gioie dell'esistenza. Di punto in bianco, la pioggia cessò: all'improvviso, tutto finì così com'era cominciato. Interrompemmo il nostro girotondo, rimanendo immobili per un breve istante. Megan non si mosse e aveva gli occhi spalancati, comunicando l'impressione di essere in uno stato di trance. Vidi l'angelo Kaphas ritto alle sue spalle. Le sfiorò il capo, e tutto tornò a essere normale.

«Mamma, hai visto la luce che brillava dentro le gocce di pioggia? Si vedevano tutti i colori, e le gocce di pioggia erano enormi!» disse entusiasta.

Sorrisi, spiegandole: «Megan, quella era la luce dell'energia vitale della pioggia che ti stava toccando». Va da sé che lei non aveva notato nulla di strano in me. Mi implorò di lasciarle fare ancora quel gioco, ma questa volta le risposi che era arrivato il momento di tornare in casa ad asciugarci. Mentre correva verso la porta d'ingresso, mi voltai verso Kaphas per dirgli: «Ti ringrazio tanto!» con un tono di voce colmo di gratitudine. A quel punto, lui fece un gesto che gli angeli non sono soliti fare troppo spesso. Avanzò verso di me, svanendo lentamente dalla mia vista. Nell'attimo in cui cominciò a salire verso le nuvole, udii una musica che cessò nel preciso istante in cui scomparve del tutto. Sapevo che lo aveva fatto per me, e lo ringraziai con tutto il cuore. Quando mi voltai, vidi Megan ritta sulla soglia. Non ho mai chiesto all'angelo Kaphas se aveva concesso anche a mia figlia il privilegio di scorgerlo magari solo di sfuggita, o di udire il suono della sua musica; un giorno, forse, lo chiederò direttamente a lei.

Capitolo 8

I piedi di un angelo illuminano il sentiero

Quella sera, subito dopo aver finito di cenare, dissi a Megan di andare a giocare nella sua stanza, perché dovevo parlare con i suoi due fratelli e con sua sorella maggiore. Mentre eravamo seduti tutti insieme intorno al tavolo sorseggiando una tazza di tè, annunciai che ormai era giunto il momento per me e per Megan di trasferirci a Johnstown, e che avremo traslocato la mattinata del sabato seguente. Christopher disse: «Mamma, uno di noi dovrà per forza accompagnarvi».

«No,» replicai «ci andrò da sola con Megan. Ho già organizzato tutto con Maura Brennan e la sua famiglia. Prima passeremo da loro per pranzare tutti insieme, e poi andremo alla fattoria con la tenda da campeggio e il materassino gonfiabile.»

Ruth disse ridacchiando che non vedeva l'ora di venirci a trovare, per provare l'ebbrezza di vivere sotto una tenda piazzata in camera da letto. Owen nutriva invece alcune riserve in merito a questa scelta, ragion per cui mi chiese con una certa apprensione: «Come pensi di cavartela a cucinare con un semplice fornelletto a gas?». Lo rassicurai, spiegandogli che i Brennan ci avevano invitato a pranzare e a cenare con loro quando volevamo.

Più tardi, dissi a Megan che avremmo traslocato nel prossimo fine settimana. Mia figlia non stava più nella pelle, e si mise a saltellare da un capo all'altro della stanza in preda all'euforia. Non vedeva l'ora che arrivasse quel giorno per poter finalmente dormire sotto una tenda, e si precipitò dai suoi fratelli per condividere con loro la gioia che provava. Anch'io non vedevo l'ora di trasferirmi laggiù: sapevo che quel cambiamento avrebbe fatto bene a entrambe.

La settimana era volata. La sera di venerdì, tutti i bagagli erano ben allineati nel corridoio, pronti per essere caricati in macchina l'indomani mattina. Quella notte, dormii piuttosto male a causa della tristezza che mi aveva assalito all'idea di dovermi separare da Christopher, Owen e Ruth. Sentivo già la loro mancanza, ed ero anche in ansia sapendo che, seppur tanto giovani, d'ora in poi avrebbero dovuto cavarsela da soli senza neppure il sostegno di un genitore. Non facevo che rigirarmi nel letto, e pregare. In un impeto di esasperazione, esclamai ad alta voce: «Angeli, fate in modo che io riesca a prendere sonno!». Ebbi la percezione che un angelo si fosse seduto sul bordo del letto e, nel voltarmi, vidi che era l'angelo Amen. «Lorna, smettila di preoccuparti» mi disse protendendosi in avanti per sfiorarmi le palpebre. «Adesso chiudi gli occhi, perché hai bisogno di dormire.» Feci come mi aveva detto. Non ricordo cosa sia accaduto dopo; so soltanto che, quando li riaprii, erano le otto del mattino successivo. Il mio primo pensiero fu per l'angelo Amen che ringraziai dal più profondo del cuore. Mentre facevamo colazione tutti insieme, Christopher disse: «Puoi dire quello che vuoi, ma io ho deciso che vi seguirò in moto. Vi raggiungerò dai Brennan». Non sollevai obiezioni anche perché, in tutta franchezza, mi sentivo rinfrancata a quella prospettiva.

Alle dieci, finimmo di caricare i bagagli in macchina. Ci salutammo fra mille abbracci e qualche lacrima. Dal canto suo, Megan aveva accolto con grande gioia la notizia che Christopher sarebbe venuto con noi, al punto che gli disse: «Puoi dormire anche tu sotto la tenda». Guardai mio figlio, annuendo lievemente con il capo per lasciargli intendere che non era il caso che dicesse nulla. Owen prese in braccio la sorellina, facendola volteggiare in aria e tutto finì lì, poi la sistemò sul sedile della macchina, e le allacciò la cintura di sicurezza. Mentre mi avviavo, Ruth andò ad aprire il cancello. Sbirciando nello specchietto retrovisore, vidi i miei tre figli in piedi davanti al cancello, che ci salutavano agitando le mani. In quel preciso istante, la luce dei loro angeli custodi divenne particolarmente intensa. Nel contemplare quella scena tanto struggente quanto meravigliosa, ebbi la certezza che sarebbe andato tutto per il meglio.

Stavamo viaggiando da un'oretta quando, d'un tratto, scorsi dietro di noi la sagoma della moto di Christopher che si accingeva a superarci. Quando sostammo davanti alla casa dei

Brennan, i bambini stavano giocando in giardino nell'attesa che arrivassimo e la moto di mio figlio era già parcheggiata nel vialetto. I Brennan ci riservarono un'accoglienza calorosissima. Dopo pranzo, Maura si fece aiutare dai suoi figli per trasportare il materassino gonfiabile fino alla vecchia fattoria. Rimasi a osservare Christopher intento ad armeggiare con la tenda, finché non riuscì in qualche modo a farla stare dentro la macchina. Benché fosse un'impresa ardua, mio figlio poté comunque contare sull'aiuto di una folta schiera di angeli. Quando arrivai alla fattoria, vidi che Maura e i suoi figli erano già lì ad aspettarci. Dopo aver rimosso il pannello di cartone che fungeva da porta d'ingresso provvisoria, entrai nel salone che siamo tuttora soliti chiamare «il fienile». Sebbene Eddie avesse fatto del suo meglio per rimetterlo in ordine, era pur sempre ingombro di materiale destinato ai lavori di ristrutturazione. Oltre a un'enorme catasta di legname, quel posto traboccava di tubi dalle forme e dalle dimensioni più disparate. C'era anche una moltitudine di sacchi di gesso, oltre a un'infinità di secchi ricolmi di chiodi e a una marea di attrezzi. Sorrisi pensando che l'angelo Michele non si era sbagliato. La scaletta di legno che Eddie aveva costruito per consentirci di salire al piano di sopra aveva un aspetto solido, ma si trattava pur sempre di una scaletta che non ci avrebbe reso più agevole il compito di inerpicarci fin lassù.

La prima a salire fu Maura, seguita da Christopher e infine da Megan, che era tesissima al punto che dovetti rassicurarla dicendole che non avrebbe avuto nulla da temere, visto che dietro di lei c'ero io. «Mamma, ho paura di cadere» piagnucolò. Cercai di farle coraggio, promettendole che l'avrei tenuta stretta saldamente a me. Anche Christopher, ormai giunto al piano di sopra, stava facendo di tutto per convincerla a non avere paura. Quando Megan fu finalmente in cima alla scala, lui la prese fra le braccia, adagiandola delicatamente sopra le assicelle che aveva posizionato all'altezza delle estremità che collegavano la sommità della scaletta alla camera da letto. Christopher esortò la sorella a usare la massima prudenza e a non avventurarsi mai da sola in giro per la casa. I figli dei Brennan salirono su per la scaletta con estrema disinvoltura, come se per loro fosse una consuetudine giornaliera. Quando misi piede in camera da letto, notai con sommo stupore che era molto grande e spaziosa. Eddie aveva dunque fatto un ottimo lavoro.

Le finestre provvisorie erano ampie, benché filtrasse qualche spiffero d'aria all'altezza degli spigoli. I bambini si divertivano a rincorrersi da un capo all'altro della stanza. D'un tratto, Maura disse alle sue figlie di badare a Megan, mentre noi saremmo andate a prendere i bagagli che erano rimasti ancora dentro la mia macchina. Un attimo prima di varcare la soglia per uscire in giardino, mi voltai brevemente, notando che Megan e i figli dei Brennan si erano seduti sul pavimento a giocare. In quel mentre, apparvero alcuni angeli disposti in cerchio intorno a loro. Sorrisi riaccostando il pannello provvisorio alle mie spalle.

Inerpircarsi su per la scaletta, reggendo la tenda da campeggio e il resto dei nostri effetti personali fu un'impresa difficile oltre che un tantino rischiosa, al punto che non smisi mai di comunicare con gli angeli, supplicandoli di aiutarci. Alla fine, però, ce l'avevamo fatta. I bambini erano tutti in fibrillazione, mentre noi cercavamo in qualche modo di montare la tenda. Ormai stava cominciando a venir buio, e ci affrettammo quindi a sistemare il materassino. Sembrava tutto molto accogliente. Maura decise di accompagnare a casa i bambini prima che fosse troppo buio per camminare sopra le assicelle e scendere dalla scaletta. Estrassi una torcia da uno degli scatoloni. Mentre uscivamo dalla stanza, sentii che Megan stava domandando a Christopher in quale angolo della tenda avrebbe preferito stare. Lui mi strizzò un occhio in segno di intesa.

Riaccompagnai a casa in macchina Maura e i suoi bambini, dopodiché sostai qualche minuto lungo il sentiero che stavo percorrendo per tornare nuovamente alla vecchia fattoria. L'intera zona era immersa in un buio pesto, se si eccettua la luce tenue che baluginava attraverso la finestra della camera da letto, quasi a volermi far sentire ben accetta. Ero felice. Mentre scendevo dalla macchina, accesi la torcia, per illuminare la traiettoria che mi separava dalla scaletta. Non appena misi piede dentro la camera da letto, gettai una rapida occhiata a Megan, notando che dormiva. Christopher disse sottovoce: «Mamma, Megan non ha fatto storie quando le ho detto che non mi sarei fermato a dormire qui. Ha capito che sono costretto a ritornare a Maynooth, perché tutte le mattine mi devo alzare presto per andare al lavoro. Tornerò a trovarvi tutte le volte che posso». Mi abbracciò e quindi afferrò il casco, dicendomi di chiudere bene la porta. Udii lo scricchiolio dei suoi passi sopra le assicelle; dopodiché, lo sentii scendere giù dalla scaletta. Mi affacciai alla finestra per salutarlo con un cenno della mano. Rimasi a guardare la luce della motocicletta che svaniva lentamente nelle tenebre della notte. In quel preciso istante, mi sentii sfiorare una spalla; nel voltarmi, vidi che era l'angelo Hosus, il quale mi disse rivolgendomi un sorriso radioso: «Non è male l'idea di vivere sotto una bella tenda accogliente allestita in camera da letto. Lorna, adesso devi soltanto accendere il fornello da campo, e far bollire l'acqua per il tè».

«Buona idea!» esclamai accendendo il mio fornelletto, sopra il quale appoggiai un pentolino che avevo riempito con l'acqua di una delle bottiglie che mi ero portata. Era la prima tazza di tè che mi concedevo nella mia nuova dimora! «Hosus, sono proprio contenta di essere qui; mi sento davvero a casa» gli dissi. Scambiammo due chiacchiere, e poi lui lanciò una rapida occhiata a Megan. Mi suggerì quindi di mettermi a letto perché avevo bisogno di un buon sonno ristoratore, e scomparve prima che avessi modo di aggiungere altro. Mi infilai sotto la tenda, muovendomi adagio per evitare di disturbare Megan, e infine crollai sopra il materasso, addormentandomi dopo una manciata di secondi.

Grazie alla mia presenza costante, i lavori di ristrutturazione della fattoria procedevano a un ritmo decisamente più spedito. Una notte, a luglio, ci fu un forte temporale e il vento prese a sibilare furiosamente riecheggiando in ogni angolo della casa. La vecchia fattoria era piena di angoli e fessure che amplificavano il mugghiare del vento, rendendolo ancora più terribile. Fui svegliata da un angelo, che mi disse: «Lorna, Megan non sta bene; ha la febbre alta. Devi portarla da Maura». E aggiunse: «Sollevala e tienila ben stretta fra le braccia». Ero atterrita. Come potevo camminare sulle assicelle e poi scendere dalla scaletta, reggendo fra le braccia mia figlia che stava male? L'angelo scomparve dalla mia vista. Ruotai il corpicino di Megan, in modo che rimanesse supina. Notai subito che scottava ed era madida di sudore a causa della febbre. Afferrai la torcia e le chiavi della macchina. Quando aprii la porta della camera da letto, non riuscivo a vedere nulla. La casa era immersa nelle tenebre più nere; non c'era neppure un tenue raggio di luna che la rischiarasse un poco. Mi fermai per fare in modo che i miei occhi si adattassero all'oscurità.

L'angelo che mi aveva svegliato riapparve davanti a me, dicendo: «Ti farò strada. Non temere, Lorna. Vedrai che Megan si riprenderà».

«Sono terrorizzata» ribattei. «Megan è molto pesante e, come se non bastasse, il suo corpo scotta al punto che sembra avvolto dalle fiamme.» Intorno a noi c'era solo un buio pesto. Il fascio di luce che fuoriusciva dalla torcia sembrava troppo fioco per poter illuminare i miei passi. Non riuscivo a vedere nulla, a parte l'assicella rischiarata dall'angelo che mi precedeva e il tenue bagliore di lui. D'un tratto, però, le assicelle furono invase da una luce che scaturiva dai piedi dell'angelo. Ebbi la certezza che gli angeli fossero accorsi in mio aiuto.

«È una situazione davvero terribile» dissi all'angelo che mi faceva strada. Ero spaventata all'idea che, se avessi perso l'equilibrio, sarei inciampata nelle assicelle precipitando al piano di sotto insieme a mia figlia.

Lui si voltò, dicendomi: «Seguimi». Mentre camminavo lentamente sopra le assicelle, udii la voce dell'angelo che mi rassicurava: «Non cadrai, Lorna. Fai un passo alla volta».

Quando giunsi davanti alla sommità della scaletta, gli chiesi: «E adesso mi dici come faccio a scendere da qui?».

Lui rispose: «Fai sdraiare Megan sulle due assicelle, e poi rannicchiati appoggiando le ginocchia e le mani contro il pavimento». Adagiai la piccola sopra le assicelle, in modo che fosse il più vicino possibile alla scaletta; feci quindi un respiro profondo, e mi rannicchiai appoggiando le ginocchia e le gambe per terra. Sentii che l'angelo mi aveva tolto la torcia dalle mani. Successivamente, misi un piede sul gradino della scaletta. «Adesso solleva Megan e appoggiala sopra la tua spalla sinistra» disse. Tremavo come una foglia, mentre cercavo di mettere in pratica quello che mi suggeriva. Ero terrorizzata al pensiero che potessimo cadere.

Accanto a me, apparve l'angelo Hosus. «Lorna, non trattenere il respiro così a lungo. Te la stai cavando egregiamente.» La sua presenza ebbe il potere di calmarmi, permettendomi così di posizionarmi in cima alla scaletta. Mentre scendevo a tentoni con estrema lentezza, muovendo un passo dopo l'altro con la massima prudenza, ebbi la certezza che l'angelo Hosus mi fosse accanto e che stesse scendendo insieme a me. In tutto questo frangente, Megan rimase semiaddormentata. Ero consapevole del fatto che stesse delirando, perché la sentivo parlare da sola, farfugliando frasi senza senso.

Non posso descrivere il sollievo che provai nell'attimo in cui scendemmo l'ultimo gradino della scaletta. Attraversai le altre stanze, ritrovandomi infine all'interno del fienile. Quell'angelo continuava a farmi strada, illuminando il tragitto che dovevo percorrere. Hosus era ritto accanto al pannello di cartone, che fungeva da porta di ingresso, e fece in modo che si aprisse. Mentre mi accingevo a varcare la soglia della nostra casa, con Megan sempre saldamente stretta fra le mie braccia, mi voltai a ringraziare l'angelo che emanava quella bellissima luce. Prima di scomparire, mi disse con un sorriso: «Il mio nome è Avajil».

Attraversai il cortile, e adagiai mia figlia sopra i sedili posteriori della macchina. Misi in moto e per un attimo vidi il bagliore più intenso del suo angelo custode, attraverso lo specchietto retrovisore. Notai che le stava asciugando la fronte con infinito amore. «Lorna, datti una mossa» esclamò Hosus dal sedile del passeggero anteriore sul quale si era accomodato. Mentre parcheggiavo l'auto nel vialetto antistante alla casa di Maura, notai che una delle finestre era illuminata. Provai un intenso sollievo quando la porta d'ingresso si aprì. Maura mi aiutò a portare dentro Megan. Dopo averla fatta sdraiare dentro la vasca da bagno, che avevamo riempito di acqua fredda, la strofinammo bene con una spugna. Infine, la mettemmo a letto, non prima però di averle fatto prendere un cucchiaio di sciroppo. La piccola ci sorrise, e poi scivolò nel sonno. Telefonai al dottore, che mi assicurò che sarebbe passato nelle prime ore del mattino seguente. Dopo una visita accurata, disse che Megan aveva una brutta tonsillite, ma che si sarebbe ripresa nel giro di qualche giorno. Ci fermammo dunque a casa di Maura finché non si fu completamente ristabilita.

Si stava spargendo la voce che avevo cambiato casa, e sempre più persone venivano a conoscenza del mio nuovo indirizzo. Capitava che i miei ospiti non riuscissero neppure ad aprirsi un varco in mezzo al fango e ai detriti che seppellivano il cortile anche se, a dire il vero, non sembravano curarsene più di tanto. C'era invece chi, dopo aver parcheggiato la macchina, rimaneva scioccato al cospetto della marea di fango che doveva attraversare. Per questo motivo, cominciai a dire alle persone che mi telefonavano di armarsi di un paio di stivali di gomma, prima di avventurarsi fino a casa mia. Spiegavo inoltre che, non essendoci ancora i servizi, e per quanto ne fossi rammaricata, risultava evidente che, al pari della sottoscritta, non avessero altra scelta se non quella di espletare i loro bisogni fisiologici in mezzo ai campi. Quasi sempre, scoppiavano a ridere prima di scomparire fra i cespugli per una manciata di minuti.

Era una bella giornata di sole, quando io e Megan ci lasciammo alle spalle la fattoria per incamminarci lungo il sentiero. In quel preciso istante, vidi un'automobile che stava svoltando dentro il vialetto, dirigendosi verso di noi. Sapevo che, chiunque si trovasse a bordo, desiderava incontrarmi, perché un gruppetto di angeli faceva strada precedendo il veicolo lungo il vialetto ed evitando le buche. Notai anche la sagoma di un angelo che si muoveva accanto al conducente. L'automobile si fermò e una donna abbassò il finestrino per chiedermi se sapevo dirle dove abitava Lorna. A quel punto mi presentai. La donna disse di chiamarsi Margaret e che quella era la seconda volta in cui aveva deciso di compiere un lungo tragitto in macchina fino a Johnstown solo ed esclusivamente per incontrarmi. Disse che voleva vedermi a tutti i costi, a causa dei problemi di salute che affliggevano i suoi bambini. «Ero ben decisa a scovarti. Non facevo che ripetere il tuo nome agli angeli. Non ho mai pregato così tanto in vita mia, e adesso sono immensamente grata a Dio e agli angeli per avermi permesso di trovarti.» Scambiammo altre due chiacchiere veloci, e quindi accettai di ricevere lei e i suoi figli – mi rivelò di avere quattro maschietti – qualche giorno più tardi, non prima di averle spiegato che il nostro colloquio avrebbe dovuto svolgersi a bordo della sua automobile, perché casa mia era ancora impraticabile.

«Lorna, se tu abitassi in una stamberga immersa dentro una palude, per me non cambierebbe nulla» disse Margaret. «L'unica cosa che voglio è che tu veda i miei bambini.»

Erano trascorsi alcuni giorni da quell'incontro, quando scorsi un'automobile sostare in prossimità della porta della vecchia fattoria. Avevo portato Megan a casa di Maura, per avere la certezza di non essere disturbata. Mi precipitai verso quell'auto, riparandomi la testa con un cappotto a causa della pioggia battente, e aprii lo sportello. All'interno, c'erano Margaret e i suoi quattro splendidi figli circondati da tutto ciò che qualsiasi bambino potrebbe desiderare: giocattoli, cibo e bevande, indumenti puliti. Naturalmente c'erano anche gli angeli. Quell'abitacolo era letteralmente stipato di angeli!

I bambini non erano affatto intimiditi dalla mia presenza, e si misero subito a parlare con me, tutti insieme. Anche Margaret aveva cominciato a parlare in quel preciso istante. Dentro quell'automobile, si respirava un'atmosfera calda, accogliente e intrisa di amore. Un angelo mi indicò il bambino vicino al quale era seduto, suggerendomi che soffriva di una grave forma di asma. Doveva avere più o meno cinque anni, ed era molto pallido. Mi protesi verso i sedili posteriori, per accarezzarlo. Sua madre mi disse che si chiamava Tony. Trattenendo a stento le lacrime mentre lo guardava giocare felice, mi spiegò che i medici le avevano tentate tutte, e ormai non sapevano più che cosa fare. Modificavano spesso le terapie farmacologiche, ma senza ottenere nessun risultato. Mentre ascoltavo Margaret, comunicai mentalmente con gli angeli, tenendo una mano appoggiata sopra il ginocchio di Tony. Presi atto di quanto mi dissero, dopodiché invitai la donna a tornare dal suo medico per chiedergli un secondo parere.

Pregai per Tony e tracciai il segno della croce sopra di lui, chiedendo a Dio di fare in modo che gli angeli della guarigione vegliassero costantemente su di lui, concedendogli di recuperare il benessere fisico, per poter crescere forte e sano. Tracciai il segno della croce anche sugli altri tre piccoli, e pregai chiedendo ai loro angeli custodi di aiutarli a comportarsi nel migliore dei modi nei confronti dei loro genitori. A quel punto, i bambini vollero che anche la mamma ricevesse la mia benedizione. Prima di voltarsi verso di me, la donna disse loro di starsene buoni a giocare. In quell'attimo, vidi che gli angeli collocavano un paravento intorno ai bambini, per impedire loro di udire il suono delle nostre voci.

Margaret mi parlò del rapporto fra lei e suo marito, rivelandomi di avere la netta sensazione che si stessero allontanando sempre più, e che lei non fosse in grado di fare nulla per salvare questa unione. Era terrorizzata all'idea che il suo matrimonio potesse fallire. Il marito lavorava tutto il giorno e, quando rincasava verso l'ora di cena, anche lei si sentiva esausta, per non parlare dei bambini che non concedevano neppure un attimo di tregua. Tony aveva bisogno di molte attenzioni, e a volte i suoi tre fratellini ne risentivano. Erano spavaldi e difficili da gestire, e questo suscitava le ire del padre, che finiva per alzare la voce, rimproverandoli aspramente. Loro scoppiavano a piangere e la situazione degenerava.

La guardai e dissi: «Margaret, ho chiesto agli angeli custodi dei tuoi bambini di aiutarli a essere buoni e a comportarsi bene. E adesso chiederò al tuo angelo custode e all'angelo custode di tuo marito di fare in modo che vi ritroviate nel nome dell'amore che vi lega, e che riusciate a ritagliarvi un po' di tempo da dedicare l'uno all'altra». Tracciai il segno della croce su di lei e pregai.

La donna mi chiese di poter tornare a trovarmi nel giro di qualche settimana, e io accettai di buon grado. Quando la rividi, mi sembrò diversa rispetto alla persona che avevo conosciuto in occasione della sua prima visita. Il suo volto era molto meno tirato e un sorriso radioso lo illuminava. Da allora, venne a trovarmi in varie occasioni e, ogni volta, notavo un cambiamento. Tony era stato affidato alle cure di uno specialista, e la sua salute migliorava a vista d'occhio.

A un certo punto, Margaret non avvertì più il bisogno di venire da me. Ormai non avevo più sue notizie da circa un anno, quando un giorno mi telefonò per chiedermi se poteva passare a salutarmi. Per la prima volta, si presentò con suo marito, oltre che con i bambini. L'uomo volle ringraziarmi per tutto quello che avevo fatto, soprattutto per essere stata vicino a Margaret e ai loro figli. Mi disse inoltre che Tony stava decisamente meglio. In piedi accanto a suo marito che la cingeva con un braccio, Margaret mi confidò di essere felice. Da quando l'uomo le aveva detto di non avere mai smesso di amarla, i suoi timori legati a un possibile naufragio della loro unione si erano dissolti. Ringraziò Dio e gli angeli per aver permesso loro di ritrovarsi nel nome dell'amore. Ne presi atto con una gioia immensa. Tracciai il segno della croce sopra di loro e pregai anche per il piccolo Tony.

Un pomeriggio mi ero affacciata alla finestra dopo aver udito uno strano rumore: vidi un signore elegante che stava scendendo dall'automobile. Senza curarsi delle sue belle scarpe lucide, cominciò a inerpicarsi sopra la montagna di detriti, finendo dritto nel fango, malgrado avesse fatto di tutto per evitarlo. Scoppiai a ridere mentre assistevo a quella scena dalla finestra al piano di sopra. L'uomo era attorniato da un gruppetto di angeli che lo stava scimmiottando.

Camminai sopra le assicelle tenendo per mano Megan – ormai ci eravamo abituate a farlo, e riuscivamo dunque a muoverci con grande agilità – e poi scendemmo dalla scaletta. Quando entrammo nel fienile, l'uomo aveva già spostato il pannello di cartone, accingendosi a varcare la soglia della nostra casa. Aveva le scarpe e i pantaloni interamente coperti di fango, e questo gli conferiva un aspetto alquanto misero. L'angelo ritto accanto a lui mi disse che quell'uomo si sentiva mortificato perché avrebbe desiderato a tutti i costi fare un'ottima impressione su di me. Dopo essersi scusato per la sua visita inaspettata, disse di chiamarsi Robert. Mi pregò di concedergli cinque minuti del mio tempo e di benedirlo. Gli risposi che sarei stata ben felice di dedicargli un po' del mio tempo, a condizione che il nostro colloquio si fosse svolto nella sua automobile o nella mia, e che ci sarebbe stata anche Megan, perché non potevo certo lasciarla sola dentro casa. Notai che la sua espressione tradiva una certa perplessità; a conferma di ciò, l'angelo, che era in piedi accanto a lui, scosse il capo, dicendo: «No, Lorna, dovrete esserci soltanto voi due».

In quel preciso istante, Eddie mise piede nel fienile e io ne approfittai per chiedergli di badare a Megan per un po'. Mentre pronunciavo quelle parole, notai che il volto di Robert appariva molto più disteso. Mi propose di utilizzare la sua automobile, perché non voleva che la mia si sporcasse di fango. Nell'aprire lo sportello del passeggero, sentii il profumo tipico delle automobili nuove di zecca. Era assolutamente «immacolata» e senza un graffio; a quel punto, gli dissi che forse sarebbe stato meglio utilizzare la mia auto per non rovinare la sua, che era nuovissima oltre che molto costosa, ma lui volle a tutti i costi che restassimo lì. Mi confidò di essere afflitto da parecchi problemi legati sia alla sua salute sia alla sua famiglia. Mentre parlava, mi raccolsi in preghiera facendo comunque in modo che lui non se ne accorgesse. Ebbi l'impressione che la luce del suo angelo custode fosse divenuta più intensa per un breve istante, per poi attenuarsi nuovamente. D'un tratto, vidi arrivare, uno dopo l'altro, gli angeli della guarigione, che si sistemarono intorno a quell'uomo. Il primo angelo gli sfiorava la testa, il secondo il torace e il terzo la parte bassa della schiena. Contemporaneamente, un quarto angelo comunicava l'impressione di muovere l'energia vitale intorno al suo corpo. Quegli angeli altissimi e snelli rifulgevano in tutta la loro bellezza. In un certo senso, sembravano scolpiti in un blocco di cristallo purissimo e trasparente. Ognuno di loro era unico; riuscivo a scorgere la grazia di Dio sotto forma di un raggio di luce che confluiva all'interno di ciascuno di loro. Erano proprio gli angeli della guarigione. Vidi Robert diventare trasparente. Mentre mi parlava dei suoi problemi, riuscivo a scorgere in dettaglio ogni parte del suo corpo. Notai che uno di quegli angeli stava percorrendo con un dito tutte le vene e tutte le arterie, quasi volesse fare in modo che l'energia vitale attraversasse il corpo di quell'uomo, il quale era ovviamente ignaro di ciò che stava accadendo. D'un tratto, smise di parlare, pregandomi invece di tracciare il segno della croce sopra di lui. In quell'attimo, mi sembrò che gli angeli si fossero fusi in un'unica entità. Essi scomparvero subito dopo che ebbi pronunciato la parola «Amen» al termine della mia benedizione.

Robert mi guardò e disse: «Mi sento già molto meglio. Potrei tornare un'altra volta?». Gli risposi che non avevo nulla in contrario, a condizione che andasse da un medico e che facesse le analisi del sangue. Gli diedi il mio numero di cellulare, per consentirgli di annunciarmi la sua prossima visita con un certo preavviso. Tornò a trovarmi circa un mese dopo. I medici gli avevano diagnosticato un problema di salute, ma lo stavano curando e presto sarebbe guarito. Per alcuni anni, mi capitò spesso di ricevere le sue visite. Lo vidi trasformarsi in un giovane molto più brillante e altruista rispetto ai primi tempi, capace di godere appieno delle gioie della vita. Aveva assunto anche un atteggiamento rilassato e meno formale, e non sentiva più il bisogno di venire da me tutto tirato a lucido.

Nel settembre del 2002, Megan iniziò a frequentare la scuola di Johnstown. Speravo con tutto il cuore che riuscisse a farsi dei nuovi amici. Il mattino del primo giorno di scuola, non voleva proprio saperne di uscire di casa. Riuscii a convincerla con grande fatica a provare la sua nuova divisa; alla fine, si arrese, ma a una condizione: «Mamma, voglio che tu mi accompagni fin dentro l'aula e incontri la mia nuova maestra. Lo farai?».

Risposi con un sorriso: «Pensavi davvero che ti avrei lasciata sola davanti all'ingresso della scuola?». Per tutta risposta, mi gettò le braccia al collo e ci abbracciammo strette.

Le ci volle un po' di tempo per ambientarsi nella sua nuova scuola, per abituarsi ai suoi ritmi e per fare amicizia con altri bambini. Ruth, che è legatissima a Megan, veniva a Johnstown tutte le volte che poteva.

Finalmente, nel novembre del 2002, sei mesi dopo esserci trasferite lì, la casa divenne abitabile a tutti gli effetti, e questo ci permise di sistemarci in un modo dignitoso. Al piano di sopra c'era un pavimento nuovo di zecca, e noi accogliemmo con tripudio la prospettiva di non dover più camminare in equilibrio sopra le assicelle. Non c'era più una sola finestra senza vetri, e adesso avevamo anche una porta per l'ingresso principale e una per l'ingresso posteriore – tenete presente che eravamo ancora costrette a utilizzare la scaletta, perché la scala definitiva non era stata ancora costruita.

La sera che precedette il «grande trasloco» Ruth era passata a trovarci. Anche in quell'occasione, Megan fu felicissima di rivederla. Il giorno dopo, quel grosso container, che avevamo riempito molti mesi prima, arrivò a bordo di un camion. Giunsero anche Christopher e Owen. La primissima cosa che facemmo, fu entrare nella stanza che sarebbe diventata la mia camera da letto per smontare la tenda in cui avevamo dormito per sei mesi. Non riuscirete mai a immaginare la felicità che provai all'idea di poter disporre di una stanza e di un letto. Scoppiammo a ridere nell'udire lo strano sibilo che emetteva il materassino, mentre cercavamo di comprimerlo il più possibile per far fuoriuscire l'aria. Dopo averlo arrotolato, scendemmo al piano di sotto con il fornelletto a gas, le ciotole e i tegami, per riporli dentro la stanza destinata a diventare la cucina.

Il problema non fu tanto scaricare i mobili dal camion e trasportarli nelle varie stanze al piano di sotto, quanto inerpicarsi su per la scaletta con i letti, i materassi e gli altri pezzi di arredamento. In qualche modo, riuscimmo però a sistemare tutta la mobilia e, dopo esserci rinfrancati con una bella tazza di tè, i ragazzi e gli operai che erano venuti fin qui con il camion, presero la strada del ritorno in direzione di Dublino.

Percorsi con lo sguardo l'intera superficie del fienile. Adesso avevamo i mobili... ma regnava pur sempre un grande caos. Ovunque mi voltassi, vedevo cataste di attrezzi e di materiale edile. Al piano di sotto, non era stata ancora effettuata la posa dei pavimenti; per terra c'era soltanto il cemento e questo comportava un'abbondante presenza di polvere. Oltre ai pavimenti, restava ancora molto da fare. Ruth propose di cominciare dalla mia camera da letto, mentre io ero convinta che fosse più opportuno dare la precedenza alla stanza di Megan, visto e considerato che la bambina non aveva potuto disporre di uno spazio tutto suo per così tanto tempo. Ruth e Megan si aggiravano per il fienile tenendosi per mano, e poi salirono su per la scaletta.

Poco dopo apparve l'angelo Hosus, seduto sopra una pila di piastrelle accatastata in un angolo del fienile. La tunica viola che si era messo quel giorno era un tantino diversa dal camice tradizionale che ero solita vedere indosso ai maestri di scuola. Attraversai il salone per raggiungerlo; nel frattempo, però, Hosus si era sistemato su un'altra pila di piastrelle, invitandomi a prendere posto accanto a lui. Mi afferrò una mano e me la strinse, procurandomi una sensazione piacevole.

«Lorna, hai visto com'è felice Megan? E anche gli altri ragazzi?»

«Sì» risposi. «L'ho notato e sto cominciando a esserlo anch'io.»

«Lorna, gli angeli non smettono mai di bisbigliare all'orecchio di Eddie, per spingerlo a ultimare i lavori quanto prima. Sappiamo che hai l'impressione che tutto stia procedendo con grande lentezza, ma le cose non sono come sembrano. In realtà, questa lentezza apparente ha lo scopo di darti tutto il tempo di cui hai bisogno per guarire e per accettare i cambiamenti che si stanno compiendo nella tua vita.»

Megan mi chiamò e Hosus scomparve. Attraversai di corsa il salone e mi arrampicai su per la scaletta. Quando raggiunsi l'ultimo gradino, notai che Megan e Ruth mi stavano fissando entusiasta. Megan mi prese per mano e, nel dirigerci verso la sua cameretta, mi indicò le altre stanze. «Quella è la camera di Ruth.» Ruth sorrise, dicendo che le piaceva moltissimo. Speravo tanto che i miei figli più grandi si sentissero a casa loro anche nella vecchia fattoria di Johnstown. Puntando il dito verso sinistra, mia figlia aggiunse: «I miei fratelli possono dormire in quella stanza». La cameretta di Megan si trovava in fondo al corridoio, ed era attigua alla mia stanza. Mentre sistemavo le lenzuola e le coperte sopra il mio letto, Ruth aiutò la sorella a preparare il suo lettino e a riporre i giocattoli.

Più tardi, Megan mi chiamò perché voleva che vedessi come aveva sistemato la cameretta con l'aiuto di sua sorella. Non essendoci ancora la porta, intravidi subito le mie figlie strette l'una all'altra sopra il lettino; riuscivo anche a scorgere la luce dei loro angeli custodi, dalla quale erano avvolte. Megan gongolava di orgoglio, con la sua sterminata collezione di orsacchiotti di peluche perfettamente schierata in parte sopra la testata del letto, e in parte sopra l'ampio davanzale della finestra. La stanza aveva un aspetto semplicemente fantastico, e mi sentii elettrizzata nel vedere la mia bambina così felice. Ruth propose di andare a mettere qualcosa sotto i denti. Avevamo un fornello, ma c'era solo un lavandino provvisorio. Avevamo un tavolo e anche le sedie, ma in compenso mancava la credenza, ragion per cui l'intera stanza era sommersa di scatoloni, sacchetti colmi di vettovaglie e utensili da cucina. Diedi una pulita al tavolo e alle sedie, dopodiché divorammo il pollo saltato in padella che aveva cucinato Ruth. Mangiammo a sazietà perché avevamo una fame da lupi. Quella notte dormimmo proprio bene. Era fantastico poter riposare in un vero letto. Il mattino dopo, ci alzammo di buon'ora, perché Ruth doveva tornare a Maynooth, dove l'attendeva una giornata di lavoro. Quando la vide allontanarsi in macchina, Megan scoppiò a piangere.

Capitolo 9

Natale al fienile

Mancavano più o meno sei settimane a Natale. Desideravo ardentemente riunire tutta la mia famiglia nella fattoria di Johnstown, in occasione di quello che sarebbe stato il primo Natale nella mia nuova casa. Eddie stava facendo il possibile per rendere più vivibile l'ambiente. Aveva posato i pavimenti in alcune delle stanze al piano di sotto; aveva inoltre sistemato una credenza in cucina, e aveva montato le porte delle camere da letto.

Ruth, Christopher e Owen arrivarono a Johnstown nel fine settimana che precedeva il Natale. Non mi aspettavo che mi avrebbero raggiunto così presto, e fui dunque felicissima di rivederli. Da quando i miei figli erano piccoli, avevamo sempre conservato l'abitudine di andare a scegliere l'albero di Natale tutti insieme. Fedeli a questa tradizione di famiglia alla quale erano legatissimi, vollero rispettarla anche quell'anno. Salimmo dunque in macchina, e partimmo alla ricerca del nostro albero. Visitammo numerose strutture, ma Megan non ne vide nessuno che fosse di suo gradimento. «Se continuiamo di questo passo, faremo notte!» grugnì Owen, che alla fine riuscì a strappare alla sorellina la promessa di scegliere l'albero nella prossima struttura che avremmo visitato.

Dopo aver ripreso il nostro viaggio «in avanscoperta» sostammo in un parcheggio che traboccava di alberi di Natale. Vidi decine di angeli che ondeggiavano convulsamente lì in mezzo, finché la loro scelta cadde sull'albero verso il quale Megan avrebbe poi manifestato la sua preferenza. Lo fissai, sorridendo fra me e me. Una volta individuato l'albero di Natale che faceva al caso nostro, gli angeli lo illuminarono, facendo in modo che risaltasse in mezzo agli altri. Indietreggiai di qualche passo per osservarlo meglio. Va da sé che, quando Megan gli si avvicinò, si voltò verso i fratelli, annunciando: «Voglio questo!». Gli angeli, che si erano appostati intorno all'albero, esultarono di gioia. Lo acquistammo, e lo adagiammo nel bagagliaio dell'auto. Ancora adesso mi domando come siamo riusciti a farcelo stare.

Sul pavimento del fienile, c'era abbastanza spazio per poter sistemare l'albero di Natale. Mentre i ragazzi lo trasportavano dentro casa, Megan si mise a frugare negli scatoloni in prossimità dell'ingresso posteriore, per cercare gli addobbi. D'un tratto, sentimmo un urlo: io e Ruth ci precipitammo da lei, che stava combattendo con uno scatolone enorme, nel tentativo di trascinarlo all'altro capo della stanza. Scoppiammo a ridere davanti a quella scena tanto esilarante. Alla fine, eravamo riuscite nell'impresa di trasportare lo scatolone degli addobbi dentro il fienile, in parte anche grazie all'aiuto degli angeli che lo spingevano insieme a noi. Ci mettemmo quindi a decorare l'albero tutti insieme.

I miei figli più grandi si fermarono a dormire alla fattoria. Il giorno dopo, mentre caricavano i bagagli in macchina per ripartire alla volta di Dublino, notai che, per un brevissimo istante, la luce dell'angelo custode di Ruth era divenuta più intensa. Era un bellissimo angelo dalle sembianze femminili, che emanava una soave gentilezza intrisa di forza. L'intera sagoma era di un colore azzurro particolarmente vivido e brillante. Con una mano impugnava una frusta, mentre con l'altra reggeva un elmetto. Mi rivolsi mentalmente a lui, chiamandolo per nome (nome che conosce anche Ruth). L'angelo mi disse: «Ruth sente molto l'atmosfera del Natale».

Ruth, che era in piedi vicino alla macchina, mi lanciò una strana occhiata, chiedendomi: «Posso sapere perché sorridi tanto?».

«Sono felice» ribattei. L'angelo scomparve, e io corsi ad abbracciare i miei figli. Strinsi con particolare calore Owen, perché non avrebbe trascorso il Natale insieme a noi. Era in partenza per l'Australia, dove avrebbe trascorso una vacanza già programmata da tempo. Avrei sentito molto la sua mancanza.

Prima di avviarsi, Ruth e Christopher promisero che sarebbero tornati alla vigilia, facendo di tutto per non arrivare tardi.

A scuola, Megan aveva preparato una cartolina e alcune decorazioni natalizie, delle quali andava molto fiera al punto che volle appenderle sulla porta dell'ingresso principale in modo che, chiunque mettesse piede in casa nostra, avrebbe potuto ammirarle. Alla vigilia di Natale, Ruth e Christopher arrivarono da noi verso le tre del pomeriggio. Per prima cosa, Ruth ispezionò il frigorifero poiché voleva accertarsi che, come dessert per il giorno di Natale, avessi preparato la sua mousse preferita. La sentii esclamare un «mmmhhh» voluttuoso, pregustando il momento in cui l'avrebbe assaggiata.

Il camino acceso nel salotto rendeva l'atmosfera ancor più accogliente. Avevamo fatto anche il presepe, allestendolo vicino alla finestra. La sera della vigilia, andammo alla messa dei bambini che fu celebrata nella chiesa di Johnstown. C'era così tanta gente, che faticammo non poco a trovare un angolino in cui sederci. Mi piace molto assistere alla messa dei bambini, che si tiene alla vigilia di Natale. Tutte le volte, provo una gioia immensa nell'osservare quelle creaturine intente a celebrare la nascita di Gesù, attorniate da uno stuolo di angeli. Quando si misero in fila davanti all'altare per ricevere la Comunione, vidi le anime di alcune di loro che volteggiavano dentro e fuori dai corpi, rimanendo sospese a mezz'aria a una decina di centimetri da quegli stessi corpi nei quali finivano immancabilmente per rientrare. Quelle anime erano luminosissime.

Tutti gli anni, in occasione del Natale, mi vengono mostrate le anime di tanti bambini. In realtà, mi capita di vederle anche durante il resto dell'anno, pur se non con la stessa profusione. Gli angeli mi hanno spiegato che questo fenomeno dipende dalla capacità dei bambini di agire in sintonia con lo spirito più autentico del Natale, ma anche – ovviamente – dal fatto che il loro arrivo dalla dimensione celeste risale a un periodo ancora recente. Non dimentico mai di ringraziare Dio, ogni volta che mi viene concesso di vedere l'anima di una persona. L'anima è più bella e più importante di qualunque angelo. La possibilità di vederla rappresenta un immenso privilegio.

Fuori dalla chiesa, la gente si scambiava gli auguri. Quando rientrammo alla vecchia fattoria, notai subito che la casa era invasa dalla luce degli angeli. Mentre eravamo tutti impegnati con i preparativi in vista dell'imminente arrivo del Natale, percepivo e vedevo ovunque gioia ed entusiasmo. In quanto agli angeli, mi è difficile descrivere la loro fervida eccitazione. Non ci sono parole in grado di comunicare la gioia che trapela dagli angeli durante il periodo natalizio, la stessa gioia frizzante e incontenibile che scaturisce dal cuore dei bambini. La scorgo dipinta sui loro volti e in ogni gesto che compiono. Anche loro si stavano predisponendo a celebrare la nascita di Gesù.

I ragazzi mi diedero una mano a preparare le verdure e il tacchino per la cena di Natale. Apparecchiammo la tavola nel fienile, che adesso aveva un aspetto magnifico. Megan non stava più nella pelle al pensiero che di lì a poco sarebbe arrivato Babbo Natale e così, verso le otto, decisi di metterla a letto. Quando terminò di recitare le preghiere, le diedi la buonanotte stampandole un bacio sulla fronte. Mentre stavo per aprire la porta della sua cameretta, mi voltai a guardarla. La sua calza di Natale era appesa sopra la testata del letto. Un angelo le sfiorò le palpebre, facendola scivolare subito nel sonno.

Mi diressi verso la mia camera; nel preciso istante in cui aprii la porta, vidi che sul mio letto sedevano Michele, Hosus ed Elia attorniati da un folto drappello di angeli. Michele mi venne vicino, mi afferrò le mani e disse: «Lorna, non vogliamo che tu senta la mancanza di Joe. Dio ha chiesto al suo spirito di venire a farti visita per qualche attimo».

Sollevai lo sguardo su di lui e proruppi in un pianto dirotto. «Spero che siano lacrime di gioia» mi disse con un sorriso. D'un tratto, gli angeli scomparvero e io rimasi sola dentro la stanza. In un istante, vidi una luce che baluginava in prossimità della finestra. La sagoma di Joe si ergeva proprio in quel punto. All'improvviso, si mosse lentamente verso di me. Il suo aspetto era quello di un uomo giovane e sano, che rifulgeva in tutto il suo splendore. Mi sentii scoppiare di felicità. Si protese in avanti per prendermi una mano, e poi mi strinse fra le braccia. Ero così serena, che non mi sarei mai voluta sciogliere da quell'abbraccio.

«Lorna,» disse Joe guardandomi negli occhi «desidero che tu sia forte e tu viva la vita nel pieno rispetto di ciò che Dio ti chiede di fare. Tutte le volte che avrai bisogno di me, il tuo angelo custode mi permetterà di starti vicino. Sappi, però, che non mi sarà più concesso di stringerti fra le braccia, fino al giorno in cui ci ricongiungeremo definitivamente in Paradiso.» E aggiunse: «Ricordati che ti amo. Di' ai ragazzi che voglio un bene immenso anche a loro. Veglierò sempre sui nostri figli dall'aldilà».

Joe si sciolse dal nostro abbraccio; mi afferrò le mani e disse: «Permetti a un altro uomo di entrare nella tua vita, e lasciati amare da lui». Un attimo prima di scomparire, soggiunse: «Buon Natale, Lorna».

«Nessuno avrebbe potuto ricevere un regalo di Natale più bello di questo» dissi rivolta allo spazio rimasto improvvisamente vuoto. Ero così felice! Per alcuni istanti, ripensai al dono delle braccia di Joe strette intorno a me. Poi, pian piano, fui ricondotta alla realtà da Ruth, che mi disse di aver creduto per un attimo che mi fossi addormentata. Erano tutti al piano di sotto, intenti ad aprire i regali. Li raggiunsi precipitosamente. Circa un'ora dopo, mi ritirai in camera mia e, un attimo prima di chiudere gli occhi, ringraziai Dio per la bellissima giornata di cui mi aveva fatto dono.

La mattina di Natale, fui svegliata da Megan che, tutta eccitata, stringeva fra le mani la calza di Babbo Natale colma di dolcetti. Corse quindi a svegliare il resto della famiglia. Scendemmo al piano di sotto... ehm, dimenticavo di dirvi che stavamo ancora utilizzando la scaletta. Ruth era già in piedi ben prima che si svegliasse Megan, e aveva acceso le luci dell'albero di Natale. Il fienile aveva un aspetto fantastico, reso ancora più speciale dalla presenza degli angeli che sedevano a ogni angolo della sala. In quell'attimo avrei tanto desiderato che la mia famiglia riuscisse a vedere ciò che io vedo abitualmente.

Megan lanciò un gridolino di gioia, quando scoprì che Babbo Natale le aveva portato una bicicletta. Essendo un uomo saggio e prudente, Babbo Natale le aveva portato anche le rotelle, un casco e un paio di ginocchiere. Si mise a pedalare da un capo all'altro del fienile, aiutata da suo fratello che non la perse d'occhio neppure per un attimo. In preda a una frenesia pari almeno a quella della sua sorellina, Ruth annunciò che era giunta l'ora di aprire il resto dei regali. Ognuno di noi, a turno, aprì il suo regalo.

La mattinata trascorse all'insegna delle risate, dei giochi e del divertimento. Owen telefonò per farci gli auguri: benché tutti noi sentissimo la sua mancanza, avevamo comunque la certezza che anche lui si stesse divertendo molto. Fece una battuta scherzosa sul caldo sole che si stava godendo, che non avrebbe mai barattato per nulla al mondo con il nostro clima rigido e piuttosto tetro.

Alle quattro del pomeriggio, ci sedemmo intorno al grande tavolo sontuosamente adornato, che troneggiava al centro del fienile, e recitammo le preghiere tutti insieme, augurando buon Natale anche a Joe. Mancava molto a tutti noi e, sebbene la sera della vigilia mi fosse stato concesso di ricevere l'abbraccio del suo spirito, in quel momento soffrivo atrocemente per il vuoto che aveva lasciato. Su di noi scese un velo di tristezza, al pensiero che la nostra prima cena di Natale nella nuova casa non sarebbe stata allietata dalla sua vicinanza. Ciononostante, apprezzammo molto ogni singola portata. In particolare, Ruth gradì molto la mousse a base di lamponi e panna montata che avevo preparato come dessert. Il resto della giornata trascorse piacevolmente, così come i giorni che seguirono. Megan stava imparando ad andare in bicicletta. Faceva pratica sul vialetto antistante alla casa, aiutata da suo fratello. Ormai se la cavava piuttosto bene.

I miei figli più grandi rimasero con noi per quattro giorni, e poi tornarono a casa. Fu un bellissimo Natale. Ho sempre amato molto l'atmosfera natalizia, poiché la considero un momento speciale in cui parenti e amici hanno modo di ritrovarsi. Devo comunque ammettere che quell'anno a Johnstown era stato davvero particolare. Sentivo finalmente di appartenere a quella vecchia fattoria.

Capitolo 10

Assistere alla natività

Più passa il tempo, più imparo qualcosa di nuovo sugli angeli e sul modo in cui intervengono nelle vicende di questo mondo. Per molti anni, in occasione del Natale, mi era capitato di vedere gli angeli planare sopra i tetti delle case, lasciando cadere tante sfere di luce. In tali circostanze, finivo per interrogarmi sul significato di simili gesti. Che diamine stavano combinando? Poi un giorno ebbi una visione, che mi chiarì molti dubbi.

Ogni tanto mi capita di avere delle visioni, che non hanno nulla a che vedere con i sogni poiché si manifestano quando mi trovo in uno stato di veglia. Tutte le volte che le sperimento, ho la netta sensazione di ricevere un colpo violentissimo che si riverbera in ogni singolo frammento della mia essenza vitale. L'anima viene separata dal corpo: quando accade questo fenomeno, sono perfettamente consapevole di sfiorare la morte. Quand'anche si tratti di una visione di stampo immaginifico – ma talvolta non lo è affatto – il passaggio allo stato visionario coincide sempre con una fase dolorosa, che suscita un certo spavento anche perché non presuppone alcuna certezza in merito a ciò che accadrà. Il processo non è sempre lo stesso. So bene che quanto mi viene concesso di vedere durante quelle visioni riveste una grandissima importanza, poiché ciò che vedo riguarda l'intero pianeta e non solo le immediate vicinanze. Se preferite, potete considerarle alla stregua di messaggi per il mondo.

Quando Joe era ancora vivo, ebbi una visione che mi avrebbe aiutato a comprendere il significato dei gesti che gli angeli sono soliti compiere in occasione delle festività natalizie. Quella visione si manifestò nella frenesia delle giornate che precedono il Natale. In quel periodo, Joe era ricoverato in ospedale, ma io desideravo ardentemente che gli fosse concesso di trascorrere il Natale a casa con noi. Conservo tuttora il ricordo di quel giorno. A metà pomeriggio, ero andata nel soggiorno per raccogliermi in preghiera. Nel preciso istante in cui cominciai a recitare le mie preghiere, ebbi la percezione che gli angeli si fossero radunati intorno a me, avvolgendomi in una sorta di lenzuolo invisibile, dapprima delicatamente e poi con crescente vigore. Si tratta di uno dei fenomeni che preludono alla visione vera e propria che si manifesterà di lì a poco. So bene che se gli angeli non mi sorreggessero in quel modo, finirei lunga distesa sul pavimento nel momento esatto in cui l'anima fuoriesce dal corpo.

Anche se i miei occhi sono spalancati, è come se fossi sospinta lontano da questo mondo, come se per un attimo svanissi dalla dimensione terrena. Benché tutto si compia nel volgere di un brevissimo istante, è pur sempre una sensazione tremenda, perché mi manca il respiro. All'improvviso, sono altrove, in un'altra dimensione immersa nelle tenebre. Noto la presenza di due creature avvolte nell'ombra, che si schierano l'una alla mia sinistra e l'altra alla mia destra, guidandomi verso un grande muro di pietra, così alto che sembra quasi sfiorare il cielo. Al centro di quel muro, intravedo un cancello. Le pietre, di un colore grigio simile a quello del granito, rifulgono di una luce che si manifesta sotto forma di minuscoli puntini luminosi e variopinti. Il cancello reca incisi alcuni motivi, ma non indugio più di tanto su di loro nel tentativo di decifrarli, poiché la mia attenzione è attratta da due angeli color dell'oro, la cui statura imponente sovrasta gli alberi che si stagliano nel collegio di Maynooth situato a poca distanza dalla casa in cui vivevo allora. Quegli angeli sorvegliano le due estremità del cancello, che evoca l'immagine di un gigantesco blocco di pietra compatta con un'incisione praticata nella parte centrale, ma con le due metà premute l'una contro l'altra. Per aprirlo, non bisogna né spingere né tirare, bensì farlo scorrere su un lato come se fosse una parete mobile. Noto che la sua struttura è estremamente massiccia e pesante. A ogni buon conto, le due creature celesti lo aprono e lo richiudono con grande disinvoltura. Quando i due lati del cancello cominciano ad aprirsi, mi accorgo che i blocchi di pietra lavorati, che ne delimitano la struttura, hanno uno spessore di circa novanta centimetri. Intravedo anche una luce tremolante attraverso una crepa all'interno dello spazio che si schiude progressivamente davanti a me. Mi domando cosa ci sia oltre il cancello. La curiosità mi spinge a sbirciare verso l'interno...

Man mano che mi avvicino, la crepa si apre sempre più permettendo a quel bagliore luminoso di risplendere con crescente intensità. D'un tratto, da quell'intercapedine, larga quasi un metro, scaturisce un'esplosione di luce a cui fa seguito una cascata infinita di angeli, che fluiscono in rapida sequenza. Dovunque mi volti, scorgo la presenza di quelle creature angeliche. Per un breve istante, contemplo quella scena con sommo stupore. Avanzando attraverso quello spazio vuoto, ho l'impressione che ci siano milioni di angeli. Osservandoli più attentamente, mi accorgo che ognuno di loro tiene fra le mani, con amorevole dolcezza, una sfera di luce simile a quelle che sono soliti lanciare sopra i tetti delle case in occasione del Natale. Alcuni di loro mi rivolgono uno sguardo sorridente, mentre gli altri si limitano a sfrecciarmi accanto, quasi fossero ignari della mia presenza. Soffia un vento forte ma al tempo stesso delicato, la cui intensità cresce progressivamente con l'arrivo di altri angeli.

Quello spettacolo si interrompe all'improvviso, e io ripiombo nell'oscurità. Sollevando lo sguardo, vedo soltanto l'immensa distesa stellata. Sotto i miei piedi, sento che il terreno è morbido. D'un tratto, poco più in là, probabilmente in fondo al giardino, scorgo un tenue bagliore. Due angeli appaiono al mio fianco, e io riprendo ad avanzare; intravedo il profilo arrotondato del declivio di una collinetta, all'interno della quale c'è una grotta. Procedendo verso quella cavità, mi sorprendo a chiedermi: «Sono io che mi avvicino a lei o è lei che si avvicina a me?». D'un tratto mi fermo – o forse è lei che si ferma –, e riesco a vederla meglio, come se gli angeli avessero aumentato di proposito l'intensità luminosa, per consentirmi di osservarla con maggior chiarezza. Un gruppetto di loro sta sorvolando il declivio; mi rendo conto che sono loro gli artefici di quel tenue bagliore. Contrariamente agli altri angeli che poco prima avevo visto sfrecciare accanto a me, questi non reggono fra le mani le sfere di luce, poiché il loro compito consiste nel rischiarare la grotta, proteggendola dalla furia del vento. Davanti all'ingresso, noto la presenza di un minuscolo edificio dall'aria un tantino «arruffata» le cui pareti spesse poco meno di un metro sono costituite da blocchi massicci di pietra grigia, levigati e smussati ai lati; a occhio e croce, direi che le dimensioni di ciascun blocco sono pari a circa trenta centimetri cubi, con un tetto, o meglio con una tettoia composta da frammenti di legno essiccato, paglia e muschio, il cui aspetto evoca quello di un cumulo di concime. Più mi avvicino, più mi rendo conto che la grotta è molto più ampia di quanto mi fosse apparsa a una prima occhiata. In effetti, dovrebbe essere larga all'incirca sei metri, per nove metri di profondità. Ho la netta sensazione che il versante di quell'anfratto immerso nell'oscurità pulluli di vita, poiché avverto un odore che lascia intuire la presenza di creature animali, alcune delle quali potrebbero avere le stesse dimensioni di una capra. A dire il vero, però, la mia attenzione non è concentrata su di loro, poiché gli angeli dai quali sono attorniata mi rivelano che in quella grotta è nato Gesù.

Dapprima vedo una donna giovanissima e intuisco subito che si tratta di Maria. Ritta al centro della cavità, tiene il capo leggermente reclinato. I lunghi capelli neri sono annodati in una coda tenuta stretta da un foulard di colore bianco, che scende lungo il collo. Sta badando al suo bambino appena nato; la prima cosa che mi colpisce è la sua giovanissima età! È solo una ragazzina con un volto grazioso e paffutello tipico di molte adolescenti. Capisco che la sua unica preoccupazione è quella di far stare più comodo il figlioletto. Vedo infatti che il bambino è adagiato sopra qualcosa che assomiglia a un serbatoio di pietra, sulla cui superficie sono stati collocati alcuni stracci, nel tentativo di farlo stare un po' più comodo. Adesso, noto che la giovane mamma sta piegando altri stracci e alcuni teli di lino, inginocchiandosi per infilarli sotto la schiena del figlioletto. Dai suoi gesti premurosi traspare un amore profondo.

E finalmente vedo il padre, più alto e molto più anziano rispetto alla moglie, dal momento che dimostra una trentina d'anni. Lo osservo dirigersi verso di lei, e non mi sfugge il profondo affetto che nutre nei suoi confronti, ma anche nei confronti del bambino. Sul volto affaticato di Giuseppe, spicca la barba marrone scuro, corta e leggermente incolta. È comunque un bel volto e si intuisce subito che è un brav'uomo. Noto che stanno parlando fra loro, ma non sento quello che dicono; non mi sembra peraltro che si siano accorti della mia presenza. Ho l'impressione che, da un momento all'altro, potrebbero sollevare lo sguardo e notarmi, anche se in cuor mio so che Dio non lo permetterà, seppur io ne ignori il motivo.

Il bambino, che credo abbia all'incirca tre mesi, si solleva per afferrare il dito della mamma, ruotando lievemente il capo e rivolgendole un sorriso. Non ha una capigliatura folta; direi piuttosto che la sua è una zazzeretta di color castano chiaro. Una delle prime cose che noto subito – e che di solito non sfuggono a nessuna donna – sono le sue ciglia deliziosamente lunghe. Il bianco degli occhi mi colpisce per via dell'incredibile candore, che fa risaltare più che mai le pupille nerissime. Per ben due volte si è voltato nella mia direzione, e sono certa che mi abbia visto. È impossibile che una madre (e io lo sono) non colga certe sfumature! Vorrei tanto correre da lui per prenderlo in braccio, ma qualcosa me lo impedisce. Quel bambino non ha nulla di diverso rispetto a un qualsiasi neonato che potreste incrociare per strada, se non per il tenue bagliore dorato che sembra scaturire dal suo corpicino.

Noto che la sua attenzione è stata catturata da altre cose; d'un tratto, mi accorgo di vedere gli angeli che lui sta vedendo in quel preciso istante. Ce ne sono una ventina disposti in cerchio intorno a Gesù, a Maria e a Giuseppe, che scrutano verso l'interno della grotta. Sono diversi dagli angeli che ho intravisto davanti al cancello, ma anche da quelli che sovrastano la cavità per proteggerla e rischiararla, oltre che per farne un luogo caldo e accogliente. Sono alti e bellissimi, con le ali che oscillano delicatamente. La loro sagoma trasparente presenta una sfumatura cangiante color dell'oro. Le tuniche nelle quali sono avvolti evocano l'immagine di una cascata che fluisce incessantemente verso il basso. Per qualche breve istante, un gruppetto formato da quattro o cinque angeli intona un canto melodioso, per poi cedere il testimone a un altro gruppetto che intona la stessa melodia. I gruppetti di angeli «canterini» si avvicendano all'infinito. Hanno tutti delle lunghissime piume di colore bianco, delicatamente impreziosite da alcune striscioline candide che si tingono di oro alle estremità; da ambedue i lati, si scorge una moltitudine di laccetti (ho contato una trentina di laccetti per ogni piuma), che penzolano verso il basso dalla sommità delle piume alle quali sono fissati. A parte quattro color argento e oro, il resto è di colore rosso. All'estremità dei vari laccetti, è fissata una campanella dorata. Gli angeli le stanno suonando tutte per far divertire il neonato. Ora ho capito che ad attirare la sua attenzione sono proprio le campanelle e le piume degli angeli.

D'un tratto, il piccolo chiude gli occhi e si addormenta. Maria e Giuseppe lo scrutano intensamente, facendo qualche commento; ne ho la certezza, anche se non riesco a captare la loro conversazione. All'improvviso, il bambino si ridesta, quasi volesse dire: «Vi ho fatto uno scherzo e ci siete cascati: in realtà, fingevo di dormire!». Gli angeli ridono di gusto, mentre io sento tutto l'amore e la felicità che aleggia lì dentro.

Gli angeli che, fino a quel momento, sono sempre rimasti in piedi accanto a me, con lo sguardo leggermente rivolto verso la mia persona, si voltano dall'altra parte per poi imboccare in senso inverso il sentiero che avevamo percorso per venire fin qui. Tento di protestare debolmente, ma in realtà so benissimo che è giunto il momento di ritornare... E, dopo aver avvertito un violento scossone, mi ritrovo nuovamente a guardare fuori dalla finestra di casa mia.

Avevo l'impressione di essere rimasta a osservare Gesù, Maria, Giuseppe e gli angeli per una ventina di minuti; ciononostante, a giudicare dall'intensità della luce che filtrava dalle finestre della mia casetta, credo, in realtà, che la mia assenza sia durata solo un paio di minuti. Durante quel periodo dell'anno, viene buio prestissimo, e in quel momento non mi sembrava che le ombre della sera si fossero allungate rispetto a quando ero uscita dal mio corpo. Ciò dimostra che la nozione del tempo è qualcosa che riguarda soltanto noi esseri umani.

Riflettendo su quello che avevo visto, nella mia mente cominciarono ad affiorare alcuni barlumi di significato. Di solito, pensando alla natività, siamo propensi a metterla in relazione a un gruppo di persone – i Re Magi e i pastori – che si recano a trovare Gesù Bambino, portandogli i loro doni. Quello che mi è apparso, attraverso l'allegoria degli angeli che facevano cadere le loro sfere di luce, rappresenta la metafora di Gesù Bambino che porta i suoi infiniti doni al mondo intero. In un certo senso, tutte le creature portano i loro doni, che sono infiniti. Essendo arrivati dal Paradiso solo da poco tempo, i bambini traboccano di amore e di spiritualità nell'accezione più vera di questi due concetti, influenzando così i loro genitori e gli altri adulti che li circondano.

Al cospetto dei più piccoli, potremmo riuscire a cogliere la loro capacità di stupirsi. È triste dover prendere atto che, crescendo, tendiamo a dimenticare la vera essenza del Paradiso. Non è escluso che potremmo riuscire a rispolverarne il ricordo in una successiva fase della vita, purché scegliamo di lavorare assiduamente attraverso la preghiera; ciò non toglie che viviamo immersi nella dimensione materiale per gran parte del tempo, salvo forse in occasione del Natale, quando ci viene dato di scorgere il bagliore di un'atmosfera diversa. A quel punto, succede qualcosa: in un angolo del mondo ultraterreno, si apre il cancello che si era delineato nella visione che vi ho descritto poco fa. Sappiate che quel cancello si apre nella fase che precede l'arrivo di un nuovo anno. Noi siamo soliti definirlo Natale, poiché in quella circostanza rievochiamo anche un periodo che duemila anni fa ha segnato una svolta importantissima nel corso della storia. Ricordate, comunque, che altri popoli che professano una religione diversa dalla nostra, al pari di coloro che hanno vissuto in questo mondo prima di quanto è accaduto duemila anni or sono, conoscono da sempre l'esistenza del cancello che si apre in questo periodo dell'anno. E sanno anche che, nel cuore dell'inverno, questo enorme cancello si spalanca per consentire a un'entità invisibile molto speciale, assimilabile per certi versi a un angelo – perlomeno è questo l'appellativo che gli attribuisce la nostra tradizione – di approdare in questo mondo, insieme ad altri milioni di esseri, nel tentativo di squarciare il velo delle tenebre, e di infondere speranza ai nostri cuori.

Credo sia questa la spiegazione più plausibile riguardo alle immagini in cui vedo gli angeli planare sopra le case e lasciare cadere tutte quelle sfere di luce sopra ai loro tetti, generando così un'esplosione di bagliori scintillanti che si riverberano in ogni angolo. Il lavoro degli angeli consiste nell'aiutare gli adulti a rispolverare quei ricordi del Paradiso, quelle sensazioni celestiali intrise di amore e di speranza che i bambini di ciascun nucleo familiare celano nei loro cuori oppure – qualora non ci siano bambini – che ogni adulto racchiude dentro di sé, quand'anche permangano sopite per gran parte dell'anno.

Se avvertiamo l'impulso di invitare a casa un nostro conoscente che sappiamo essere solo, o se avvertiamo l'impulso di fare un regalo a qualcuno (va da sé che il valore materiale di questo regalo non riveste alcuna importanza), è assai probabile che ciò avvenga sotto la spinta di quegli angeli molto speciali che, in occasione del Natale, distribuiscono i doni con i quali è stato omaggiato Gesù Bambino.

Capitolo 11

La prima Comunione di Megan

A poco a poco, io e Megan finimmo per integrarci perfettamente nella comunità di Johnstown; fu un processo lento ma costante. Megan andava bene a scuola. Un giorno, tornò a casa euforica, dicendomi che aveva ricevuto un invito a una festa di compleanno per il sabato seguente. E, quando andai a prenderla in macchina per riaccompagnarla a casa, fui felice di incontrare i genitori degli altri bambini, e di conoscere quindi delle persone nuove, che furono subito cordiali e disponibili.

A Johnstown, i miei migliori amici continuavano ovviamente a essere i Brennan, che erano sempre gentilissimi con noi al punto che, senza la loro presenza, mi sarei sentita persa. Ogni giorno ringraziavo Dio e gli angeli per l'amicizia che mi dimostravano. Ci vedevamo piuttosto spesso; a volte, capitava che io e Megan facessimo una capatina da loro, sulla strada del ritorno, dopo che ero andata a prenderla all'uscita di scuola. Megan giocava con i bambini, mentre io scambiavo due chiacchiere con Maura o con nonna Brennan davanti a una bella tazza di tè. Essendo una famiglia numerosa e con tanti bambini, anche i Brennan avevano la consuetudine di organizzare molte feste a casa loro, feste alle quali Megan partecipava peraltro più che volentieri. Talvolta, durante il fine settimana, io e mia figlia facevamo delle lunghe passeggiate insieme a loro. I dintorni di Johnstown pullulavano di luoghi bellissimi dove si poteva passeggiare piacevolmente. Adoro camminare in mezzo alla natura e adoro anche l'atmosfera che si respira laggiù. La vita all'aria aperta si era rivelata ideale anche per mia figlia; eravamo entrambe felici e perfino la nostra salute ne aveva tratto giovamento: stavamo bene come non lo eravamo state per anni. Anch'io mi ero fatta dei nuovi amici. Avevo un'amica con la quale prendevo spesso un caffè in uno dei bar di Johnstown. Quando lei e suo marito decisero di cambiare casa, vollero regalarmi il loro bellissimo caminetto antico di legno scuro, che si addiceva perfettamente al salone della vecchia fattoria, conferendogli un aspetto ancor più accogliente.

La vecchia fattoria si era trasformata in un'abitazione davvero splendida alla quale ci eravamo profondamente affezionati. I miei figli più grandi erano contenti di venirci a trovare ogni volta che potevano. Nella nostra nuova casa, abbiamo l'opportunità di veder sorgere il sole da un'angolazione meravigliosa, quando i suoi raggi filtrano attraverso la finestra della mia camera da letto. A volte, nelle primissime ore del mattino, affacciandomi alla finestra che dà sul giardino antistante all'ingresso principale e sul prato, vedo aggirarsi volpi, conigli, e uccelli di ogni specie.

Megan aveva ormai sette anni, ed era tutta concentrata sui preparativi per la prima Comunione. Nelle scuole cattoliche irlandesi, la prima Comunione è considerata una tappa da festeggiare in modo solenne, perché rappresenta un evento molto speciale per ogni bambino. Ruth aveva manifestato il desiderio di acquistare l'abito da indossare per quel giorno. Un'anziana signora di Johnstown, con la quale avevo stretto amicizia, si offrì di confezionarle un golfino bianco, mentre i suoi fratelli promisero di regalarle le scarpe e gli altri accessori.

Era un venerdì pomeriggio e mancavano circa sei settimane alla prima Comunione – che sarebbe stata celebrata nel mese di maggio –, quando salii in macchina per andare a prendere Megan all'uscita di scuola. Da lì, saremmo andate direttamente a Maynooth in modo che l'indomani avremmo potuto recarci a Dublino (che si trovava a poca distanza da Maynooth) insieme a Ruth, per acquistare l'abito di Megan. Ero rimasta seduta in macchina, sbirciando attraverso il finestrino i bambini che stavano uscendo dal cancello della scuola. La luce dei loro angeli custodi era divenuta più intensa, permettendomi così di osservarli mentre li guidavano verso i loro genitori. Era una scena davvero toccante.

D'un tratto, vidi uscire mia figlia. Sebbene la luce del suo angelo custode non fosse aumentata di intensità, notai comunque la presenza di altri due angeli che le si erano affiancati.

Con mia grande sorpresa, notai lo spirito di mia nonna che camminava vicino a mia figlia. Era la prima volta che lo vedevo, e mi resi conto che aveva conservato le stesse fattezze eleganti e armoniose. Nel preciso istante in cui Megan si avvicinò alla macchina, mia nonna mi salutò con un sorriso scrutandomi attraverso il finestrino, e poi scomparve. La ringraziai, dimenticando per un istante di aprire lo sportello per consentire alla piccola di salire a bordo. C'era molto traffico ed erano già le sei passate quando arrivammo a Maynooth per cominciare a fare il giro dei negozi. Quella sera Megan era stanchissima, ma aveva difficoltà a prendere sonno. Ruth si sdraiò sul letto accanto a lei, tenendola stretta fra le braccia e poco dopo lei si addormentò.

Andai a sedermi nel soggiorno. La casa era immersa nel silenzio, e credo di essermi assopita per un po' sulla poltrona vicino al caminetto. Quando riaprii gli occhi, notai che l'angelo Hosus era seduto sul divano, stringendo fra le mani il suo buffo cappello. Finora non credo di avervi parlato dei capelli ricci dell'angelo Hosus. Dovete sapere che i suoi capelli colpiscono per la bellezza dei riccioli morbidi, piuttosto simili a quelli che avevo da bambina, anche se i suoi sono più pieni. Tutte le volte che Hosus si toglie il cappello, i suoi riccioli ricadono fino a coprirgli i lobi delle orecchie. Trasalii nel vederlo seduto lì. Ero ancora mezza addormentata, e mi stiracchiai sulla poltrona.

«Sono venuto a farti un po' di compagnia» mi disse rimettendosi il cappello in testa. «Lorna, che effetto ti fa essere nuovamente fra le mura di questa casetta?»

Era la prima notte che trascorrevo lì, da quando avevo traslocato a Johnstown un anno prima. Dissi con un sospiro: «A dire il vero, Hosus, mi fa davvero uno strano effetto ritrovarmi qui senza Joe, soprattutto adesso, in concomitanza con la prima Comunione di Megan».

Lui si protese in avanti per prendermi una mano. Continuai: «Come vedi, mi sono seduta sulla poltrona di Joe. Era la sua poltrona preferita, anche se a volte voleva a tutti i costi che mi ci mettessi io, mentre lui si accomodava sul divano dove adesso sei tu. Vederti seduto lì, Hosus, mi spinge inevitabilmente a pensare a Joe. Mi fa davvero uno strano effetto sapere che lui non c'è. Tu siedi proprio nello stesso punto in cui mio marito si era seduto la sera prima che morisse».

«Lorna, so che ti fa uno strano effetto non vederlo aggirarsi per casa» rispose Hosus. «Dio mi ha pregato di dirti che lo spirito di Joe sarà presente alla prima Comunione di Megan.»

«Grazie, Hosus» dissi accennando un sorriso. «Ringrazia Dio da parte mia.»

«Dio sa già che Lo hai ringraziato» replicò Hosus. «A questo punto, direi che sarebbe il caso che tu vada a riposare.» Subito dopo aver pronunciato queste parole, scomparve. Mi alzai dalla poltrona molto più sollevata. Non ricordo né di essermi ritirata in camera mia, né di essermi sdraiata sul letto né tanto meno di essermi addormentata; l'unica cosa che so per certo è di essermi svegliata il mattino dopo fresca e riposata, oltre che molto più serena. Mentre mi alzavo, mi tornò in mente il messaggio che Hosus mi aveva comunicato, e ringraziai Dio per avermi concesso questo privilegio.

Quello stesso giorno ci recammo a Dublino, dove Megan provò un'infinità di abiti bianchi per la cerimonia, senza però trovarne uno di suo gradimento. Dopo pranzo, attraversando una viuzza un po' appartata, passammo davanti a un negozio sdi abiti per la prima Comunione. E fu proprio lì che Megan ne vide uno che le piaceva, al quale abbinammo i guanti, le scarpe, una borsetta e una coroncina che si intonavano alla perfezione con il vestito. Così agghindata, mia figlia sembrava una piccola principessa.

Megan non vedeva l'ora di ritornare a Maynooth per indossare nuovamente quel vestito, in modo che anche i suoi fratelli potessero ammirarla. Inutile dire che loro avrebbero voluto dei festeggiamenti «in pompa magna». Owen voleva organizzare una grigliata con l'aiuto di Christopher, e tenendo presente che in Irlanda il mese di maggio potrebbe essere soleggiato, ma anche freddo e piovoso. Megan era elettrizzata.

Quando arrivarono i miei figli più grandi accompagnati da Kiera – la ragazza di Owen – e da Brendan – il ragazzo di Ruth –, ringraziai Dio e gli angeli dal più profondo del cuore. Finalmente, i lavori di posa dei pavimenti erano stati ultimati anche nel fienile, e soprattutto non pioveva. Faceva freddo, però gli angeli mi promisero che più tardi sarebbe uscito il sole.

Una mia amica mi aveva dato un pacchettino contenente un bellissimo libro di preghiere e un rosario: era il suo regalo per Megan e voleva che fossi io a darglielo, cosa che feci poco prima di uscire per andare in chiesa. Dopo aver varcato la soglia, Megan ci condusse al banco che era stato riservato alla nostra famiglia. Mi sedetti, percorrendo con lo sguardo la chiesa; c'erano altri bambini che si preparavano a ricevere la prima Comunione. La luce dei loro angeli custodi rifulgeva con maggiore intensità, rispetto a quanto normalmente accade. Notai che uno degli angeli aveva preso il breviario che un bambino teneva fra le mani, sfogliandolo e recitando le preghiere. Vedevo che le pagine venivano sfogliate, ma dubito che quel bambino o chiunque altro se ne sia accorto. La chiesa era ormai affollata di gente e traboccava di angeli.

Il sacerdote salì sull'altare, seguito dai ragazzi che servivano messa. Due angeli enormi si erano schierati, rispettivamente alla sinistra e alla destra del sacerdote che in quel momento diede il benvenuto ai fedeli presenti. Una folta schiera di angeli era scesa vicino all'altare, posizionandosi in prossimità del tabernacolo e del tavolo dell'eucaristia. I bambini, che dovevano ricevere la prima Comunione, tutti vestiti di bianco, percorsero la navata in fila per due, finché non ebbero raggiunto le loro famiglie. Quei bambini erano avvolti dalla luce dei loro angeli custodi, ed erano attorniati da un altro gruppetto di angeli seduti in cerchio a cantare le lodi del Signore. Le loro voci raggiungevano delle tonalità altissime, che salivano a ondate verso il Paradiso. Avrei potuto rimanere seduta ad ascoltarli per l'intera giornata. Ogni volta che sento cantare un angelo, entro subito in uno stato meditativo a dir poco fantastico, che mi predispone alla preghiera.

Quando riaprii gli occhi, lo vidi. Ritto in un angolo dell'altare, Joe mi guardava sorridendo. Desiderava esserci. Lo ringraziai mentalmente. Joe si trattenne per qualche breve istante e poi scomparve. Su di me scese un velo di tristezza, benché in cuor mio fossi lieta della sua decisione di essere stato presente, seppur per pochi attimi.

E finalmente, per tutti quei bambini, era giunto il momento di ricevere la Comunione. Rimasi a osservarli mentre, a turno, si dirigevano verso l'altare. Quando il sacerdote si protendeva in avanti per porgere l'ostia al bambino, o meglio il pane eucaristico, i due angeli enormi che lo affiancavano si protendevano a loro volta, seguiti dalle loro rispettive schiere di angeli, che sfioravano e mettevano fra le mani del sacerdote, in perfetta sincronia, il pane eucaristico. I movimenti di quegli angeli erano amorevoli e delicati. Sono convinta che quelle due schiere di angeli abbiano messo fra le mani del sacerdote il pane eucaristico, con una dose supplementare di grazia e di benedizioni. Altri angeli sfioravano il capo dei bambini che attendevano in fila il turno di ricevere la Comunione, per poi riaccompagnarli al loro posto. Per tutto il tempo, la luce dei loro angeli custodi non smise mai di rifulgere con la massima intensità.

Quando arrivò il suo turno, e dovette alzarsi per dirigersi verso l'altare, Megan era tesissima. Mentre pregavo, continuai a fissare gli angeli che assistevano il sacerdote. D'un tratto, lo spirito di Joe riapparve accanto a lei. Quando la bambina si voltò per tornare a sedersi, Joe rimase al suo fianco. Il suo aspetto era assolutamente identico a quello che aveva nei primissimi anni del nostro matrimonio: appariva dunque come un bel giovane poco meno che trentenne, che indossava un completo elegante. Mentre percorreva la navata, non distolse mai lo sguardo dalla sua piccola, sorridendo pieno di orgoglio. All'improvviso, posò lo sguardo su di me, comunicandomi mentalmente: «Di' a Christopher, a Owen e a Ruth che li amo molto, e che ci sarò sempre tutte le volte che avranno bisogno di me». Dopo avermi riferito questo messaggio, scomparve. Avevo gli occhi pieni di lacrime quando Megan rientrò dentro il banco, prendendo nuovamente posto accanto a me.

Fuori dalla chiesa, splendeva il sole: gli angeli avevano dunque mantenuto la loro promessa. Si erano formati numerosi capannelli di persone che chiacchieravano piacevolmente, congratulandosi con i bambini e scattando fotografie. Fra una cosa e l'altra, indugiammo per un'oretta sul sagrato della chiesa, prima di riprendere lentamente la strada di casa. La grigliata fu un enorme successo: Megan riuscì perfino a mangiare senza sporcarsi il vestito, e questo era già di per sé un piccolo miracolo.

Capitolo 12

Accendere una luce di speranza

Nell'arco della mia vita, ho avuto modo di visualizzare varie persone – uomini, donne e persino bambini – che accarezzavano propositi suicidi. Ero al corrente di questa loro intenzione, in quanto mi veniva mostrato e spiegato dagli angeli. In situazioni simili, l'angelo custode avvolge nel suo campo energetico la persona che sta pensando di togliersi la vita, avvinghiandosi al suo corpo fisico nel tentativo di accendere una luce, affinché essa sappia che esiste ancora una speranza. Le ali dell'angelo custode si aprono per stringerla in un abbraccio protettivo. L'angelo custode compenetra in parte anche il corpo di quella persona, diramandosi in tutte le direzioni, come se assumesse le sembianze di tante funi che lo vincolano a sé. Ogni volta che visualizzo scene come questa, l'angelo custode mi dice qualcosa. Talvolta si limita a spiegarmi che quella persona ha subito un trauma devastante; altre volte, mi comunica un messaggio lapidario, del tipo: «Questa persona è in preda a un turbamento emotivo angoscioso e terrificante». Può capitare che l'angelo ritenga opportuno fornirmi una descrizione circostanziata, magari in presenza di altri angeli, i quali potrebbero aggiungere ulteriori ragguagli sulle ragioni che hanno spinto quell'essere umano a pensare al suicidio. A volte, ma non sempre, vedo anche uno spirito accanto a quella persona.

Quando incrocio il mio cammino con qualcuno che sta pensando di farla finita, mi si spezza il cuore. La disperazione, che percepisco mi sconvolge fino alle lacrime.

* * *

Cominciai a vivere questo tipo di esperienze quando avevo più o meno dieci anni. Ricordo un sabato in cui ero andata a far compere con mia madre nel centro di Dublino. La mamma entrò da Hector Greys, un negozio che vendeva articoli a prezzi bassissimi, mentre io ero rimasta ad aspettarla fuori reggendo il carrello e i sacchetti della spesa. D'un tratto, l'angelo Hosus apparve al mio fianco e mi prese una mano. Quel giorno, rifulgeva di una luce particolarmente vivida. Mi disse di osservare una donna e la sua figlioletta che si trovavano sul marciapiede opposto. Obbedii, accorgendomi subito che l'angelo custode di quella donna si era avvinghiato al suo corpo. Rimasi sconvolta nell'assistere a quella scena. Benché non mi fosse del tutto chiaro il significato di quello spettacolo, sapevo che si trattava di qualcosa di terribile. «Voglio la mamma» esclamai, cercando di divincolarmi dalla stretta di Hosus. Afferrai i sacchetti e corsi via con tutto il fiato che avevo in corpo, trascinandomi appresso anche il carrello. Entrai precipitosamente nel negozio, e raggiunsi mia madre: va da sé che non potevo rivelarle i motivi del mio profondo turbamento.

Dopo aver girato ancora un po', la mamma propose di concederci una breve sosta in un self service all'interno di un grande magazzino. Mentre eravamo sedute a un tavolino, sorseggiando una tazza di tè, notai la presenza di un angelo che era apparso vicino alla mamma. Gli rivolsi un sorriso; mia madre non se ne accorse, poiché stava guardando fissamente la sua bevanda. Lui le bisbigliò qualcosa all'orecchio, dopodiché la vidi sollevare lo sguardo verso di me, chiedendomi se volevo un panino. Annuii con il capo e lei mi porse qualche monetina. Mentre attendevo in coda che arrivasse il mio turno, l'angelo Hosus mi prese nuovamente una mano, dicendo: «Guarda laggiù». Rividi quella donna che stava mangiando qualcosa insieme alla sua bambina. Anche in quel caso, notai che l'angelo custode si era avvinghiato al suo corpo. Quella scena mi sconvolse, al punto che dovetti fare un respiro profondo per non crollare. L'angelo Hosus non disse nulla, limitandosi a stringermi forte la mano. D'un tratto, la luce dell'angelo custode di quella donna divenne molto più intensa, permettendomi di ammirare il suo splendore. Mi fu quindi concesso di udire i pensieri di quella persona, che stava attraversando un momento davvero buio a causa della brutta depressione in cui era sprofondata. Non si sentiva amata da suo marito, anche se il suo angelo custode mi disse che le cose non stavano affatto così, poiché quell'uomo l'amava molto; ciononostante, lei sentiva di non farcela più ad andare avanti. Rivolse uno sguardo alla sua figlioletta. Sebbene io riuscissi a cogliere distintamente i pensieri d'amore che nutriva nei confronti di quella piccola creatura, trapelava comunque la sua convinzione che forse la sua bambina sarebbe stata meglio senza di lei. Mentre pagavo il panino alla cassa, mi si riempirono gli occhi di lacrime. Quella reazione non sfuggì alla commessa, che si affrettò a chiedermi se mi era successo qualcosa. La rassicurai, dicendole che mi era entrato del pulviscolo negli occhi.

L'angelo Hosus volle che ritornassi al tavolino, in cui la mamma era seduta ad aspettarmi, percorrendo il corridoio che mi avrebbe permesso di passare davanti al tavolino occupato da quella donna e dalla sua bambina. Mentre mi avvicinavo, sentii la necessità di toccarla, seppur lievemente, per poter stabilire quel contatto che Dio si aspettava da me. In questo modo, avrei aiutato l'angelo custode di quella donna a impedirle di togliersi la vita, infondendole tutto l'amore e la speranza che servivano a risollevarla. Il suo angelo custode mi disse: «Deve vivere. Ha solamente bisogno d'aiuto, non solo di quello che possiamo garantirle noi angeli, ma anche dell'aiuto della sua famiglia e dei suoi amici. Lorna, prega per questa madre meravigliosa!».

Mentre passavo davanti al suo tavolino, la sfiorai in modo quasi impercettibile, tanto che non se ne accorse. Quando raggiunsi la mamma, mi disse che le era sorto il dubbio che mi fossi persa. Mi limitai a risponderle che non mi ricordavo più dove ci eravamo sedute (ovviamente non era vero). Addentai il mio panino, scrutando di nuovo quella donna e la sua figlioletta, contemplando l'immenso amore che l'angelo custode stava riversando su di lei. Gli occhi mi si riempirono nuovamente di lacrime, e la mamma mi domandò: «Che cosa ti succede? Perché hai gli occhi arrossati?». Le risposi che mi era entrato del pulviscolo. Mia madre si protese verso di me per osservare meglio, e poi disse: «Io non vedo niente». Ci alzammo in piedi per uscire; un attimo prima di scendere le scale, mi voltai a osservare per l'ultima volta quelle due figure, e recitai una preghiera per loro.

Per un paio d'anni, non smisi per un attimo di visualizzare il viso di quella donna. Pregavo sempre per lei fino al giorno in cui gli angeli mi dissero che nella sua vita era avvenuto un cambiamento positivo, che le aveva permesso di non pensare più al suicidio. Accolsi con grande gioia la notizia che quella donna stava finalmente bene, e che la sua bambina poteva contare di nuovo sulla presenza della sua adorata mamma.

Ci eravamo da poco trasferite a Johnstown. Era arrivato l'autunno, ma quel giorno splendeva il sole e io decisi di fare una passeggiata nella campagna circostante. Non c'erano molte persone in giro. D'un tratto, notai un ragazzo di circa vent'anni seduto su un tronco d'albero con un'espressione piuttosto malinconica. Mi sentii profondamente scossa vedendo che il suo angelo custode era avvinghiato al suo corpo. Quell'angelo mi disse che il ragazzo aveva la sensazione di essere inadeguato, di non valere nulla e che la sua vita fosse priva di senso. Mi si strinse il cuore e rivolsi una preghiera agli angeli, implorandoli di aiutarmi perché mi sentivo impotente al cospetto di tanta sofferenza. Poco dopo raggiunsi uno stagno che confluiva in una corrente. Mi sedetti sull'argine di quel piccolo corso d'acqua e piansi. Mentre mi stavo rialzando per continuare la mia passeggiata, l'angelo Elia apparve sul versante opposto. C'è da dire che si trattava di uno stagno puramente ornamentale, dato che la sua superficie non superava il metro e mezzo. La presenza di Elia ebbe però il potere di trasformare ogni cosa: quel minuscolo specchio d'acqua aveva assunto le sembianze di un grande lago, che Elia attraversò camminando quasi sospeso. Malgrado il suo incedere forte e vigoroso, gli ci volle un po' di tempo per raggiungermi. Mi salutò e disse, tendendomi una mano: «Andiamo a fare una passeggiata, Lorna».

Percorremmo un sentiero e poi salimmo alcuni gradini che conducevano a una fitta boscaglia, che pullulava di alberi imponenti. Domandai all'angelo Elia quale fosse la meta della nostra passeggiata, ma lui non rispose. Raggiungemmo un bellissimo albero fiorito dall'enorme fusto; appoggiai la schiena contro l'albero ed Elia mi afferrò le mani. Sapevo che gli angeli erano in procinto di prendermi l'anima; un attimo dopo smisi di respirare. Ebbi la certezza di trovarmi in Paradiso, poiché ogni cosa che vedevo intorno a me aveva un aspetto vivido e luminoso. Dio apparve al mio fianco. Avevo la sensazione che fossimo seduti in mezzo alla luce di un sole incredibilmente radioso. Lo guardai negli occhi per un brevissimo istante, e mi parve di scorgervi l'intera essenza della vita, del creato, dell'amore e della speranza. Per quanto gli occhi degli angeli siano bellissimi e splendenti, non c'è paragone con quelli di Dio. Egli trascende l'umana comprensione. Il bianco delle tuniche nelle quali Dio era avvolto rifulgeva più di qualunque sfumatura di bianco che io avessi mai visto, mentre una luce vivida si irradiava dalla punta delle dita delle Sue mani e dei Suoi piedi. Quando mi voltai, mi accorsi che eravamo attorniati da una folta schiera di angeli. Erano talmente tanti, che non riuscivo a contarli.

«Perché sei così turbata, o mio uccellino dell'amore?» mi chiese Dio con immensa dolcezza.

«Perché mi sento sola e impotente davanti al suicidio» risposi.

«Non sei mai sola» replicò. «Sappi che ti sono sempre vicino, Lorna.» E aggiunse con un sorriso: «Noto comunque che ti stai sforzando di non nasconderti da me».

Senza celare la tensione ma anche la gioiosa frenesia che provavo per essere giunta al cospetto di Dio, replicai: «Mi nascondo a causa del Tuo potere incommensurabile, ma anche perché mi sento sopraffatta dalla Tua presenza. Perfino in questo momento vorrei scappare a nascondermi».

Dio mi sorrise irradiando amore e compassione, quindi soggiunse: «So che l'idea del suicidio ti suscita un profondo turbamento, poiché tu capti ogni singola sfumatura delle emozioni che prova quella persona, e sai cogliere l'essenza della sua anima. Lorna, tu sei il mio uccellino dell'amore. Le anime hanno bisogno del tuo amore, e anch'io ne ho bisogno. Le tue preghiere traboccano di amore e di compassione». Tacque per un breve istante, e poi aggiunse: «Io amo tutti i miei figli e non desidero che nessuno di loro si tolga la vita. Sono sempre con loro e so che c'è sempre una speranza. Io e i miei angeli facciamo del nostro meglio per aiutarli a intravederla. Avendo concesso loro il libero arbitrio, non posso impedire che si uccidano, ma quando uno di loro commette quel gesto, lo avvolgo nel mio lenzuolo intessuto d'amore e lo porto in Paradiso».

Piansi di nuovo. D'un tratto, Dio spalancò le braccia come se volesse accogliermi. In quel preciso istante, fummo attorniati da una schiera di bellissime anime di tutte le età; alcune avevano le sembianze di uomini, altre di donne e altre ancora di bambini. Ancor prima che Dio me lo rivelasse, sapevo già che quelle erano le anime di persone che avevano deciso di suicidarsi, perché la vita era apparsa loro insopportabile, e avevano la sensazione di esistere avvolte in una coltre di tenebre. Non si sentivano amate e nutrivano la convinzione che a nessuno importasse di loro; avevano inoltre una bassa autostima oltre che una scarsa fiducia in se stesse. Non erano riuscite a scorgere la luce e l'amore che rifulgevano in loro. Quand'anche avessero potuto contare sull'affetto profondo della loro famiglia e dei loro amici, non sarebbero mai state in grado di percepirlo, a causa delle tenebre che le opprimevano. Non potevano dunque vedere la luce di quell'amore. Ora, però, tutte quelle anime erano radiose, colme di una gioia e di una felicità indescrivibili.

Sorrisi mentre le contemplavo, e Dio ricambiò il mio sorriso. All'improvviso, scomparve tutto: Dio, gli angeli, le anime e tutta quella meravigliosa luce. Mi ritrovai nuovamente immersa in un'atmosfera normalissima, seduta per terra con la schiena appoggiata al tronco di quello splendido albero imponente. Mi rialzai per dirigermi verso la macchina; mentre guidavo lungo la strada che mi avrebbe riportata a casa, mi sentii molto più sollevata. Ripensando a quanto era accaduto, divenni consapevole del fatto che l'amore deve squarciare il velo di quella coltre di tenebre.

Le persone che pensano al suicidio non si rendono conto di essere perfette, uniche e importantissime. Ognuno di noi è chiamato a interpretare un ruolo in questo mondo, destinato a rivelarsi unico e insostituibile. Nessuno può prendere il nostro posto. Abbiamo tutti bisogno gli uni degli altri. Sappiate che, quando una persona si toglie la vita, tutti gli altri abitanti di questo mondo vengono sminuiti. Questo significa che se una persona che vive in Kenya (tanto per citare un esempio a caso), indipendentemente dalla religione che professa o che non professa, si suicidasse oggi, quel gesto finirebbe per avere delle ripercussioni negative su noi tutti, anche se non ne siamo a conoscenza.

Mi è capitato in varie occasioni di parlare con alcune persone che avevano tentato il suicidio. Mi hanno spesso confessato di provare un senso di gratitudine nei confronti delle circostanze che hanno impedito loro di portare a compimento quell'insano proposito. Altre volte, malgrado tutto l'amore e l'aiuto che riceve, capita invece che una persona non riesca a liberarsi dalle tenebre, a causa del dolore troppo straziante che le impedisce di uscire dal baratro, finendo così per suicidarsi. Ma io so che tutte queste persone vengono avvolte nel lenzuolo intessuto dell'amore di Dio e condotte in Paradiso.

Un giorno, mentre sedevo sola soletta a un tavolino del Bewley's café nella centralissima Grafton Street di Dublino, vidi entrare una donna accompagnata dalla figlia adolescente. Rimasi scioccata, nell'accorgermi che l'angelo custode della ragazza era avvinghiato al suo corpo. Quella ragazza, peraltro molto carina, avrà avuto all'incirca quattordici anni. Il suo angelo custode mi spiegò che frequentava una scuola mista dove subiva continui episodi di bullismo. Erano atti di violenza estremamente gravi che le stavano rendendo la vita un inferno, e che avevano finito per fare a pezzi la sua autostima. Non potete neppure immaginare quanto ho pregato per quella povera creatura. Poiché continuo a visualizzare il suo volto, so per certo che non si è suicidata, ma so anche che il suo angelo è sempre avvinghiato a lei. Il rischio che si tolga la vita non è dunque ancora scongiurato.

Gli adolescenti sono particolarmente esposti a questo pericolo, a causa dell'intensità delle loro emozioni ma anche della loro estrema sensibilità. Benché affermino baldanzosamente che a loro non importa niente di nessuno e che non esiste nulla che li possa ferire, dentro di loro sono fragili e impauriti. Perfino l'adolescente apparentemente più spavaldo e smaliziato può essere roso dai dubbi. A volte, è proprio questa apparente sicurezza che lascia un adulto completamente smarrito dinanzi a un loro eventuale suicidio.

Il periodo dell'adolescenza rappresenta una fase molto critica perché i ragazzi devono imparare a gestire la sessualità, e la loro autostima dipende dal successo che riscuotono nelle relazioni sentimentali. Capita che i ragazzi contemplino l'idea del suicidio a causa della confusione che provano nell'ambito della sfera sessuale. Può succedere che un ragazzo non provi alcun interesse nei confronti delle ragazze, e che dunque si spaventi nel prendere atto che invece ai suoi amici succede. È importante spiegare loro che alcuni sono semplicemente più lenti di altri nel manifestare appieno la propria sessualità. Tempo addietro, avevo conosciuto un ragazzo di diciotto anni che mi confidò di aver pensato al suicidio quando aveva sedici anni, perché temeva di non provare alcun interesse per le ragazze. Era convinto di essere gay, e a scuola lo prendevano in giro. Era confuso e spaventato al pensiero di come avrebbero potuto reagire i suoi familiari e i suoi amici se solo avessero avuto il sospetto che lui fosse omosessuale. Aveva messo a punto un piano per suicidarsi, curandolo nei minimi dettagli, ma continuava a rimandarlo. Pian piano, cominciò comunque a rendersi conto di provare un certo interesse nei confronti di una ragazza che gli capitava di vedere per strada. Tutte le volte che la incrociava, non poteva fare a meno di fermarsi a guardarla, notando peraltro che la sua vicinanza lo intimidiva e lo metteva a disagio. Per un certo periodo, queste sue reazioni gli confusero ulteriormente le idee. Da quando però fanno coppia fissa, tutti quei pensieri suicidi sono svaniti come per incanto dalla sua mente.

Spesso le persone vogliono conoscere il mio parere riguardo all'omosessualità. Dio mi ha spiegato che fa parte di ciò che Lui stesso ha creato. Già durante le fasi del concepimento, sa quali dei Suoi figli e delle Sue figlie saranno gay o lesbiche. Si tratta di un aspetto che non può prescindere dal loro cammino esistenziale, ed è per questo che Lui li ama nella stessa misura in cui ama gli altri Suoi figli. Mi ero già trasferita a Johnstown, quando un giorno ricevetti la visita di un ragazzo di circa venticinque anni. Vedendolo in piedi sulla soglia di casa mia, non potei fare a meno di notare che il suo angelo custode era avvinghiato al suo corpo. L'angelo mi spiegò qual era il problema che lo stava affliggendo; quel ragazzo ci mise però un po' di tempo ad arrivare al nocciolo della questione, perché si sentiva teso e nervoso. Alla fine mi confessò di essere gay, e che per questa ragione viveva nel terrore che la sua famiglia, i suoi amici o i suoi colleghi di lavoro potessero scoprirlo, ma soprattutto era spaventato all'idea che lo venisse a sapere suo padre. Lui era il primogenito. Mi disse di non aver rivelato a nessuno il suo segreto, e che io ero la prima persona a cui lo confidava. Frequentava delle ragazze per non dare adito a sospetti, pur sapendo di comportarsi in modo sleale con loro. Mi confessò di essere stato più volte sull'orlo del suicidio, ma che all'ultimo momento aveva sempre finito per tirarsi indietro. Il suo angelo custode mi disse che fino a quel momento quel giovane gli aveva sempre dato retta, ma era consapevole che, se ci avesse riprovato, questa volta non sarebbe riuscito a fermarlo. Era dunque necessario che intervenissi io.

Parlai a quel ragazzo, cercando di infondergli il coraggio di cui aveva bisogno per poter affrontare suo padre. Sapeva che era giunto il momento di fare qualcosa, perché non ce l'avrebbe fatta a vivere nella menzogna. Non passa giorno senza che io visualizzi il suo volto. So che è ancora alle prese con alcune situazioni estremamente difficili, ma continuo a pregare affinché riesca a trovare tutto il coraggio di cui ha bisogno, e che la sua famiglia sappia manifestare l'amore e la clemenza per accettarlo così com'è, in modo tale che, con il passare del tempo, lui accantoni definitivamente l'idea di farla finita.

Capitolo 13

Faccio irruzione attraverso la porta

Ricordo un giorno d'estate quando, poco più che ventenne e non ancora sposata, decisi di fare qualcosa di inconsueto per me, vale a dire una lunga passeggiata attraverso il Phoenix Park, un immenso spazio verde poco distante da Old Kilmainham, il villaggio in cui ero vissuta da bambina. Mi recai dunque a Leixlip, dove salii sull'autobus che mi avrebbe condotto a destinazione, e varcai il cancello del parco. Gli angeli mi dissero di percorrere un sentiero che passava attraverso una minuscola vallata. Benché fosse una splendida giornata di sole, non c'era in giro molta gente. D'un tratto, un anziano signore mi superò; in quel preciso istante, vidi davanti a me un ragazzino che correva lungo il sentiero, seguito da un uomo giovane, che presumo fosse suo padre, e da una donna altrettanto giovane. All'improvviso, l'intensità della luce cambiò, come se di punto in bianco fosse sceso il crepuscolo. Michele camminava al mio fianco tenendomi per mano, quando di colpo fui circondata da una schiera di angeli. Scrutando il sentiero, che si snodava davanti ai miei occhi, mi accorsi che stava diventando sempre più angusto e disseminato di cespugli di rovi, i cui rami irti di spine sfioravano le mie caviglie nude.

Michele mi disse che gli angeli erano venuti per prendermi l'anima; per un attimo, smisi di respirare. In fondo al sentiero, splendeva una bellissima luce scintillante. Mi sentii sospingere verso di essa, come se una forza non meglio identificabile volesse condurmi laggiù. Non sentivo il mio corpo, ma avevo la percezione di essere una bambina piccola che correva a piedi scalzi lungo una strada polverosa con pochi negozi. Reggevo fra le mani un pacchetto avvolto in un telo di mussola; nella foga della corsa, mi si era sollevato il vestito sopra le ginocchia.

Ricordo ogni singolo passo; correvo veloce ma non mi era venuto il fiatone. D'un tratto, salii in fretta alcuni gradini e feci irruzione attraverso una porta non troppo solida. All'interno della stanza vidi Maria, la madre di Gesù, intenta a sistemare alcuni oggetti sopra un vecchio tavolinetto malandato. A giudicare dalle sue mani sporche di farina, se ne poteva dedurre che stesse preparando da mangiare. Era una stanza piuttosto disadorna. Da una piccola apertura praticata all'interno di una parete, filtrava abbastanza luce per consentirle di lavorare. Intuii che Giuseppe non c'era, e che a Maria serviva il contenuto dell'involto che tenevo in mano. Mi domandò: «Come mai ci hai impiegato così tanto ad arrivare?». Sapevo che la colpa di quel ritardo era soltanto mia.

Ricordo di essermi arrampicata sopra uno sgabellino di legno grezzo alquanto rudimentale. Sapevo che Lei era buona e che in quel momento non avrei voluto essere da nessun'altra parte. Era ancora giovanissima, poiché credo avesse solo una decina d'anni di più rispetto a quando l'avevo vista in occasione della natività. Indossava un'ampia tunica di color marrone dorato, e portava i capelli raccolti a coda di cavallo, anche se non riuscivo a vedere con che cosa li tenesse legati. D'un tratto, mi chiese: «Hai visto Gesù?». Scossi il capo in segno di diniego. Rimasi a osservarla mentre preparava da mangiare, finché non giunse l'ora in cui dovevo per forza andar via. Scesi dunque dallo sgabello, dopodiché Maria mi pulì la faccia con un fazzolettino e mi spazzolò il lato anteriore del vestito.

Uscii per dirigermi verso casa. Sentivo il mio corpo sollevarsi sotto la spinta delle mie gambe di bambina e ricominciai a correre. D'un tratto, vidi Gesù in compagnia di altri tre o quattro bambini che erano amici sia miei sia Suoi, intenti a scagliare sassi contro una pila di altri sassi, nel tentativo di farli cadere. Gesù aveva un aspetto simile a quello delle altre creature. Avevano tutti all'incirca la stessa età, vale a dire dieci o undici anni. Non posso dire con certezza se io lo avessi chiamato; sta di fatto, però, che lui si voltò a guardarmi quasi volesse chiedermi: «Che cosa ci fai qui?». Era felice di fare quel gioco, felice di fare quello che stavano facendo gli altri bambini. Mi salutò, sapendo che ero appena stata a trovare sua madre. Eravamo in una cittadina o forse in un villaggio; vidi altre persone che si dirigevano verso le loro case.

D'un tratto, gli angeli mi ricondussero al Phoenix Park, e io mi ritrovai sul sentiero accanto all'angelo Michele che mi teneva per mano.

Era il mese di marzo del 2005 quando, in occasione della festa della mamma, io e Megan decidemmo di trascorrere quella ricorrenza a Tramore, un'incantevole cittadina in riva al mare, che dista circa un'ora e mezzo di macchina da Johnstown. Ruth aveva dato a Megan i soldi necessari per offrirmi un pranzo al ristorante. Inoltre, mia figlia mi aveva detto che le sarebbe piaciuto fare una gita al mare. Era una giornata di primavera particolarmente ventosa; faceva freddo, ma in compenso splendeva il sole e non si intravedevano nuvole all'orizzonte che lasciassero presagire l'arrivo della pioggia. Facemmo una lunga passeggiata sulla spiaggia, e poi ci recammo in un pub dove si poteva anche mangiare qualcosa. Dopo l'ottimo pranzo, attraversammo le vie del centro per ritornare alla spiaggia, che a quell'ora era piuttosto affollata di persone che camminavano e di bambini che giocavano. Rimasi seduta sopra un muretto, mentre Megan giocava sulla sabbia. In tutta onestà, mi sentii pervadere da una sensazione di profonda solitudine. Mi rivolsi a Dio, confidandogli il mio bisogno di vivere una vita un po' più gioiosa. Scrutai in direzione del mare, senza mai perdere d'occhio Megan, pronta a intervenire qualora l'avessi vista in difficoltà. D'un tratto, vidi l'energia del mare che scaturiva dall'acqua. Sembrava una nebbiolina che rifulgeva nelle sfumature verde smeraldo, azzurro zaffiro e oro tipiche dei colori del mare. Quella nebbiolina cominciò a dirigersi lentamente verso la spiaggia, sotto forma di onde intrise di energia. Impiegò più o meno cinque minuti per raggiungere la riva, e altri cinque minuti per avvolgere la spiaggia e le persone che si trovavano lì. Era uno spettacolo davvero incantevole.

All'improvviso, dentro quella nebbiolina apparve una luce, seguita da un'altra alla quale se ne aggiunse una terza. D'un tratto, vidi una miriade di luci che fluttuavano intorno alle persone, in un'esplosione di colori dai quali scaturirono folte schiere di angeli. Ormai, sulla spiaggia c'erano più angeli che persone. Non erano angeli custodi. Non riuscivo a vederli bene a causa dell'intenso bagliore che emanavano. Ce n'erano di vari colori, ma ognuno di loro possedeva una sfumatura ben precisa che gli altri non avevano. Erano molto più alti delle persone che passeggiavano sulla spiaggia; alcuni di loro erano provvisti di ali, seppur non aperte. Notai che stavano danzando e, benché non sentissi il suono della musica, ebbi l'impressione che volteggiassero seguendo il ritmo di una sola musica, mescolandosi a tratti con la gente che camminava lungo la spiaggia. Non mi sembrava che danzassero a coppie, come spesso siamo soliti fare noi; mi parve piuttosto che ognuno ballasse per conto proprio. Quattro di loro si allontanarono dal gruppo, e avanzarono verso di me schierandosi in prossimità del muretto sul quale ero ancora seduta, per poi mettersi a volteggiare nello spazio che mi separava da Megan, e che si estendeva per circa un metro e mezzo. La loro esibizione riuscì a strapparmi una risata. Era bellissimo stare a osservarli, mentre volteggiavano intorno a Megan. Dopo un po', quelle quattro creature celesti si allontanarono danzando per mescolarsi fra la gente, prima di essere nuovamente inghiottite da quella nebbiolina scintillante.

La spiaggia di Tramore è davvero incantevole. Nell'angolo in cui io e Megan ci eravamo sedute c'era la sabbia, anche se alla mia sinistra si notava una miriade di sassi corrosi dal mare grandi quanto un pugno. Di fronte a quella distesa di pietre, si ergevano anche due pali gialli piuttosto imponenti (non chiedetemi a cosa servissero perché non ne ho la più pallida idea). Scrutai in quella direzione finché, d'un tratto, vidi una bellissima energia variopinta prorompere da quel punto. Quell'energia racchiudeva tutti i colori possibili e immaginabili. Vedevo milioni di minuscole sfere intrise di una scintillante luce variopinta, che saltellavano su e giù. Gli angeli, che in quel momento mi erano accanto, mi dissero di chiamare Megan. Mi sentivo elettrizzata, perché sapevo che mi sarebbe stato finalmente concesso di mostrarle una parte di quello che normalmente vedo. Quando la chiamai, corse verso di me con le mani piene di sabbia. Scesi dal muretto e mi inginocchiai vicino a lei, scrutando in direzione delle luci saltellanti. Le cinsi le spalle con un braccio, per stringerla a me. «Adesso ti farò vedere una cosa» le dissi a bassa voce. «Ti chiedo di osservare attentamente lo spazio fra quei due pali gialli là in fondo, dopodiché voglio che tu fissi lo sguardo sui sassi.» Megan ubbidì, e gli angeli sollevarono un velo, permettendole così di vedere. Cominciò a ridacchiare, incredula dinanzi allo spettacolo che stava contemplando. «Vedo tante sfere che saltellano su e giù; ci sono centinaia di sfere che luccicano e hanno i colori dell'arcobaleno.» Notai un angelo accanto a me, intento a bisbigliarmi qualcosa all'orecchio. Dissi a Megan di osservare le sfere, poiché quell'angelo mi aveva appena detto che, nel volgere di un breve istante, si sarebbero messe a saltellare in mezzo alle persone. Mentre le sfere saltellavano fra la gente che camminava, mia figlia vide anche la nebbiolina, e divenne ancor più elettrizzata, manifestando il desiderio di andare lì a giocare.

All'improvviso, le sfere, la nebbiolina e gli angeli (che a Megan non era stato concesso di vedere) scomparvero. Malgrado la delusione che provava, mia figlia era felicissima per aver avuto il privilegio di vederli. Volle raccogliere a tutti i costi alcuni sassi da portare nella nostra casa di Johnstown. Temo però che quelle pietre grigie non avessero nulla in grado di renderle diverse e per certi versi speciali rispetto alle altre. E per questo dubito fortemente che, a dispetto delle grandi speranze tipiche di una bambina di dieci anni, esse racchiudano dei poteri magici destinati prima o poi a manifestarsi.

Capitolo 14

Ho incontrato due spiriti

Non smisi mai di ricevere le persone che avevano bisogno del mio aiuto, e che venivano a sapere della mia esistenza attraverso il passaparola, entrando così in possesso del mio numero di telefono. Un giorno, si presentò da me una coppia di coniugi. Quando aprii la porta, sobbalzai per lo spavento che provai nel vedere uno spirito in piedi accanto all'uomo: mi fu subito chiaro che di fronte a me c'era lo spirito del bisnonno, del trisavolo o comunque di un suo antenato. Non mi ero spaventata perché avevo visto uno spirito, ma perché in quello spirito avevo riconosciuto colui che aveva compiuto delle atrocità ai danni di due anime con le quali avevo condiviso la mia vita per vent'anni.

Le sequenze di quella vicenda cominciarono a riaffiorare nella mia mente, ma scacciai quei pensieri nell'attimo in cui posai lo sguardo su quella coppia, che era venuta a farmi visita per parlarmi proprio delle vicissitudini che vi descriverò più avanti. Dopo che se ne furono andati, mi sedetti nel fienile immersa nei miei pensieri, rivivendo le peripezie dei due spiriti che avevano fatto parte della mia vita da quando, all'età di sette anni, andai a trovare per la prima volta mia nonna a Mountshannon, fino all'epoca in cui ero già una moglie e una madre. È una storia piuttosto lunga ma indubbiamente straordinaria, che merita di essere raccontata.

Avevo all'incirca sette anni quando mi recai per la prima volta a Mounthshannon House, l'ostello della gioventù, che sorgeva nella contea di Clare, e presso il quale mia nonna prestava servizio come custode. Quell'edificio imponente del Settecento in pietra grigia e con grandi finestre sorgeva al limitare di Mountshannon, un villaggio abbarbicato su una collinetta che si affacciava su Lough Derg, un lago posto alla confluenza del fiume Shannon. In origine, tutt'intorno all'edificio si estendevano alcuni terreni che, all'epoca della mia prima visita, erano già stati venduti. Erano comunque rimaste le scuderie dei cavalli, alle quali si accedeva dopo aver attraversato un ampio portico di pietra massiccia e il giardino incolto, ma pur sempre bellissimo, antistante a quelle costruzioni.

Trascorsi quella prima giornata a perlustrare l'edificio in compagnia degli angeli. Provavo una strana sensazione, come se qualcosa non stesse girando per il verso giusto. Il disagio che sentivo si acuì quando, dopo aver attraversato il corridoio principale a pianterreno, sbirciai attraverso un passaggio indipendente. «Non mi piace questo posto» dissi. «Perché mi avete portato qui?» A volte gli angeli si aspettano che io faccia cose che mi appaiono del tutto incomprensibili. In quel preciso istante, mia nonna mi chiamò e così non mi risposero.

La vidi per la primissima volta un anno dopo, sempre durante le vacanze estive. Mi trovavo nel vecchio cortile di pietra, intenta a osservare le finestrelle poste all'estremità del piano rialzato quando, d'un tratto, a una di quelle finestre si affacciò una giovane donna bionda e molto bella, che mi guardò sorridendo. Fu come se stesse rifulgendo di una luce particolarmente vivida. Conserverò per sempre il ricordo di quel momento. Chiamai gli angeli e dissi: «Com'è bella! Sembra un angelo. Posso giocare con lei?».

«No non ora» risposero. Non riuscivo a comprendere la ragione del loro rifiuto. Perché mai avrei dovuto attendere un altro momento? Che importanza aveva? Ero in preda alla confusione più totale, perché non riuscivo a comprendere perché gli angeli mi vietavano di giocare con lei.

D'un tratto, apparve Michele. «Vieni a sederti qui vicino a me» mi disse. «Devo dirti una cosa.» Ci accomodammo sopra un abbeveratoio di pietra antistante a una delle vecchie scuderie. Per tutto il tempo in cui rimanemmo lì, ci fu un via vai di rondini.

«Che succede?» gli domandai. «Cos'è che mi devi dire?»

Esordì, dicendo: «Ascoltami bene, Lorna. È una storia molto lunga, ma non posso raccontartela adesso. So che puoi vedere quella giovane donna. Non è un angelo come noi; è diversa. È uno spirito, e non è l'unico perché lì dentro ce n'è un altro. Tu li dovrai aiutare, ma ci vorrà del tempo. Capisci cosa voglio dire, Lorna?».

Sollevai lo sguardo verso di lui. Quell'angelo aveva il potere di infondermi pace e tranquillità; per questo motivo, risposi senza esitazione: «Per certi versi, credo di sì». Michele mi sorrise e soggiunse: «Ora non pensarci più, e torna a giocare».

Ricordo che quella vacanza mi era parsa interminabile e che, ogni volta che mettevo piede in casa di mia nonna, evitavo accuratamente di avvicinarmi al passaggio indipendente ricavato nel corridoio principale a pianterreno, e che appariva decisamente diverso rispetto al corridoio. Quest'ultimo era ampio con un parquet di legno scuro perfettamente levigato. Alle pareti erano appesi diversi quadri, mentre su entrambi i lati erano stati collocati numerosi vasi di piante. I telai delle enormi porte di legno che lo delimitavano erano impreziositi da decorazioni elaborate. Quel passaggio appariva invece buio e decisamente angusto; il pavimento era in pietra da lastrico, mentre le pareti non erano state dipinte. Essendo così scarsamente illuminato, oltre che lunghissimo, stentai a intravedere la dispensa collocata, secondo quanto mi era stato riferito, all'estremità opposta. Benché gli angeli non me lo avessero detto, sapevo che quella donna giovane e bellissima si trovava in fondo a quello stretto passaggio. In cuor mio, ero certa inoltre che l'altro spirito a cui aveva accennato Michele era un uomo, e che anch'egli si trovava laggiù. Avevo paura di quei due spiriti. Sapevo che volevano qualcosa da me, però non avevo idea di cosa si trattasse. Durante quella vacanza, non ebbi comunque modo di scoprire altro.

Quando trascorsi le vacanze estive a Mountshannon per la terza volta, avevo nove anni. Fu in quell'occasione che gli angeli cominciarono a raccontarmi alcuni aneddoti su quei due bellissimi spiriti. Uno degli angoli di quel vecchio edificio che prediligevo era quello che mia nonna amava definire la sua serra, anche se oggi dubito che potremmo ancora chiamarla così. Era un piccolo spazio illuminato da una grande finestra, ricavato in fondo a un corridoio e perennemente inondato di luce, in cui mia nonna aveva radunato tutti i suoi vasi che traboccavano di fiori e piante. A volte, quando mi trovavo lì, Michele mi raggiungeva insieme agli altri angeli per mostrarmi alcuni eventi accaduti nel passato. Quel giorno, Michele mi aveva chiesto di affacciarmi alla finestra. Ubbidii e, in quel preciso istante, vidi il paesaggio cambiare aspetto all'improvviso, come se lui avesse sollevato un sipario. Fu allora che gli angeli mi permisero di scorgere una bellissima fanciulla. So che può sembrare strano che una bambina di nove anni pronunci la parola «fanciulla», eppure fu proprio questo vocabolo a far capolino nella mia mente, mentre mi parlavano di lei. All'epoca ignoravo addirittura il significato di questa parola. Mi voltai verso Michele, chiedendogli: «Tu hai detto che era una giovane donna molto bella, mentre a me verrebbe da dire che era una fanciulla. Per caso "fanciulla" ha lo stesso significato di "giovane donna"?». Lui annuì.

Mi affacciai di nuovo alla finestra, e la vidi camminare per i campi. Michele mi disse che si chiamava Marie. In quel momento stava rientrando con alcune mucche che aveva portato a pascolare. Teneva in mano un bastone, non un semplice bastone da passeggio, bensì qualcosa di più simile a una mazza. Gli angeli mi dissero di osservare attentamente la scena, sforzandomi di imprimere nella mente ogni singolo dettaglio. Per questo motivo, memorizzai quella sequenza, al punto che ricordo tuttora i particolari del vestito che indossava. Era un abito chiaro o, per meglio dire, bianco con tanti fiorellini di un color marrone aranciato; aveva una tasca sul lato sinistro, ed era chiuso da un colletto di taglio quadrato. I lunghi capelli lisci erano scompigliati dal vento. Aveva la pelle bianchissima; la carnagione del viso diafana. Notai che aveva gli occhi azzurri, una corporatura molto esile e le gambe ossute. Ai piedi calzava un paio di scarpe senza tacco. Posso affermare con certezza che non erano stivali, poiché ricordo di aver chiesto agli angeli per quale motivo non si fosse messa gli stivali per camminare in mezzo ai campi in una giornata così umida e piovosa. Loro non risposero, limitandosi a sorridere.

D'un tratto, fui assalita dalla paura. Perché gli angeli mi stavano dicendo tutte quelle cose? Ormai sapevo che, ogniqualvolta mi descrivevano una situazione del genere, si aspettavano che io facessi qualcosa. Io però non volevo saperne di lasciarmi coinvolgere in quella vicenda.

Nell'estate di quell'anno, Michele e gli altri angeli mi rivelarono molte cose sul conto di Marie. Fu allora che lo vidi per la prima volta. Era un uomo giovane che stava camminando rasente ai muri delle scuderie dei cavalli; d'un tratto, notai che aveva lanciato una brevissima occhiata verso l'esterno. Io mi ero affacciata alla stessa finestrella in prossimità della vecchia dispensa, attraverso la quale avevo visto Marie. Mi spostai leggermente più in là, adducendo come pretesto il fatto di non essere riuscita a scorgerlo, ma poi, con la coda dell'occhio, lo intravidi nuovamente affacciandomi a un'altra finestrella.

Gli angeli mi avevano insegnato a cogliere le immagini con estrema rapidità; per questo motivo, mi erano bastate due rapide occhiate per capire che aveva i capelli neri e i lineamenti affilati. Non potevo comunque affermare con certezza se fosse più o meno alto, giacché riuscivo a intravedere soltanto il volto e le spalle. Temendo una sua reazione stizzita, mi allontanai dalle finestre e camminai rasente al muro rannicchiandomi per evitare che mi notasse dall'esterno; iniziai quindi a correre finché non ebbi raggiunto il cancello e poi, con un balzo, mi ritrovai dentro il giardino, sentendomi protetta in mezzo a tutti quegli alberi imponenti e a quella distesa di fiori incantevoli. Vidi una moltitudine di conigli e di uccelli; a tratti, sedendomi sotto uno di quei grossi alberi con i rami che si incurvavano verso il basso, riuscivo a scrutare dentro il nido di un merlo, all'interno del quale erano adagiati i suoi piccoli o le uova che stavano per schiudersi. Mentre sedevo in quell'angolo del giardino, mi rivolsi agli angeli rammentando loro a gran voce che dopotutto ero solo una bambina, e che dunque mi sarei potuta spaventare.

Alla vigilia del nostro rientro dalle vacanze, sgattaiolai fuori dalla cucina ritrovandomi nel corridoio di quell'edificio, che percorsi fino all'imbocco del passaggio. Mi limitai comunque a sbirciarlo dall'esterno, perché non osavo attraversarlo. Vidi in lontananza quell'uomo e quella donna, in piedi l'uno accanto all'altra. Faceva molto freddo laggiù, molto ma molto freddo; d'un tratto, ebbi la sensazione che la loro sofferenza si fosse aperta un varco in quel passaggio, per giungere fino a me, travolgendomi. Recitai la preghiera che mi avevano insegnato gli angeli: «Gesù, Maria, vi amo con tutto il mio cuore. Salvate quelle anime». Indietreggiai di due o tre passi. Gettai nuovamente una rapida occhiata all'interno del passaggio, ma ero troppo spaventata per indugiare oltre con lo sguardo, e mi precipitai verso un'ampia finestra in fondo al corridoio. Quell'angolo era illuminato, cosa che mi permise di percorrere con lo sguardo la distesa di campi lungo i quali pascolavano le mucche fino a Lough Derg. Mi sentii finalmente al sicuro, anche perché avevo la sensazione di essere attorniata da una schiera di angeli che formavano una sorta di lenzuolo o di nebbiolina protettiva. Non riuscivo a distinguere un angelo in particolare; posso soltanto dire che sentivo la presenza di molte creature angeliche.

Una volta rientrata a Dublino, non volli più pensare a quei due spiriti di Mountshannon; tuttavia, con l'approssimarsi della stagione estiva che preludeva a un nuovo periodo di vacanze da trascorrere in quei luoghi, i miei pensieri corsero nuovamente a quella situazione. Anche se ancora non mi rendevo realmente conto di quanto stesse accadendo, in cuor mio sapevo che quei due spiriti erano dilaniati da un tormento che arrecava loro atroci sofferenze, e che un giorno sarei stata costretta ad attraversare quel passaggio che finora ero riuscita a evitare. Quel pensiero mi atterriva.

Capitolo 15

Viaggio a ritroso nel tempo

L'anno seguente, ritornammo a Mountshannon per trascorrervi le vacanze estive, anche se questa volta non alloggiammo presso l'ostello di mia nonna, bensì in una casa priva di mobili nel cuore del villaggio. Ci recavamo comunque spesso all'ostello per far visita alla nonna, e non mi fu concesso di dimenticare l'esistenza di quei due spiriti. Sapevo che, prima o poi, mi sarebbe stato chiesto di fare qualcosa; devo ammettere che quella prospettiva mi angosciava e mi rattristava non poco.

A volte, quando mi assaliva la tristezza, appariva Hosus, come quel giorno in cui me lo trovai davanti mentre ero in prossimità della piccola dispensa. L'angelo esordì, dicendo: «Sappiamo che, in certi momenti, hai il cuore gonfio di malinconia e pensi di non valere nulla. Ricordati, però, che Dio ti ha fatta diversa dagli altri e che la tua vita è e sarà sempre questa». Tacque per un breve istante, poi soggiunse: «Questo sarà sempre il tuo compito, perché c'è bisogno della tua presenza».

Gli rivolsi uno sguardo corrucciato: «Ma io non voglio! Perché Dio non sceglie qualcun altro? Perché vuole me?».

Hosus proruppe in una sonora risata e rispose: «Un giorno lo scoprirai da sola. Adesso, però, lo sai anche tu di dover percorrere quel passaggio e arrivare fino in fondo».

«No! Non ho nessuna intenzione di percorrerlo! Ma non lo capisci che ho paura… anzi, di più: sono terrorizzata!?»

Lui replicò: «Eppure hai visto tu stessa quegli spiriti e hai notato anche tu quanto sono belli. Lo sai che sono buoni e che non ti farebbero alcun male!».

«Però io sento che è successo qualcosa! Non sono in grado di descriverlo a parole, ma in cuor mio sento che è così e mi viene voglia di piangere!»

Ciononostante, quel giorno ero riuscita a impuntarmi con estrema determinazione, e pronunciai un «Non ci vado!» con un tono così perentorio, che costrinse Hosus a non insistere oltre. Quindi, ci allontanammo dalla dispensa, attraversando il corridoio che confluiva nella sala da pranzo. Durante quel tragitto a piedi, non mi degnai neppure di voltarmi verso quel passaggio, né tanto meno mi sognai di cambiare idea e decidere di attraversarlo! A volte so essere davvero ostinata. Mi lasciai cadere sulla sedia che si trovava alla sinistra del tavolo del soggiorno. Vidi arrivare mia nonna dalla cucina; senza dire una parola, mi mise davanti una tazza di tè con qualche fetta di pane e un vasetto di marmellata, e poi ritornò in cucina lasciandomi tranquilla.

Ricordo che un giorno avevo appena finito di aiutare la nonna a lucidare il pavimento, quando mi apparve l'angelo Michele; mi prese per mano e mi condusse fino alla dispensa. Una volta lì, ci affacciammo alla finestra e lui mi disse di guardare verso sinistra. Mi misi a scrutare in direzione del frutteto e, d'un tratto, lo scenario cambiò repentinamente; per certi versi, fu come se le sequenze di un film venissero proiettate sopra uno schermo gigante. Benché fossi pienamente consapevole di trovarmi in piedi accanto alla dispensa insieme all'angelo Michele che stringeva la mia mano, ebbi la percezione di essere stata catapultata in un'altra dimensione spazio-temporale. In quell'istante, vidi alcune donne intente a raccogliere le more in un'area collinare piuttosto brulla. Notai che in quel gruppo c'era anche Marie. A giudicare dal suo aspetto, credo abbia avuto più o meno sedici anni. All'improvviso, un giovane alto, elegante e raffinato attraversò i campi, camminando verso di lei. Sapevo che si trattava dello stesso uomo che avevo visto quando mi ero affacciata alla finestra. Marie sollevò il busto e rimase ferma a osservarlo, come se non riuscisse a distogliergli lo sguardo di dosso. Il giovane le rivolse un sorriso radioso e lei arrossì violentemente. Notai che le altre ragazze la guardavano ridacchiando con aria canzonatoria. Una di esse, la cui somiglianza con Marie era tale da indurmi a pensare che fosse sua sorella, disse: «Faresti bene a toglierti quel sorriso dalla faccia prima di rientrare in casa, se non vuoi che qualcuno si insospettisca». Successivamente, mi fu mostrata una sequenza in cui le ragazze smisero di raccogliere le more, con Marie che correva a perdifiato verso casa seguita da sua sorella. Non appena ebbe varcato la soglia, sua madre disse: «Noto che hai le guance paonazze, Marie; non devi correre in quel modo». A giudicare dal suo tono, non mi parve che fosse particolarmente seccata e quindi ordinò a Marie: «Lava bene quelle more, così che possiamo preparare dell'altra marmellata».

A quel punto, l'ambientazione cambiò di nuovo. Vidi Marie all'interno di una drogheria buia e piena di polvere. Sul pavimento c'era uno scatolone, oltre che varie cassette e sacchi sparsi qua e là. La ragazza era davanti al banco, presumibilmente per fare un po' di spesa quando, d'un tratto, entrò il giovane che avevo visto poco prima. Le rivolse un sorriso particolarmente radioso, e mi fu subito chiaro che nessuno dei due riuscisse a distogliere lo sguardo dall'altro. Inutile dire che quel dettaglio non sfuggì al titolare del negozio, che disse: «Faresti bene a tornartene subito a casa, signorina! Tua madre sta aspettando lo zucchero e il burro che hai appena comprato». Lei arrossì e schizzò fuori in preda a un evidente disagio. Il giovane la seguì e la raggiunse, percorrendo insieme a lei un tranquillo sentiero che presumo conducesse alla casa in cui la ragazza viveva con la sua famiglia. Lungo il tragitto, conversarono piacevolmente e sembravano essere a loro agio. Oltretutto, non mi parve che qualcuno li avesse visti.

Durante quella vacanza, trascorsi gran parte del tempo a bisticciare con gli angeli. Non facevo altro che ripetere: «No, no, no: non ho nessuna intenzione di attraversare quel passaggio! So che starei male; e poi sono troppo piccola. Avreste dovuto chiederlo a una persona più grande di me; avreste dovuto chiederlo a un adulto!». Ero perfettamente consapevole della mia incapacità di descrivere il dolore o la sofferenza che temevo di provare, ma non riuscivo ancora a comprenderla.

Un giorno, apparve Michele mentre stavo giocando con un piccolo sparviero ferito a cui avevo salvato la vita, e dal quale non mi sarei mai separata per un solo istante fino al termine di quella vacanza. L'angelo mi seguì mentre attraversavo il giardino con in braccio il mio nuovo amico, e poi entrammo nella cucina della nonna, che in quel momento stava impastando il pane facendosi aiutare da mia madre. Le due donne non parvero comunque accorgersi della mia presenza. Mentre ci stavamo dirigendo verso la dispensa, vidi che tutte le piante disseminate lungo il corridoio erano in piena fioritura. In quel preciso istante, ebbi la certezza che Michele mi avrebbe chiesto di fare qualcosa.

«Non posso starmene qui a prendere il sole coccolando un po' il mio sparviero?» domandai a Michele in tono supplichevole.

«No!» ribatté perentorio.

Lo guardai e dissi con ostinata determinazione: «No, non ho nessuna intenzione di attraversare quel passaggio!».

«Non ti sto chiedendo di attraversare quel passaggio» replicò lui. «Voglio semplicemente camminare un po' con te su e giù per la casa.» Lo guardai attonita. Gli occhi di Michele rifulgevano di una luce così vivida, che avevo la sensazione di poter scrutare dentro di loro, scorgendovi la presenza di un sentiero interminabile che si snodava per migliaia di chilometri, oltre le barriere del tempo. Quando mi prese una mano, per poi lasciarla andare e cingermi le spalle con un braccio, il suo volto appariva radioso come sempre. Durante gli anni della mia infanzia, la capacità degli angeli di assumere sembianze e atteggiamenti così umani mi induceva spesso a dimenticare che in realtà loro appartengono a una dimensione completamente diversa dalla nostra. A questo punto, ci voltammo per tornare indietro. Percorremmo un tratto del corridoio principale, e poi entrammo in una stanza sulla destra, in cui ero stata solo una volta prima di allora, peraltro fugacemente. Michele spalancò le due porte massicce. Tutte le volte che ci ripenso, sono sempre più consapevole dell'assiduità con cui lui e gli altri angeli mi vengono in aiuto compiendo tanti piccoli gesti, come quello di aprirmi le porte. Chiunque avesse avuto modo di osservare quelle scene, sarebbe certamente giunto alla conclusione che quelle porte si aprivano da sole.

Notai che in quella grande stanza c'era un caminetto. Era alquanto disadorna, se si eccettua la presenza di alcune grosse sedie di foggia un po' antiquata. Attraverso l'ampia finestra, riuscivo a scorgere un filare di vite pensile. L'atmosfera che emanava da quelle pareti era intrisa di gioia e serenità, ma si percepiva anche una profonda tristezza. Non potendomi capacitare del significato di tutto ciò, sollevai lo sguardo verso Michele, che disse: «La senti?».

«Sì.»

Soggiunse: «Ogni tanto dobbiamo pur insegnarti qualcosa, perché hai ancora tanto da imparare e pochissimo tempo per assimilare tutto». E, protendendosi verso di me, proseguì: «Avvicinati al caminetto e poi dimmi quello che vedi, ma anche quello che senti».

Quando mi mossi per raggiungere le due sedie, che si trovavano in prossimità del caminetto, notai all'improvviso che un uomo e una donna vi erano seduti. Indossavano abiti invernali molto eleganti, e sembravano felici. Mi voltai verso Michele, dicendo: «Non mi vedono?».

«No, perché in realtà sono in Paradiso» rispose. «È necessario però che tu li veda. Per caso saresti in grado di aggiungere qualche altro dettaglio sul loro conto?»

Mi voltai a osservare quell'anziana signora. A dire il vero, non era poi così anziana. Probabilmente era lo stile del suo abbigliamento a farla sembrare più vecchia della sua età. «Sì, ha i capelli castani lisci con alcune striature di grigio» dissi. «Li porta raccolti non in una crocchia vera e propria; direi piuttosto che li ha attorcigliati in modo piuttosto sommario, e li ha fissati con una forcina, un po' diversa dai fermagli che usiamo noi. Sembra uno spillone, metà del quale è coperto di diamanti.»

«Esatto. Ma cos'altro vedi?» incalzò Michele.

Scrutai il volto di quella donna con maggior attenzione. «Credo di aver capito» risposi. «È la mamma di lui, vero?»

L'angelo annuì con un sorriso. L'anziana donna si voltò verso di me, e per un attimo pensai che potesse vedermi, ma Michele mi rassicurò: «Non può vederti».

La sentii chiamare «Edward» e un bambino corse subito da lei. Avrà avuto al massimo cinque anni. Notai che aveva il volto abbronzato; mi sembrava inoltre piuttosto piccolo e tozzo, dunque ben diverso rispetto alla sagoma che avevo intravisto quando si era affacciato alla finestra. Mi voltai a osservare l'uomo anziano; a dire il vero, nemmeno lui lo era più di tanto ma dimostrava più anni di quelli che effettivamente aveva. Rimasi a guardarlo mentre fissava il figlioletto che si divertiva a giocare con una carriola di legno sul pavimento davanti a lui. Pur non riuscendo a cogliere l'essenza di quello che vedevo, percepii distintamente una sensazione di solitudine. D'un tratto, capii che in qualche modo sapeva che quel figlio così prezioso per lui gli sarebbe stato strappato, e che ne avrebbe sentito terribilmente la mancanza.

Il padre di Edward sedeva rigido e impettito, comunicando l'impressione di essere autoritario, mentre teneva d'occhio il piccolino che giocava seduto per terra. A onor del vero, si stava comportando come ci si aspettava che facessero i padri di quel tempo, vale a dire senza dimostrare l'amore che provava. A prescindere da quell'atteggiamento, sono convinta che quel bambino fosse consapevole del profondo affetto che suo padre nutriva per lui, poiché si voltò a guardarlo sorridendo. A quel punto, rivolsi a Michele uno sguardo perplesso, dicendogli: «Le sedie sono molto diverse da quelle che si trovano in questa stanza, e anche il camino non è identico».

«Non badare a questi dettagli» rispose l'angelo. «Ciò che conta è quello che senti nel tuo cuore. Devi percepire l'amore e la sofferenza che provano questi genitori, e liberare il loro figlio dalle catene che lo imprigionano. Dio si sta servendo di te in veste di "liberatrice" di anime, Lorna. Edward e Marie hanno scelto di rimanere confinati nella dimensione terrena a causa di quello che hanno fatto altre persone, e tu dovrai sentire quel dolore affinché possano tornare a essere liberi.»

Scrutai nuovamente in direzione di Edward bambino e dei suoi genitori, ma notai che erano scomparsi.

«Prima di salutarci, dimmi che cosa senti in questo momento» proruppe Michele.

«Sento una musica, delle risate e tante voci, ma molte di queste sono recenti» risposi.

Michele replicò con un sorriso: «Hai ragione. Tua nonna ha portato molta luce e molta allegria in questo vecchio edificio, grazie a tutto quello che sta facendo per l'ostello. Anche lei è dotata di facoltà medianiche, ma Dio ha scelto di utilizzarla in un altro modo, poiché non è abbastanza forte per fare quello che stai facendo tu».

Scoppiai a ridere e ribattei: «Ma non dire sciocchezze: mia nonna è molto più in gamba di me!». L'angelo sorrise in segno di approvazione. Uscimmo quindi dalla stanza, incamminandoci verso il vecchio scalone.

Prima che vi racconti ciò che è accaduto quando siamo saliti al piano di sopra, ritengo doveroso sottolineare che, a mio parere, l'edificio di Mountshannon, in cui mi trovavo insieme a Michele, non era lo stesso in cui vivevano i genitori di Edward. A volte, quando gli angeli sollevano quel velo che mi permette di vedere ciò che loro desiderano mostrarmi, mi capita di visualizzare un luogo completamente diverso rispetto a quello in cui mi trovo. Quando vedevo Marie o Edward, in genere lo scenario non era mai lo stesso. Per esempio, la dispensa si affacciava sul lago; ciononostante, tutte le volte che gli angeli mi mostravano uno di loro due, non vedevo nessun lago. Forse la casa, che è stata teatro delle loro vicissitudini, non esiste più; è infatti risaputo che in Irlanda molte vecchie case sono state demolite nel corso degli anni.

L'ostello aveva uno scalone o, per meglio dire, una scala che ai miei occhi di bambina era apparsa enorme. È tuttavia innegabile che i gradini fossero decisamente ampi; c'era un muro ad angolo e, a un certo punto, la scala si incurvava verso sinistra fino all'ultimo gradino che confluiva in una grande superficie calpestabile. Dopo aver attraversato un'altra ala dell'edificio, Michele mi condusse all'interno di una stanza chiusa a chiave, in cui non ero mai stata prima di allora. Le serrature non costituivano un deterrente per lui, visto e considerato che le porte si aprivano automaticamente al suo passaggio. Era una stanza arredata con buon gusto, anche se si sentiva un odore di muffa molto intenso. Pensai che quelle finestre fossero chiuse da tanti anni.

«Percepisci qualcosa in questa stanza che potrebbe essere messo in relazione con gli spiriti che hai visto al piano di sotto?» mi domandò Michele.

«Non ne sono certa, Michele, ma c'è qualcosa, qualcosa che risale a molto tempo fa, lo sento» replicai in tono esitante. Mi guardai attorno per un breve istante e soggiunsi: «Vedo una mano protendersi dal letto; appartiene a una persona dalla salute particolarmente cagionevole. Michele, stai forse cercando di dirmi che le sensazioni che avverto hanno a che fare con gli spiriti al piano di sotto? Se è così, non lo voglio sapere!».

Lui mi confermò con un sorriso: «Ma Lorna, conosci già la risposta! Tu conosci sempre le risposte perché siamo noi a dartele».

Mi arresi all'evidenza: «E allora questo vuol dire che c'è un collegamento». Stavo iniziando a comprendere – per quanto possa sembrarvi inverosimile che una bambina di dieci anni sia realmente in grado di capire tutto questo –, perché mi fosse stato chiesto di aiutare non solo due spiriti che vivevano fra le mura di questo edificio, ma anche quelli con i quali avevano avuto a che fare, e addirittura con i loro discendenti.

Mentre scendevamo nuovamente i gradini della scala, provai un senso di oppressione e di angoscia per il compito che mi era stato affidato. Michele mi cinse con un braccio stringendomi a sé. Quel giorno, avevo più che mai bisogno che mi abbracciasse. Tornammo alla dispensa, dove mi sentivo al sicuro al punto che credo di essermi addormentata, perché mi riscossi all'improvviso nell'udire i passi di alcuni ospiti dell'ostello che attraversavano il corridoio. Sorrisi a quelle persone, affrettando il passo per raggiungere la cucina della nonna. Una volta lì, aprii la porta e attraversai il cortile senza mai voltarmi; mi arrampicai su per la collinetta e varcai finalmente la soglia della casa in cui alloggiavo con i miei.

Anche adesso, mentre sto dettando al computer le dinamiche di questa vicenda, Michele è seduto accanto a me per aiutarmi a ricordare l'esperienza che ho vissuto tantissimi anni fa. In questo momento, ha appena finito di dirmi: «Lorna, man mano che prosegui nel racconto di questa storia, sarai in grado di spiegare molte più cose, perché tu stessa riuscirai a comprenderla sempre meglio». Io non smetto mai di imparare; nessuno di noi smette mai di imparare; gli angeli mi insegnano sempre qualcosa di nuovo e sono pronti a insegnare qualcosa di nuovo anche a voi, se li autorizzerete a farlo. Sappiate che questa è una cosa molto importante per tutti.

Capitolo 16

Decido di incamminarmi lungo quel passaggio

Un'altra estate era arrivata portando con sé il momento di ripartire per le vacanze. Questa volta, la mia famiglia scelse di alloggiare in una piccola baita di legno che faceva parte di una vecchia fattoria situata in prossimità di una delle sponde del bellissimo lago Lough Derg. Mi piaceva molto quella zona piena di mucche e di tutti gli amici che si incontrano solitamente in aperta campagna; l'unico inconveniente era rappresentato dalla distanza che ci separava dall'ostello di mia nonna, per raggiungere il quale dovevamo percorrere a piedi un tratto di strada molto più lungo rispetto al tragitto delle annate precedenti. Gli angeli non smisero mai di farmi visualizzare nuove sequenze riguardanti Marie ed Edward; ogni volta mi sembrava di assistere a un film proiettato sopra uno schermo gigante. Un giorno, mentre mi trovavo in prossimità della dispensa, Hosus mi disse: «Guarda verso il lago». Ubbidii, e in quel preciso istante lo specchio d'acqua scomparve dalla mia vista, sostituito da una distesa di colline. Subito dopo, vidi Marie ed Edward in sella a un cavallo; mi apparve evidente che si stessero divertendo moltissimo, e le risate di Marie riecheggiavano attraverso quei declivi. D'un tratto, i due imboccarono il sentiero che si inerpicava su per una collina e non li vidi più. All'improvviso, fui nuovamente immersa nella consueta realtà quotidiana. Hosus mi salutò e scomparve.

Un altro giorno, mentre mi trovavo sempre in prossimità della dispensa, anche se in quell'occasione accanto a me c'era Michele che mi stringeva una mano, la dimensione spazio-temporale mutò radicalmente di colpo. In quell'attimo, mi apparvero Edward e Marie che passeggiavano mano nella mano lungo l'argine roccioso di un fiume. Era come se, a ogni loro passo, il rumore del fiume divenisse sempre più intenso. A tratti, intercettavo alcuni sprazzi della loro conversazione, come quando Marie disse a Edward che il suo fratellino stava poco bene oppure quando gli parlò delle lumache che stavano divorando gli ortaggi. Li sentivo anche ridere di gusto finché, all'improvviso, il rumore dell'acqua si fece fragoroso, e notai che erano giunti nelle vicinanze di una cascata. Si sedettero su una delle rocce attigue ed Edward baciò Marie; in quel preciso istante, mi resi conto che erano molto felici. Mentre scorreva quell'immagine, Michele disse: «Sono innamorati, Lorna, e il loro amore è stato voluto dal Cielo».

«Lo so, Michele, ma non mi capita spesso di vedere un ragazzo e una ragazza che si baciano, e lo trovo buffo» ribattei con un risolino. Ogni volta che ripenso alla mia reazione davanti a quella scena, non riesco a trattenere una risata.

I due ragazzi ripresero quindi la via del ritorno, camminando sempre lungo l'argine del fiume; Edward continuava a baciare Marie dichiarandole tutto il suo amore e giurandole che non si sarebbero mai lasciati. Udii lei rispondergli, con la voce rotta dai singhiozzi: «Ho paura che, quando la tua famiglia saprà di noi, farà in modo di separarci. So bene che non ci permetterebbe mai di stare insieme. Le mie origini sono troppo umili, e dunque non posso andar bene per te poiché non sono all'altezza del tuo rango».

Lui le asciugò le lacrime, rassicurandola di non temere e ripetendole che l'amava. Continuarono a camminare lungo l'argine del fiume. Quando raggiunsero il punto in cui si sarebbero dovuti separare per far ritorno dalle loro rispettive famiglie, udii Edward dichiarare a Marie che l'amava e che si sarebbero rivisti molto presto. D'un tratto, quella visione svanì e io mi voltai verso Michele dicendogli: «Riesco a percepire il loro amore, ed è una sensazione che mi fa stare davvero bene. Allora mi spieghi per quale motivo percepisco anche tanto dolore e tanta sofferenza?».

«Lorna,» replicò Michele «più conoscerai Edward e Marie, più riuscirai a comprendere che l'amore che provano l'uno per l'altra li ha resi inseparabili, indipendentemente dal dolore e dalla sofferenza che quel sentimento potrebbe arrecare a entrambi.»

Gli angeli non mi lasciavano sola neppure per un attimo; potevo contare sulla loro vicinanza ventiquattro ore su ventiquattro. Erano dovunque – dovunque andassi, dovunque guardassi – ma soprattutto erano costantemente presenti all'interno dell'edificio in cui era stato ricavato l'ostello di mia nonna. Benché sapessi che prima o poi sarei stata costretta ad attraversare quel passaggio, non riuscivo a liberarmi dal terrore che mi aveva assalito. Ero paralizzata al pensiero di quello che avrei visto e delle emozioni che avrei provato, temendo soprattutto il dolore e la sofferenza che mi avrebbero dilaniato. Dissi a Dio: «Lo so che sei sempre qui, ma ho bisogno di maggiori rassicurazioni. Dopotutto, sono ancora una bambina!».

Conservo il ricordo di un pomeriggio in cui, mentre me ne stavo seduta sopra un sasso all'interno delle scuderie dei cavalli, intenta a disegnare un nido di rondini come quello che si trovava lì dentro, mi apparve Hosus che mi rivolse un saluto caloroso. Ero felice di rivederlo. Mi disse di scrutare in direzione della piccola finestra; ubbidii, e, non appena il mio sguardo si posò su quel punto, vidi Marie per la primissima volta. All'improvviso, l'ambientazione cambiò: Marie usciva da un negozio del villaggio, reggendo un cestino. A quanto pare, il sentiero che doveva percorrere per far ritorno a casa era lungo e faticoso, oltre che particolarmente accidentato. D'un tratto, la vidi fare una deviazione per immettersi nella boscaglia. Notai che era in piedi, circondata da alberi e cespugli. Dalla sua espressione trapelava una certa preoccupazione.

«Che cosa sta succedendo?» domandai a Hosus.

«Marie ed Edward si incontrano di nascosto» replicò lui.

«Questo sarebbe uno dei luoghi in cui si incontrano segretamente?» gli chiesi. Non rispose, perché in quel preciso istante Edward si fece largo tra gli alberi. Li vidi poi abbracciarsi con grande passione, come se fosse trascorso molto tempo dal loro ultimo incontro. Si sedettero per terra, sotto un albero, senza mai smettere di baciarsi. Edward la cinse con un braccio; all'improvviso, lo sentii assicurare a Marie che avrebbe parlato con suo padre per metterlo al corrente dei loro sentimenti. Poi, tirò fuori un oggetto dal taschino della giacca, e afferrò una mano di lei, chiedendole di sposarlo. La ragazza mi era apparsa estasiata quando gli rispose di sì, facendo scorrere l'anello lungo l'anulare sinistro. Subito dopo, notai che si era sfilata l'anello, dicendo che ancora non poteva indossarlo davanti a tutti. Si frugò in tasca e ne trasse un laccetto, che Edward le annodò intorno al collo. Prima di salutarsi, si scambiarono un lungo bacio. Mi apparve quindi Marie nel cortile della sua casa; mentre si avvicinava alla porta, si toccò il petto con la mano sinistra per accertarsi che l'anello fosse ben nascosto sotto i vestiti. Terminata quella sequenza, l'atmosfera ridiventò quella di sempre.

«Hosus, si sono fidanzati!» esclamai euforica. «Questo significa che adesso si sposeranno.»

Lui mi rivolse uno sguardo carico di malinconia, dicendo: «Lorna, non si sposeranno mai».

Mi chiese di sollevare nuovamente lo sguardo in direzione della finestra. Feci come mi aveva detto e, per una frazione di secondo, mi parve che il tempo si fosse fermato. Mi fu concesso di visualizzare una bellissima giornata di sole, che faceva da sfondo a un nuovo incontro fra Marie e il suo amato avvenuto in un luogo tranquillo e appartato. Li vidi abbracciarsi, baciarsi e fare l'amore. Sebbene non riuscissi a comprendere del tutto quello che stavano facendo, non mi parve comunque nulla di sbagliato né di riprovevole. La visione svanì e io rimasi lì ferma in preda a un leggero imbarazzo, perché prima di allora non mi era mai capitato di trovarmi in presenza di una coppia intenta a scambiarsi delle effusioni così intime. Mi voltai verso Hosus, chiedendogli: «Adesso Marie avrà un bambino, anche se non sono sposati?».

«Sì, Lorna, avranno un bambino» replicò l'angelo che scomparve subito dopo aver pronunciato quelle parole.

Fu proprio durante quell'estate che decisi di incamminarmi lungo quel passaggio. Accadde nell'ultimo pomeriggio che trascorremmo laggiù, anche se allora non mi ero resa conto che quello sarebbe stato l'ultimo pomeriggio che avrei trascorso fra le mura di quell'edificio. Qualche tempo dopo, mia nonna rinunciò all'incarico che ricopriva presso l'ostello a causa delle sue pessime condizioni di salute, e noi non avremmo mai più trascorso le vacanze a Mountshannon.

Ero ritta all'imbocco di quel passaggio, atterrita malgrado lo stuolo di angeli che mi circondava. Mentre ero ferma in quel punto, percepii distintamente la sofferenza che dilaniava quei due spiriti. Cominciai a muovermi. Fu come se gli angeli dai quali ero circondata formassero un grande tempio, con i loro corpi che fungevano da pilastri e le loro braccia che delineavano un'arcata immensa. All'interno del tempio, si celavano quei due spiriti, quelle due bellissime anime. Non ricordo molto di quanto è accaduto, ma posso affermare con certezza di aver avuto la sensazione che quelle due anime mi abbiano afferrato rimanendo saldamente legate a me. Mi sentii travolgere da un'enorme sofferenza a livello emozionale. Non ho idea di quanto siano durati quei momenti. D'un tratto, mi voltai per tornare indietro verso la luce che splendeva in fondo al passaggio, seguita da loro due. Di colpo, tutto finì. Mi ritrovai nel corridoio scrutando in direzione di Edward e Marie che si tenevano a braccetto. Riuscivo a vederli, anche se questa volta fu diverso poiché sapevo che non erano realmente lì, perlomeno non nello stesso modo. Pur non avendo compreso appieno la dinamica degli eventi, sapevo che ormai erano liberi di lasciare l'edificio in cui viveva mia nonna.

All'indomani, mentre ero seduta in macchina insieme al resto della mia famiglia, poco prima di lasciare Mountshannon, ebbi la sensazione che quei due spiriti mi stessero seguendo. Benché sapessi che ormai erano liberi, e che potevano dunque andare direttamente in Paradiso, notai invece che non si erano mosse da lì. Non riuscivo a capire cosa stesse succedendo. Per quale motivo mi stavano seguendo, invece di ricongiungersi a Dio? Continuate a leggere, e lo scoprirete. Per il momento, vi basti sapere che loro desideravano che io le aiutassi a recidere quel vincolo di dolore e di sofferenza che aveva intrappolato tante famiglie. Desideravano che io le aiutassi a spezzare quella catena, e a essere nuovamente libere affinché quanto era accaduto tanto tempo fa non continuasse a rivelarsi una fonte di tormenti e di sventure per le generazioni future.

Capitolo 17

Ero la custode delle loro anime

Non era trascorso molto tempo dal nostro ritorno a Mountshannon, quando traslocammo in una casa di recente costruzione a Leixlip, un sobborgo di Dublino. I miei genitori non avevano mai posseduto una casa di loro proprietà; finalmente, grazie a una serie di circostanze favorevoli, erano riusciti ad acquistarne una. Tutti noi ci sentivamo elettrizzati alla prospettiva di trasferirci altrove. In virtù di una strana alchimia che non saprei descrivere a parole, continuavo ad avvertire la presenza di quei due spiriti di Mountshannon, quasi stessero viaggiando verso una destinazione ignota che però non li aveva ancora condotti fino a me. Per certi versi, sapevo che erano diretti verso la nostra nuova casa e che sarebbero stati lì ad attendermi.

Quando giunse finalmente il giorno del nostro trasferimento a Leixlip, fui l'ultima a lasciare la vecchia casa. Papà era già partito con la macchina stracolma di oggetti e con a bordo il resto della famiglia, mentre io aspettavo il suo ritorno affinché accompagnasse anche me, il mio coniglio e il mio gatto Tiger nella nuova casa. Mentre mi stavo preparando una tazza di tè, apparve Hosus. Lo guardai con gli occhi pieni di lacrime, e dissi: «Lo so che mi stanno aspettando. Perché? Perché sono costretta a sentire la loro sofferenza e perché dovrò continuare a sentirla ancora a lungo? Non mi piace e a volte ho paura. Ho paura, ho paura di quello che non so».

Lui tentò di consolarmi: «Non pensarci; dopotutto sai che sono due spiriti bellissimi. Dovranno accadere alcune cose che permetteranno a loro e a tutte le altre persone coinvolte di essere libere. Tu sei l'unica che lo possa fare, ed è per questo che sei stata designata come loro custode». Poi mi disse di chiudere gli occhi. Mi risvegliai solo nell'attimo in cui udii mio padre bussare alla porta.

Durante l'intero tragitto, mi sentivo molto tesa perché sapevo che quelle due anime mi stavano aspettando nella nostra nuova casa. Pur essendo certa che erano buoni e che non avevo nulla da temere, non potevo fare a meno di provare insofferenza all'idea che fossero lì. Dopo aver raggiunto Leixlip in macchina, mio padre imboccò la strada in cui sorgeva il comprensorio edilizio di cui faceva parte anche la nostra abitazione. Man mano che ci avvicinavamo, riuscivo a visualizzare mentalmente la casa con crescente nitore, benché non l'avessi mai vista né «dal vivo» né in fotografia. Sapevo esattamente in che punto mio padre avrebbe svoltato, e davanti a quale casa si sarebbe fermato. Ricordo la strana sensazione che avevo provato nell'attimo in cui aprii lo sportello. La consapevolezza del fatto che quei due spiriti avrebbero vissuto insieme a me ventiquattro ore su ventiquattro mi turbava non poco. Feci uscire il gatto dal bagagliaio, controllando che stesse bene; subito dopo, la porta d'ingresso si aprì e vidi mia madre, ritta sulla soglia, che mi chiamò a gran voce: «Dai, sbrigati!». Entrai nel corridoio con grande circospezione, non perché stessi reggendo la gabbietta con il gatto, ma perché avevo la sensazione di dover tenere gli occhi ben aperti, per scongiurare il rischio che gli spiriti potessero in qualche modo spaventarmi, dato che non avevo idea di dove fossero.

Dov'erano? Posai la gabbietta sul pavimento, aprii lo sportellino e liberai il povero Tiger che era a dir poco sconvolto. Gli feci perlustrare la sala da pranzo e la cucina nuove di zecca, mostrandogli ogni singolo oggetto. Dopo aver girovagato accuratamente nei locali a pianterreno, mi resi conto che i due spiriti non erano lì. Il gatto era riuscito ad ambientarsi quasi subito, al punto che adesso era partito in avanscoperta, annusando ogni angolo della casa. Si era dimostrato più coraggioso di me, visto e considerato che non me la sentivo di salire al piano di sopra, anche se alla fine mi vidi costretta a capitolare ed entrai nel corridoio. Edward era in piedi sulla scala e gli domandai: «Cosa ci fai lì?». Per tutta risposta mi disse: «È qui che rimarrò, fintanto che non mi verrà concesso di andarmene». Dopo avergli confessato che la sua presenza mi metteva in tensione, disse: «Mi dispiace, ma dovrò parlare con te ogni volta che salirai su per la scala, perché questo fa parte del nostro compito, ma riguarda anche la tua stessa vita! Grazie al tuo intervento, adesso io e Marie siamo liberi, ma non ce ne andremo finché anche gli altri non lo saranno».

«Mi rattrista sapere tutto questo; se le cose stanno così, stai pur certo che salirò sempre di corsa su per la scala» replicai. «Riesco a percepire la vostra sofferenza, e tutte le volte che mi nomini gli altri, è come se in un certo senso fossero qui anche loro, sebbene io non possa vedere i loro volti.» Dopo aver pronunciato quelle parole, feci un profondo respiro e salii di corsa su per la scala facendo due gradini alla volta. Edward si protese in avanti per toccarmi. Una volta in cima, gridai: «Ce l'ho fatta!».

Il bagno al piano di sopra divenne un posto importantissimo per me; ormai lo consideravo una sorta di luogo sacro! Benché fosse piccolo, aveva una caratteristica per me fondamentale: l'interruttore della luce, che si accendeva tirando una cordicella. Me ne resi conto fin dalla prima sera quando, una volta arrivata in cima alla scala, mi era bastato afferrarla e tirarla, per avere un po' di luce. Quel piccolo espediente mi aveva già permesso di elaborare mentalmente un'infinità di strategie.

Quella sera, fui costretta a scendere la scala; mentre mi accingevo a farlo, respirai profondamente e recitai la mia consueta preghiera: «Gesù, Maria, vi amo con tutto il mio cuore. Salvate quelle anime». Ebbi la sensazione che Edward mi stesse toccando e che la mia vita stesse scivolando fuori dall'anima, come se lui avesse ricevuto la mia grazia per trasmetterla anche ad altri. In cuor mio sapevo che gli altri stavano aspettando, che erano in trepida attesa di essere liberati. Questa consapevolezza non mi impedì tuttavia di scendere più in fretta che potei; non appena mi ritrovai nel corridoio, accesi la luce e corsi a rifugiarmi nel tepore della cucina.

Quando ci trasferimmo a Leixlip, i miei genitori decisero di non mandarmi più a scuola, gettandomi così nello sconforto perché mi era sempre piaciuto studiare. Come se non bastasse, mi sarebbe stata preclusa ogni possibilità di sottrarmi alla presenza degli spiriti. Edward era sempre sulla scala, al punto che spesso gli dicevo: «Ti ho visto! Lasciami in pace!». Per tutta risposta, accennava un sorriso. Era sempre elegantissimo, pulito e in ordine.

Nel corridoio della casa c'era un telefono appoggiato su uno di quei tavolinetti che si usavano tantissimi anni fa. Un giorno, squillò e, non essendoci nessun altro in casa, andai io a rispondere. Era mia zia; mentre parlavo con lei, d'un tratto vidi che Edward si era messo a fare lo spiritoso attraverso la balaustra, imitando il verso di alcuni uccelli, e bisbigliandomi quegli strani suoni in un orecchio nel tentativo di distrarmi. Poi, esclamò: «Guarda quel topolino che sta attraversando di corsa il pavimento!». Trasalii spaventata, benché in passato avessi tenuto alcuni topolini addomesticati. Non dimenticherò mai quel momento, perché Edward mi era apparso particolarmente spigliato, gentile e giocherellone.

Erano trascorsi alcuni mesi dal nostro trasferimento a Leixlip, quando un giorno papà mi propose di lavorare con lui presso la stazione di servizio di Rathmines. Mi sentii elettrizzata. Non vi nascondo, però, che provavo anche un immenso sollievo poiché avrei avuto un pretesto più che valido per allontanarmi momentaneamente da quegli spiriti. La sera in cui mio padre mi fece quella proposta, salii su per la scala, correndo come al solito, ma per la primissima volta da quando abitavo lì mi lasciarono in pace, senza arrecarmi il minimo disturbo. E mi lasciarono in pace anche quando ridiscesi la scala il mattino successivo. Sorrisi, consapevole del fatto che Edward aveva capito che mi era stato concesso di uscire di casa. Mi piaceva molto lavorare alla stazione di servizio, dove ero peraltro riuscita a instaurare un buon rapporto con gli altri colleghi. Tutte le sere, prima di ritirarmi in camera mia, mi precipitavo su per la scala e, una volta messo piede sul pavimento al piano di sopra, tendevo per prima cosa la mano per cercare la porta del bagno, e tiravo la cordicella per accendere la luce. Ogni volta che ci ripenso, mi rendo sempre più conto di quanto fosse sciocco quel mio atteggiamento. Sapevo di non aver nulla da temere, eppure detestavo l'idea di dover salire su per la scala quando faceva buio. A volte, capitava che si bruciasse una lampadina nel corridoio o sulla parete in cima alla scala (oppure in ambedue i luoghi), e che i miei genitori non la sostituissero tempestivamente. In un certo senso, questi piccoli contrattempi possedevano una connotazione simbolica per aiutarmi ad accettare la natura delle cose, ovverosia che il buio ricopriva un ruolo legittimo proprio come la luce. E, per quanto velocemente potessi correre su per la scala, qualcosa mi avrebbe comunque bloccato, come se tutto si stesse muovendo al rallentatore o addirittura come se il tempo si fosse fermato. Sentivo tutto il dolore e la tristezza di quel giovane. In un certo qual modo, era come se Edward stesse riversando all'esterno i peccati ma anche la rabbia e l'odio di chi aveva fatto loro del male. Stava cercando di cancellarli, ed era come se io avessi dovuto sentire quelle sensazioni a mia volta per rimediare alle colpe di coloro che avevano provocato la tragedia e di coloro che non avevano fatto nulla per impedirla, facendo sì che ricadessero sulle generazioni a venire. In un certo senso, mi veniva chiesto di pagare per i peccati commessi dai padri dei loro padri. Questa è l'unica spiegazione che mi so dare. Dio interviene servendosi di strumenti decisamente singolari, che a volte mi lasciano perplessa, come quel giorno in cui mi ero appartata in un angolo a pregare. Quando gli angeli si allontanarono, mi rivolsi a Dio chiedendogli: «Perché tutto questo?». La sua risposta fu semplicemente: «Perché no, se è questo che vogliono?».

La situazione non mutò affatto nei sette anni che vissi con i miei genitori in quella casa; ogni volta che salivo su per la scala, vedevo Edward e sentivo tutta la sua sofferenza. Ci furono varie fasi durante le quali mi mostrò altre sequenze di quella vicenda.

Una sera, mentre stavo salendo la scala per ritirarmi nella mia stanza, mi mostrò delle immagini in cui lui stava rincasando. In quel preciso istante, mi permise di conoscere i suoi pensieri. Era intenzionato ad affrontare suo padre per dirgli di lui e di Marie. Lo visualizzai dapprima mentre lo chiamava a gran voce e, successivamente, mentre entrava in una stanza che faceva pensare a una biblioteca con un grande caminetto acceso. Suo padre era in piedi con altri due uomini che riconobbi come i suoi zii Martin e James. Il ragazzo non riuscì a celare lo stupore che provava nel vederli lì, e gli fu subito chiaro che qualcosa non andava. Si avvicinò e li salutò con una stretta di mano, che loro ricambiarono manifestando un atteggiamento freddo e scostante. Nel frattempo, era entrato anche un altro signore che Edward non conosceva. Suo padre gli disse di riferire a suo figlio ciò che aveva rivelato loro. L'uomo parlò con un tono concitato, torturando nervosamente il berretto che stringeva fra le mani. Disse di aver visto Edward nella boscaglia in compagnia di una ragazza di nome Marie. Il padre di Edward ordinò quindi all'uomo di uscire dalla stanza. Aveva un tono furibondo che non lasciava presagire nulla di buono. Urlava selvaggiamente, accusando il ragazzo di essere la rovina della loro famiglia, rivolgendogli gli epiteti più ingiuriosi, e ridendo sprezzante all'idea che potesse pensare seppur lontanamente di sposare una fanciulla di umili origini, e magari con il suo consenso!

A quel punto, Edward mi lasciò andare, e l'atmosfera ritornò alla normalità. Corsi su per la scala e tirai la cordicella per accendere la luce nel bagno. Ero distrutta dal dolore e mi sedetti sul bordo della tazza della toilette piangendo disperatamente, nella piena consapevolezza che quelle lacrime volevano anche essere una preghiera – preghiera che formulai ad alta voce –, sapendo di essere colei che fungeva da custode di quelle povere anime. Esternai tutto il mio sconforto a Dio e agli angeli, dicendo che non era giusto. «Ho visto tanto amore e tanta gioia nei cuori di Edward e di Marie. Mi fa male sapere che quel sentimento sia stato calpestato e distrutto in quel modo.» Mentre sedevo sul bordo della tazza, gli angeli fecero di tutto per alleviare il mio tormento, e quando finalmente scivolai sotto le coperte, riuscii ad addormentarmi.

Spesso, quello che Edward era solito mostrarmi rappresentava l'amore che lui e Marie nutrivano l'uno per l'altra; ciononostante, quando mi afferrava una mano mentre salivo su per la scala, sapevo che ciò che stava per rivelarmi mi avrebbe causato un immenso dolore. Ricordo un episodio in cui, subito dopo avermi afferrato una mano, mi fece visualizzare una sequenza in cui i suoi due zii stavano discutendo con suo padre in merito alla decisione più opportuna da prendere sul suo conto. Per quanto li riguardava, Edward era uno sciagurato, poiché il suo dovere sarebbe stato quello di sposare una ragazza discendente da una stirpe di proprietari terrieri, permettendo così alle loro rispettive famiglie di arricchirsi. Per colpa della tresca che aveva con quella miserabile, rischiava dunque di mandare in malora tutta la famiglia.

Edward fu convocato nuovamente da suo padre; questa volta gli zii non c'erano, ma poté contare sulla presenza della madre che, malgrado tutti gli sforzi per rasserenare gli animi, fallì tristemente nel suo intento. L'uomo disse che avrebbe cacciato via chiunque si fosse azzardato a provvedere al sostentamento di quella ragazza o della sua famiglia, e che avrebbe fatto in modo – con qualsiasi mezzo – di ridurli sul lastrico. Informò quindi suo figlio che da quel momento lo avrebbe disconosciuto e che non gli avrebbe mai più rivolto la parola e lo avrebbe sbattuto per sempre fuori di casa. Edward implorò suo padre di ascoltarlo, ma fu tutto inutile. Alcune ore dopo, si ritrovò in mezzo a una strada, scortato dai due zii che lo condussero oltre i confini delle loro proprietà. Prima di andarsene, il giovane ebbe comunque modo di affidare a un domestico una lettera da recapitare a Daniel, un amico fidato al quale chiedeva di prendersi cura di Marie, spiegandole che era stato costretto ad allontanarsi, ma che presto le avrebbe scritto.

Gli zii lo portarono a lavorare presso una struttura fatiscente di loro proprietà. Il ragazzo si diede molto da fare, convinto che, se fosse riuscito a conquistarsi la stima di suo padre, quest'ultimo avrebbe finalmente accettato la donna che amava. Non passava giorno senza che Edward scrivesse a Marie, ripetendole di amarla con tutto il cuore, e di non perdere la speranza che si sarebbero ritrovati. Il giovane ignorava che le sue lettere non furono mai recapitate alla ragazza, in quanto venivano intercettate da uno dei suoi zii, che le bruciava dopo averle lette ad alta voce ridendo in modo sguaiato.

A volte, mi capitava di vedere Marie ritta su un gradino della scala accanto a Edward. Ricordo che una sera, subito dopo essere rincasata dal cinema, ero salita più in fretta che potei. Giunta però a metà rampa, notai la ragazza in piedi accanto al suo amato. D'un tratto, fu come se ogni cosa si muovesse al rallentatore e come se il tempo si fosse fermato. Visualizzai Marie all'interno della sua casa; era incinta, probabilmente al sesto mese di gravidanza o anche oltre. In quel momento si trovava nella camera da letto che divideva con le sue tre sorelle, le quali le stavano vicino cercando di consolarla e di proteggerla da quanto stava accadendo al piano di sotto, da dove provenivano le urla concitate di molte donne che accusavano sua madre di tenere nascosta la gravidanza della figlia. Quelle voci dicevano che Marie avrebbe dovuto essere cacciata da quella casa senza che le fosse più permesso di farvi ritorno e che, se il bambino fosse nato morto, sarebbe stata una benedizione del Cielo.

D'un tratto, visualizzai il piano di sotto; la casa era stipata di donne giunte lì da ogni angolo del villaggio. La madre di Marie aveva comunque un carattere molto deciso che le permise di tener testa a tutte quelle comari. All'improvviso, la porta si spalancò in modo vigoroso, ed entrò il padre della ragazza seguito da un gruppetto di uomini del posto. Era legittimo supporre che quel personaggio non sapesse come gestire la situazione; una parte di lui era profondamente in collera con la figlia, colpevole di aver coinvolto l'intera famiglia in una vicenda tanto incresciosa. Anche gli uomini erano furibondi poiché, dal loro punto di vista, Marie non aveva alcun diritto di intrecciare una relazione con Edward, convinti com'erano che le sue azioni (commettere un simile affronto nei confronti del padre di Edward, che era anche il proprietario dei terreni in cui loro vivevano e lavoravano) avrebbero potuto mettere a rischio la loro capacità di sostentarsi. A dispetto dell'angoscia che mi aveva assalito nell'assistere a quelle scene, fui lieta di scoprire che la madre di Marie difendesse la ragazza con tanta veemenza, invitando quelle comari ad andarsene senza mai più azzardarsi a varcare la soglia della loro casa, sottolineando che avrebbero cresciuto quel bambino come se fosse stato un membro della famiglia a tutti gli effetti. Nel frattempo, il padre di Marie aveva deciso di dare man forte alla moglie, schierandosi apertamente con lei e urlando a quelle donne di allontanarsi, anche se in realtà non gli era ben chiaro come avrebbe dovuto comportarsi, a causa dell'odio e del risentimento che covava verso sua figlia, verso il bambino che stava per nascere e verso la sua famiglia.

Era trascorso più di un anno da quando aveva cominciato a lavorare presso quella struttura fatiscente, quando un giorno Edward ricevette dalle mani dello zio una lettera in cui gli veniva chiesto di ritornare a casa perché sua madre si era ammalata. Prima di partire, suo zio lo minacciò di morte, se mai avesse avuto l'ardire di rivedere quella ragazza. Se non altro, avrebbe liberato una volta per tutte suo padre e il resto della famiglia dalla presenza di quel figlio (Edward) divenuto ormai ingombrante. Dopo essere tornato precipitosamente a casa, Edward provò un certo sollievo vedendo che sua madre stava un po' meglio, al punto da riuscire a rimanere seduta su una sedia vicino al caminetto. Le baciò la fronte, manifestandole tutta la gioia che provava nel notare che le sue condizioni di salute erano migliorate. La donna fu felicissima di rivederlo, a differenza del padre che si rifiutò di parlargli, comportandosi come se non esistesse. Quell'atteggiamento addolorò molto ilgiovane, che era legatissimo al padre. Ecco quanto mi fu concesso di vedere quel giorno, e non era certamente poca cosa. Qualche tempo dopo, Edward mi afferrò una mano mentre mi trovavo sulla scala, permettendomi così di visualizzare nuovi dettagli di quella vicenda. Vidi una sequenza in cui lui si era recato a trovare il suo amico Daniel, che abitava nel villaggio. Credo che sia accaduto subito dopo che era tornato a casa per far visita alla madre malata. Daniel gli disse che Marie aveva avuto un bambino. Edward rimase sconvolto nell'apprendere quella notizia, poiché non sapeva che fosse incinta, dandosi comunque dello stupido per non aver mai considerato una simile possibilità. Da un certo punto di vista, era però contento di essere diventato padre. A questo punto, avrebbe dovuto trovare il modo per ricongiungersi a loro e vivere tutti insieme come una vera famiglia. Daniel gli disse che non avrebbe dovuto cercare di rivedere Marie, per non mettere in pericolo la sua vita e quella del bambino, aggiungendo che suo padre aveva minacciato di sfrattare chiunque avesse deciso di aiutare la famiglia di quella ragazza; purtroppo, alcune famiglie avevano già subito le conseguenze della loro scelta di opporsi a quella volontà. Daniel rivelò inoltre a Edward che l'intera comunità covava ormai un profondo rancore verso di lui, ma anche verso Marie e la loro creatura. Gli disse: «Tuo padre è un uomo crudele, che non prova pietà per nessuno». Edward si congedò dall'amico e passeggiò per le vie del villaggio. Vide Marie, e anche lei lo vide. Non proferirono parola, ma sembrava che leggessero l'uno nella mente dell'altra. La ragazza si inoltrò nella boscaglia, per raggiungere il luogo che avevo visualizzato a suo tempo, e che aveva fatto da sfondo ai loro incontri segreti. Marie sperava che il suo amato riuscisse a raggiungerla, anche solo per qualche breve attimo. Benché non mi sia stato concesso di vedere il loro incontro, so per certo, in base a quanto è accaduto in un secondo tempo, che si erano visti. E che li aveva notati anche qualcun altro.

In quel periodo, mi appariva spesso anche Marie. Quasi sempre, manifestava un atteggiamento più dolce e meno irruento rispetto a Edward, anche perché aveva già fatto in modo che io percepissi la sua sofferenza molti anni prima, quando scrutai attraverso il passaggio all'interno dell'edificio di Mountshannon. A volte, mi appariva nella sala da pranzo della nostra nuova casa, sempre intenta a pulire o a spolverare. Benché l'abitazione di Leixlip facesse parte di un complesso nuovissimo di villette bifamiliari, ho sempre avuto l'impressione che lei fosse convinta di trovarsi altrove. Altre volte, la vedevo passare attraverso la finestra della sala da pranzo, per raggiungere il giardino, dando l'impressione di stendere il bucato sul filo o battere un tappeto.

Marie emanava costantemente una luce vivida e intensa, e intorno a lei splendeva sempre il sole. In certi momenti, era come se indossasse un grembiule e il vento lo agguantasse tenendolo sollevato. Spesso, mi sorrideva infondendomi a tratti un senso di pacificazione profonda simile al perdono, come se avesse smesso di soffrire per tutto quello che le era accaduto. Ogni tanto comunicava con me attraverso il canale della telepatia. Un giorno, mentre mi trovavo all'interno della sala da pranzo, mi parlò della prima volta in cui aveva visto Edward. «Era davvero bello e affascinante; non avevo mai visto un ragazzo con un aspetto tanto magnifico. Non conoscevo il suo nome e non avevo neppure idea di chi fosse, ma da quel giorno ho sempre tenuto gli occhi bene aperti nella speranza di rincontrarlo. Non avrei dovuto farmene un cruccio, perché in un secondo tempo ho saputo che anche lui nutriva la speranza di rivedermi. Ecco com'è iniziata la nostra storia, Lorna. Ci siamo innamorati, sapendo di essere fatti l'uno per l'altra.»

A volte, mentre percorrevo a piedi il tratto di strada, che separava la fermata dell'autobus dalla mia casa, specie quando rincasavo dal nuovo lavoro di commessa in un grande magazzino, notavo Marie affacciata alla finestra della mia stanza. Ripensandoci ora, mi rendo conto che non l'ho mai vista affacciarsi ad altre finestre. Non appena mi immettevo nel vialetto antistante alla casa, la vedevo voltarsi per guardarmi dritto negli occhi. Talvolta sollevavo la mano accennando un saluto, per poi concentrarmi di nuovo sul vialetto che stavo attraversando. Quando alzavo nuovamente lo sguardo, lei non c'era più. Altre volte, fingendo di non notarla, non facevo nessun cenno di saluto e tenevo lo sguardo fisso sul vialetto. Mi bastava adottare questo stratagemma, per sorprenderla ancora affacciata alla finestra quando alzavo gli occhi. Era un po' come se stesse aspettando che io mostrassi di aver percepito la sua presenza prima di scomparire. Tutte le volte che ci ripenso, non posso impedirmi di sorridere.

Capitolo 18

Si consuma la tragedia

Non dimenticherò mai la prima volta in cui portai Joe nella casa di Leixlip per presentargli mia madre. Quando fummo nel corridoio, subito dopo aver varcato la soglia, sollevai lo sguardo e vidi quei due spiriti sulla scala, avvinghiati l'uno all'altra, che mi sorridevano radiosi, quasi volessero benedire la nostra unione e augurarci un futuro radioso.

Nel periodo in cui io e Joe ci frequentavamo, quei due spiriti erano una presenza costante nella mia mente. A dire il vero, lo erano sempre. Per quanto possa sembrare difficile da comprendere, pregavo continuamente per loro, pregavo con ogni fibra del mio corpo e con ogni mio respiro, consapevole del fatto che non avrei mai potuto smettere di pregare a prescindere da quello che stavo facendo. Non smettevo di pregare neppure quando cenavo.

Un giorno, mentre ero seduta in giardino per dar da mangiare al mio coniglietto, gli angeli mi mostrarono altre sequenze della loro storia. Dopo aver sollevato il sipario, mi fecero visualizzare una scena che mi rattristò profondamente. Vidi la madre di Marie dirigersi verso il fiume, stringendo orgogliosamente fra le braccia il nipotino appena nato. Ebbi l'impressione che fosse la prima volta in cui quella creatura veniva mostrata pubblicamente all'intera comunità. A quanto pare, era stata allestita una sorta di sagra paesana; tutti gli abitanti del villaggio si stavano dirigendo verso il fiume. Alcuni fratelli e alcune sorelle più piccole di Marie reggevano fra le braccia coperte e cestini colmi di pane e di frutta. Poco dopo, vidi la ragazza parlare con sua madre, per poi allontanarsi senza dare troppo nell'occhio. Un angelo mi sussurrò che il giorno prima aveva incontrato Edward nella boscaglia, e che si stava accingendo a rivederlo in quello stesso luogo. C'erano molti bambini in riva al fiume; alcuni giocavano allegramente, altri invece mangiavano seduti sull'erba. Osservando quella scena con maggior attenzione, mi accorsi tuttavia che doveva essere successo qualcosa di grave, poiché alcune donne stavano chiamando a gran voce la madre di Marie, affinché accorresse subito in loro aiuto. La donna si precipitò, stringendo il neonato fra le braccia. Scorgendo un bambino che giaceva sull'erba tutto insanguinato, obbedì al suo istinto senza pensarci due volte e affidò il nipotino a una giovane donna che aveva incrociato nella sua corsa affannosa. C'era un gran trambusto. Era trascorsa una manciata di minuti quando, all'improvviso, la madre di Marie udì un urlo proveniente dall'argine del fiume. Tutto accadde molto in fretta e in rapida sequenza. Per una serie di circostanze inspiegabili, il figlioletto di Marie era caduto in acqua. Sconvolta, la madre di Marie si allontanò dal bambino insanguinato, al quale stava prestando soccorso, e si precipitò verso il fiume. Il neonato era stato trascinato via dalla corrente, e la povera donna si mise a correre lungo l'argine. Fu raggiunta da alcuni uomini che la bloccarono, dicendole che ormai era troppo tardi e che a quel punto era impossibile che fosse ancora vivo. L'unica cosa che potevano fare era tentare di recuperare il suo corpicino. La donna si accasciò sulle ginocchia, piangendo disperatamente, straziata dal dolore. D'un tratto sollevò lo sguardo, e notò un gruppetto di donne che correva verso di lei con un'espressione compiaciuta sul volto. Dopo averle guardate fissamente, urlò con tutta la rabbia che aveva in corpo: «Come avete potuto uccidere una creatura innocente?». Senza aggiungere altro, radunò il resto della famiglia, con cui attese il ritorno degli uomini che stavano tentando di recuperare il corpo del nipotino, e si incamminarono verso casa solo a notte fonda, stringendosi gli uni agli altri, e piangendo lacrime piene di angoscia. La madre di Marie ripeteva incessantemente: «Come farò a dirlo a mia figlia?».

La visione svanì, lasciandomi stordita dal dolore. Non riuscivo a immaginare lo stato d'animo di una madre o di una nonna dinanzi alla perdita di un figlio o di un nipotino avvenuta in un modo così atroce. Misi giù il mio coniglietto, per consentirgli di scorrazzare liberamente nel giardino, e corsi in bagno, dove mi chiusi a chiave dando libero sfogo alle lacrime, attorniata da uno stuolo di angeli che facevano il possibile per consolarmi.

Nel corso dei lunghissimi anni in cui mi apparvero Marie ed Edward, non vidi mai il loro bambino. Sapevo che il suo spirito era stato mandato in Paradiso, dove attendeva di ricongiungersi ai genitori. Ripenso spesso a quell'anima che attende l'arrivo del papà e della mamma, i quali avevano scelto di rimanere su questa terra per aiutare chi aveva fatto loro del male.

Finalmente, venne il giorno in cui quei due spiriti decisero di far sapere anche a qualcun altro della loro presenza all'interno della casa, poiché bisognava agire affinché la situazione evolvesse in qualche modo. All'improvviso, Marie fece qualcosa che non aveva mai fatto prima di allora.

Ricordo che un mattino dormii fino a tardi perché quel giorno non dovevo lavorare ai grandi magazzini, e la sera prima ne avevo approfittato per rimanere fuori con Joe più a lungo del solito. Mentre ero ancora assopita, udii la voce di Marie che mi chiamava, ripetendo senza tregua: «Lorna, Lorna...». D'un tratto, avvertii i suoi passi; in quel momento ebbi la percezione che stesse camminando lungo il passaggio all'interno dell'edificio di Mountshannon. All'improvviso, ebbi la lucida consapevolezza che fosse nel corridoio che si snodava all'esterno della mia stanza di Leixlip. «Lorna, Lorna...» Continuava a ripetere il mio nome, a bassa voce ma in modo insistente finché, d'un tratto, la sentii bussare alla porta della mia stanza. Terrorizzata al pensiero che potesse svegliare qualcuno, gridai: «Vattene!». Udii quindi la voce di mia madre, e mi fu dunque chiaro che il rumore dei passi di Marie l'aveva svegliata. «Sono sveglia, mamma!» le risposi a gran voce. Mi sollevai di scatto sul letto, temendo quello che sarebbe potuto accadere di lì a poco. D'un tratto, Marie abbassò la maniglia e spalancò la porta, senza smettere di gridare: «Lorna, Lorna...». Mi ero spaventata perché di solito gli spiriti non sono in grado di aprire le porte. Non vi nascondo, infatti, di essermi arrabbiata molto per quella sua iniziativa. Marie percorse quindi i pochi passi che la separavano dal letto, in cui avevo dormito fino ad alcuni istanti prima, e continuò a gridare il mio nome. Rimasi seduta a guardarla, sconvolta come non mai, mentre non faceva altro che ripetere: «Lorna!». Adesso era in piedi accanto a me, guardandomi fissamente, mentre io la scrutavo con aria interrogativa.

«Lorna, ricordi le sensazioni che provavi quando eri piccola, le primissime volte in cui cercavo di farti scoprire alcuni aspetti della mia vita?» mi domandò. Quindi soggiunse: «So che in quel periodo tendevi a bloccarti e a rifiutare gran parte di quello che percepivi. Ora ti rivelerò alcune cose, facendo in modo che tu percepisca di nuovo ciò che sentivi da bambina. Farò in modo di usare la massima delicatezza». Mi spaventai nell'udire quelle parole, e credo che se ne sia accorta anche lei, peché mi prese una mano. Quel gesto mi tranquillizzò all'istante; solo allora Marie mi permise di visualizzare quanto era effettivamente accaduto.

Camminava costeggiando il fiume, in una zona piena di alberi che si ergevano su ambedue le rive. C'era pochissima luce, se si eccettua qualche raggio di sole che filtrava timidamente attraverso le fronde. Il terreno era umido e fangoso. Quando vide quattro uomini appostati nel fitto della boscaglia, non se ne curò più di tanto poiché erano i suoi vicini che conosceva bene. D'un tratto, però, uno di loro si avvicinò, la afferrò e cominciò a minacciarla, intimandole di lasciare la casa in cui abitava perché la sua presenza non era gradita e, qualora si fosse rifiutata di farlo, l'avrebbero massacrata di botte. Subito dopo aver pronunciato quelle parole, cominciò a strattonarla e a prenderla a calci e, ben presto, anche gli altri tre compari accorsero per dargli man forte. In preda al terrore, la ragazza tentò di opporsi alla loro furia, lottando con tutte le sue forze per cercare di difendersi. Percepivo molto distintamente la sua paura, come se fossi stata dentro di lei, benché a quell'epoca io non fossi neanche nata! Eppure, per qualche strana alchimia, ero presente; per qualche strana alchimia, la barriera del tempo era stata abbattuta. La sentivo lottare con tutte le sue forze. La sentivo lottare nel tentativo di difendersi. Sentivo l'intensità di ogni calcio che le veniva sferrato. Era coperta di fango e inzaccherata dall'acqua di cui era intriso il terreno su cui si stava dibattendo. Gli uomini non smettevano di prenderla a calci, al punto che la ragazza assunse una posizione fetale nell'estremo tentativo di proteggersi. D'un tratto, uno di quegli uomini la afferrò per i capelli trascinandola lungo il terreno, mentre altri due cominciarono a percuoterla con dei grossi rami. Ancora adesso, mi sembra di vedere quella scena orribile.

Nell'uomo che l'aveva afferrata per i capelli, riconobbi lo spirito che avevo visto sulla soglia dell'ingresso principale della mia casa di Johnstown. Quello era l'antenato – non ho idea del numero di generazioni fino al quale io dovessi risalire – del signore che era venuto a trovarmi insieme a sua moglie, per chiedermi di aiutarlo.

Marie aveva tentato in tutti i modi di arginare la furia di quegli esseri, combattendo fino all'ultimo. Il suo aspetto esile e gracile celava una grandissima voglia di vivere. Il suo pensiero corse a Edward – e infatti invocò il suo nome – e al loro bambino.

Ancora adesso mi sembra di avere davanti agli occhi quell'uomo sulla cinquantina che allentava la presa dai suoi capelli, lasciando che il suo corpo martoriato scivolasse sopra il terreno. Dopo aver compiuto un viaggio a ritroso nel tempo, ero finalmente riuscita a dirle che suo figlio era morto. Mi rendo conto che sia difficile da credere e che l'esperienza che ho vissuto abbia dell'inverosimile, eppure so che Marie ha udito distintamente le mie parole al punto che, non appena ha preso atto di quanto le avevo comunicato, si è arresa di sua spontanea volontà, smettendo di lottare per cercare di sopravvivere. Così facendo, non ha sofferto più del dovuto perché in lei è venuta meno ogni forma di attaccamento. So che Marie è morta nel punto in cui è caduta. Ancora adesso, mi sembra di vedere il suo corpo; la vedo mentre sto dettando queste parole al computer. Era sporca, insanguinata e coperta di fango; vedo il suo angelo custode avvinghiato a lei sopra il terreno; vedo alcuni frammenti delle sue ali. Le sue piume sono schizzate di fango. Nelle fasi in cui si è consumata la tragedia, erano presenti diversi angeli, i quali non ebbero tuttavia alcun potere per intervenire. Osservo le espressioni sconvolte, che si erano dipinte sui volti di quegli uomini, nel preciso istante in cui smisero di infierire su di lei, rendendosi conto all'improvviso di quello che avevano fatto. Marie mi spiegò che era stata una disgrazia, perché in realtà non intendevano ucciderla, ma solo spaventarla. Purtroppo, si erano lasciati prendere la mano. A quel punto, uno di loro le assestò altri due calci, quasi volesse essere certo che per lei non ci fosse più nulla da fare, e poi fuggirono.

Mentre sedevo sul mio letto nella casa di Leixlip, la mano di Marie scivolò fuori dalla mia. Mi lasciai cadere sopra il materasso e chiusi gli occhi per un breve istante. La ragazza fece qualche passo in direzione della finestra e poi scomparve.

Capitolo 19

Parlo di quegli spiriti con Joe e con mio padre

Prima di sposarci, io e Joe acquistammo la casetta di Maynooth, e andammo a vivere lì nel giorno stesso del nostro matrimonio. In quel periodo, non potevo fare a meno di interrogarmi su ciò che sarebbe accaduto a quei due spiriti. Mi avrebbero seguito nella mia nuova casa? E, nell'eventualità in cui tale ipotesi si fosse avverata, cosa avrei dovuto dire a Joe, che in quel periodo era all'oscuro dell'intera vicenda? Le mie preoccupazioni si rivelarono inutili poiché decisero di non seguirmi, ma di rimanere dov'erano, ovverosia nella casa di Leixlip in cui abitavano i miei genitori. Non era previsto che entrassero a far parte del nuovo nucleo familiare che mi sarei creata a Maynooth. Non era previsto che ciò accadesse, poiché non fu loro consentito di interferire nella mia nuova esistenza di moglie e di madre; ciononostante, mentirei se dicessi che erano usciti definitivamente dalla mia vita. A volte, mentre mi trovavo nella cucina di Maynooth, mi capitava di udire gli spiriti di Marie e di Edward che mi chiamavano dalla casa di Leixlip, che distava circa sei miglia. Era come se temessero che io mi dimenticassi di loro. Ma come avrei potuto? Non passava giorno e non passava notte senza che io pregassi per loro, affinché ottenessero ciò che desideravano, e fossero dunque liberi di andarsene. Eppure, trascorrevano gli anni ed erano sempre lì. Inutile dire che mi recavo spesso a trovare i miei genitori a Leixlip, e avevo dunque modo di rivedere anche loro.

Ricordo che un giorno andai, portando con me Christopher, che all'epoca era ancora piccolissimo, e Owen che era appena nato. Non avevamo la macchina, e fummo dunque costretti a prendere l'autobus; provate a immaginare quanto sia difficile spostarsi da soli con due bambini piccoli al seguito.

Avevamo appena girato l'angolo, per imboccare il vialetto antistante alla casa dei miei genitori, quando vidi Marie affacciata alla finestra di quella che era sempre stata la mia stanza. Sollevai una mano, accennando un saluto anche perché avevo avuto sempre la sensazione che avvertisse l'esigenza di essere riconosciuta, attraverso un segno che le desse la conferma di non essere stata dimenticata.

Ricordo un altro giorno in cui, come al solito, ero entrata nella casa dei miei genitori attraverso l'ingresso posteriore. Vidi due uomini, che salutai accennando un sorriso. Non ci furono presentazioni vere e proprie; in compenso, gli angeli mi sussurrarono che uno di loro si chiamava Paul e che era coinvolto nei cambiamenti del destino di quei due spiriti. Benché mi fossi allontanata un po' per giocare con i bambini, ero comunque riuscita a sentire quello che dicevano. Scoprii quindi che Paul e l'altro signore facevano parte degli stessi gruppi di preghiera che frequentava mio padre. Sebbene non dubitassi che a modo loro fossero delle brave persone, non mi sentivo del tutto tranquilla. La loro presenza mi suscitava un certo disagio, e credo che questo dettaglio non fosse sfuggito neppure a mio padre. Avevo la sensazione che rappresentassero un ostacolo per quei due spiriti. Sentivo di dover proteggere Marie ed Edward, ma non sapevo come. Lasciai da soli i bambini per qualche attimo, e salii su per la scala. Edward era lì, come al solito. «Che cosa sta succedendo?» gli domandai. «Quei due non mi piacciono per niente. Ho paura che possano farti del male e che possano farne anche a Marie.» Mi rispose di non temere, poiché questo faceva parte del cammino che li avrebbe condotti a una svolta. Mi invitò pertanto a non preoccuparmi.

Quel giorno, la nostra conversazione fece perno su Dio e su Gesù. Notai con immenso piacere che mio padre manifestava un interesse crescente nei confronti della religione, che gli permetteva di conoscere Dio in maniera sempre più approfondita. Ne fui immensamente lieta; ero peraltro convinta che quei due spiriti fossero in parte responsabili dal cambiamento che si stava compiendo nell'animo di mio padre, e della sua maggiore apertura nei confronti del prossimo. Avevo notato delle trasformazioni anche nell'atmosfera stessa che si respirava nella casa dei miei genitori: Dio veniva nominato più spesso nei discorsi affrontati, e i miei ricevevano più visite rispetto al passato. Ciò non toglie che quel giorno io mi sentissi quasi in dovere di assumere un atteggiamento particolarmente protettivo nei confronti di quei due spiriti. E, a dispetto dei miei numerosi sforzi per non preoccuparmi, fallii miseramente.

Un giorno, mentre badavo ai bambini nella mia casetta di Maynooth, mi sentii chiamare da quei due spiriti, che ripetevano il mio nome con un tono di voce molto attutito, come se si trovassero in fondo a un lungo tunnel. Non avevo idea di cosa fosse accaduto; in un secondo tempo, venni comunque a sapere che quel giorno mio padre aveva visto qualcosa sulla scala. Pur non vedendo certamente ciò che io ero solita vedere, gli era stato concesso di scorgere vagamente le gambe e gli stivali di un uomo. Per questo motivo, era convinto che ci fosse qualche strana presenza lassù. Non credo che riuscisse a percepire il dolore e la sofferenza di quelle due anime, così come non credo che fosse in grado di comprenderne il significato. In quel periodo, mio padre non mi disse nulla al riguardo, ma ne parlò con Paul, che si dichiarò persuaso che la casa fosse posseduta da alcuni spiriti anche perché, quando era stato lì, aveva percepito qualcosa di negativo. In realtà, per diversi anni, Paul si era recato spesso a trovare i miei genitori e non aveva mai accennato a qualche sua presunta percezione negativa; per questo motivo, non posso dire se queste sue ultime affermazioni corrispondessero al vero oppure no. Quando mio padre disse di aver sentito una presenza sulla scala, Paul si era affrettato a sottolineare che in effetti «la presenza negativa», come lui la definì, risultava molto più intensa proprio in quel punto. Mio padre non parve dar troppo peso a quella vicenda, anche se ogni tanto pregava e spruzzava un po' di acqua benedetta sulla scala.

Il tempo passava senza che il disagio profondo che avvertivo diminuisse. In parte, presumo che ciò fosse dovuto al fatto di sapere che ormai si stava avvicinando il momento in cui mi sarei dovuta separare per sempre da Marie ed Edward. Quei due bellissimi spiriti erano diventati i miei migliori amici, anche se ogni tanto le percezioni che avevo sulle loro vicissitudini mi mettevano in uno stato di tensione. Ciononostante, non avrei mai voluto perderli di vista poiché quel distacco sarebbe equivalso, per certi versi, a un lutto. Provavo tristezza alla prospettiva di non rivederli o di non risentirli mai più. Ciò non toglie che fossi comunque felice alla prospettiva che avrebbero finalmente potuto congedarsi da questo mondo. Ero convinta che quel giorno sarebbe arrivato molto presto, ma mi sbagliavo.

I miei genitori mi avevano invitato (e con me anche Joe e i nostri bambini) a trascorrere le vacanze tutti insieme a Mullingar, un villaggio che distava circa cinquanta miglia da Dublino. Accogliemmo quell'invito con grandissimo entusiasmo, poiché non ci capitava troppo spesso di avere il privilegio di andare in vacanza. Alcune settimane prima della partenza, mentre stavo stendendo il bucato sul filo (a quanto pare, mi ritrovavo sempre a dover lavare montagne di panni), fui investita da una raffica di vento: in tuii subito di aver ricevuto la visita di Hosus. Ne ebbi la conferma quando lui stesso mi rivelò di essere passato a trovarmi perché mi doveva riferire un messaggio. Mi disse infatti che, durante quella vacanza, papà avrebbe affrontato con me l'argomento degli spiriti.

Feci un respiro profondo e gli domandai: «Che cosa devo dirgli? È giusto che gli riveli qualcosa?».

Rispose: «Sì, Lorna, questa volta è giusto che tu lo faccia. Digli pure che sai tutto di loro e delle loro vicissitudini, che sono lì da molto tempo e che sarebbe opportuno far dire una messa in casa vostra». Assunsi forse un'espressione preoccupata, perché l'angelo si affrettò ad aggiungere: «Non preoccuparti, ti guideremo noi. Saprai scegliere le parole giuste, anche se tuo padre faticherà molto a crederci. Ti ascolterà solo una volta, anche perché non tornerà mai più sull'argomento. È triste doverne prendere atto, ma quel giorno gli dovrai riferire le parole che ti suggeriremo noi».

Acconsentii benché mi sentissi terribilmente in ansia al pensiero di quella conversazione, oltre che pervasa da una grande tristezza sapendo che mio padre era molto restio ad affrontare l'argomento con me. In quel periodo, avevo già avuto modo di accennare a Joe della presenza di quegli spiriti; in realtà, gli avevo detto soltanto che vivevano in quella casa ormai da diversi anni, e che io stavo pregando per loro. Non gli dissi nulla della sofferenza e della paura che avevo provato né del ruolo che avevo avuto nell'intera vicenda. Confidai a Joe di essere cosciente che mio padre mi avrebbe fatto molte domande, e che quella prospettiva mi aveva messo in uno stato di apprensione. Lui cercò in tutti i modi di placare la mia ansia.

Al termine di quella vacanza, lungo la strada che stavamo percorrendo in macchina per far ritorno a casa, mio padre affrontò l'argomento. Sedevamo io, i miei genitori, Joe, Owen e Christopher. D'un tratto, cominciò a parlare mentre guidava; esordì domandando a me e a Joe se fossimo già al corrente della presenza di uno spirito nella casa di Leixlip, per l'esattezza sulla scala. Volle inoltre sapere se ci fosse mai capitato di notare o sentire qualcosa di strano lì dentro. Con mia grande sorpresa, la mamma disse di aver visto spesso una giovane donna in giardino. Non posso sostenere con certezza se sia vero oppure no. L'unica cosa che posso dire è che mio padre la guardò stupito. A quanto pare, non gliene aveva mai parlato. Gli dissi che io sapevo dell'esistenza di quei due spiriti. Gli descrissi Edward e, pur senza rivelare ogni singolo dettaglio, aggiunsi che c'era anche un secondo spirito, fornendo una descrizione della giovane donna e dicendo che sia chiamava Marie. Gli spiegai che quei due spiriti vivevano in quella casa fin dal giorno in cui avevamo traslocato lì e che, prima di allora, si trovavano all'interno dell'edificio di Mountshannon fin dalla primissima vacanza che avevamo trascorso laggiù, quando ero piccola. Aggiunsi inoltre che non erano spiriti maligni: al contrario, erano buonissimi. Sottolineai la necessità di far dire una messa, non soltanto per loro, ma anche per rispettare la loro volontà di liberare altre anime. Aggiunsi che sarebbe stato fantastico se lui e la mamma fossero stati disponibili a organizzarla. In ultima analisi, non avevo detto più di tanto, e mio padre si limitò ad ascoltare senza fare domande né commenti. Confesso che quell'atteggiamento mi aveva profondamente deluso, anche se presumo sia stato dettato dall'ansia e dal suo desiderio di proteggermi. Mi sarebbe piaciuto avere l'opportunità di spiegare meglio, di condividere con lui almeno una parte dei fenomeni che caratterizzavano la mia esistenza quotidiana, ma lui non mi chiese nulla e io non me la sentivo di parlargliene, se aveva deciso di non farmi domande.

Per tutto quel tempo, Joe rimase ad ascoltare in silenzio, limitandosi a dire a mio padre che io lo avevo già messo al corrente di quegli eventi, e che gli avevo spiegato molte cose al riguardo. Per una decina di minuti, discussero in merito all'esistenza di Dio e ad alcuni fenomeni ultraterreni, evitando di coinvolgermi direttamente. Fu l'ultima volta in cui mio padre affrontò con noi la storia degli spiriti a Leixlip.

Quella sera, mentre eravamo a letto, confessai a mio marito di sentirmi delusa dalla decisione di mio padre di non chiedermi altro sul conto di quei due spiriti. Lui ipotizzò che quell'atteggiamento fosse dettato solo dalla paura. Ciononostante, anche se fosse stato così, volevo a tutti i costi far dire quella messa.

20

Viene fatta dire una messa dentro casa

Desideravo con tutto il cuore che mio padre organizzasse quella messa, poiché sapevo che era molto importante. Ciononostante, i mesi passavano senza che i miei accennassero qualcosa al riguardo finché un giorno, all'improvviso, mentre ero a casa loro, cominciai a sentir parlare di una funzione speciale che avrebbe dovuto essere celebrata proprio lì. Nessuno però mi fece domande né aggiunse altro, né tanto meno mi invitò a partecipare; semplicemente, come mi era già successo in altre circostanze, avevo intercettato il discorso in modo del tutto casuale. Faticai non poco ad accettare quella situazione; pur rallegrandomi all'idea che la mia famiglia stesse organizzando una messa, mi sentivo profondamente turbata, oltre che offesa, per essere stata esclusa.

In quei mesi, dialogavo spesso con l'angelo Michele, perché avevo bisogno di ricevere conforto; andavo anche in chiesa e accendevo candele più spesso del solito. Quando gli chiesi di spiegarmi le ragioni per le quali ero stata ignorata dalla mia famiglia, si limitò a rispondere che lui, gli altri angeli e gli angeli custodi dei miei genitori stavano lavorando per convincerli a invitarmi a quella funzione. «Si direbbe che tua madre e tuo padre» proseguì Michele «diano più ascolto alle altre persone che a noi. Da parte nostra, non desisteremo comunque dal tentativo di convincerli a invitarti. Voglio però che tu sappia, Lorna, che la tua presenza a quella messa e le tue preghiere per la liberazione di quelle anime renderebbero certamente tutto più facile, ma che, in buona sostanza, le cose non cambierebbero poi molto. Quand'anche non fossi invitata, potresti pur sempre fare qualcosa in un secondo momento, per cui non ti devi preoccupare.»

Decisi dunque di affidarmi a Michele, e pregai intensamente Dio affinché facesse in modo che io partecipassi alla funzione. Nelle settimane che seguirono, mi stavo accorgendo che i miei genitori mi chiedevano sempre meno spesso di andarli a trovare e anche quando ero da loro, se devo essere onesta, avevo la sensazione che la mia presenza non fosse molto gradita. Gli angeli cercavano di consolarmi, dicendo: «Non prendertela, Lorna. Ricordati che quei due spiriti sono puri, che agiscono spinti esclusivamente dalla volontà di fare del bene, e che il male non li può scalfire. Purtroppo, alcuni amici dei tuoi genitori non sono in grado di capirlo». Gli angeli mi esortavano a vivere la mia vita di moglie e di madre, e di andare a trovare i miei tutte le volte che mi invitavano. Malgrado quelle parole, temevo costantemente che potesse accadere qualcosa di brutto. Avevo paura per quei due bellissimi spiriti, che erano diventati miei amici; avevo paura che qualcuno potesse far loro del male.

Da quel giorno, era trascorsa una settimana (o forse ne erano trascorse anche due), quando mia madre mi chiese se avrebbe potuto contare sul mio aiuto per sbrigare alcuni lavori domestici un po' pesanti. Non mi disse di cosa si trattava, ma io ero felice di avere l'opportunità di stare un po' con lei. Mi chiese inoltre se avrebbero potuto contare anche sull'aiuto di Joe per alcuni lavori di imbiancatura che intendevano fare in alcune stanze della casa; papà stava invecchiando e non era più in grado di sobbarcarsi da solo quell'impegno. Ne parlai con mio marito, che accettò di buon grado.

Quando mi recai a casa dei miei per aiutare la mamma, lei non mi accennò neppure lontanamente alla messa, né tanto meno mi invitò a partecipare. Tuttavia, non potei fare a meno di sorridere quando una sua vicina, un bella signora alta che aveva un bambino molto vivace, venne a bussare alla porta per chiederle come si doveva organizzare con i panini da preparare in previsione della cerimonia della domenica. Per prudenza, mia madre la condusse nel soggiorno, premurandosi di chiudere la porta alle sue spalle. Neppure allora si pronunciò. Più tardi, ci raggiunse un'altra vicina che voleva ricevere qualche indicazione in più sui dolci che stava preparando per la domenica. Anche questa volta, mia madre mantenne il massimo riserbo. Quel giorno, vidi Edward sulla scala. Mi prese una mano per farmi visualizzare come si era conclusa la vicenda sua e di Marie. Lo osservai correre a perdifiato lungo il sentiero di un villaggio immerso nel buio della sera. Su entrambi i lati del percorso, si notava la presenza di diverse case, alcune delle quali avevano le finestre illuminate. Seppi all'istante che Edward voleva raggiungere Marie nel luogo in cui si erano dati appuntamento. Stava per superare il confine del villaggio, quando notai un gruppo di uomini varcare la soglia delle loro case; mi accorsi che brandivano dei bastoni molto pesanti, urlandogli che lo avevano avvertito di non azzardarsi mai più a rivedere quella ragazza. Inorridii perché, fra quegli energumeni, avevo intravisto un uomo massiccio e corpulento che riconobbi essere lo stesso individuo che aveva massacrato a morte Marie. Un angelo mi disse che in quello stesso giorno era morto il bambino, e che qualcuno aveva visto i due innamorati insieme, decidendo così di dar loro una lezione con la complicità di altri compari. Quegli uomini utilizzarono un linguaggio talmente scurrile che non oso ripetere, insultando Edward e Marie con gli epiteti più ingiuriosi, e definendo «bastardo» il loro bambino.

Edward era terrorizzato ma anche furibondo, e per questo motivo reagì, cercando di respingere gli attacchi di quegli uomini che continuavano a massacrarlo di pugni e calci. D'un tratto, vidi che perdeva sangue dalla bocca e dal naso. Tutte le volte che tentava di rialzarsi, veniva travolto da una nuova scarica di pugni e calci. Quegli individui inferociti non facevano che urlare: «Avresti dovuto startene alla larga da quella lì! Non possiamo permettere che i nostri figli muoiano di fame per colpa vostra!». Sapevo con certezza che gli abitanti delle casette limitrofe stavano assistendo a quello spettacolo e sentivano quelle urla disumane, ma nessuno mise piede fuori dalla porta, nessuno volle intervenire per porre fine a quella tragedia.

Edward fu massacrato di botte. D'un tratto, lo vidi stramazzare al suolo privo di sensi. I suoi aggressori girarono sui tacchi, e si allontanarono a passi lenti. Era trascorsa una manciata di minuti quando, all'improvviso, udii qualcuno chiamare il suo nome in tono concitato. Era Daniel che avanzava zoppicando, appoggiandosi a un bastone da passeggio. Presumo che qualcuno lo avesse informato di ciò che era appena accaduto. Si accasciò sulle ginocchia accanto all'amico, lasciando cadere il bastone. Cullandolo fra le braccia, disse: «Che cosa ti hanno fatto?». Edward socchiuse gli occhi, biascicando qualche parola che non si riuscì a decifrare. Consapevole del fatto che quell'aggressione aveva a che vedere con Marie, Daniel soggiunse: «Sì, mi prenderò cura di Marie». Mi si spezzò il cuore nell'udire queste parole, perché sapevo che Marie e il loro bambino erano già morti. Vidi la bellissima anima di Edward abbandonare il corpo esanime, che Daniel continuò a cullare fra le braccia disperato. In quel preciso istante, udii la voce di Marie che chiamava il suo amato e, nel volgere di un breve istante, scorsi quelle due anime strette in un abbraccio. Notai anche le luci provenienti dagli ingressi delle case attigue; le persone osservavano la scena dalla soglia senza proferire parola e senza versare una lacrima.

Edward lasciò la mia mano; per un attimo, mi parve che tutto stesse ancora procedendo al rallentatore; poi l'atmosfera ridivenne normale e mi precipitai al piano di sopra, afferrai la cordicella dell'interruttore della luce del bagno e la tirai. Avevo il fiato grosso al punto che temevo di cadere sul pavimento; mi affrettai quindi a chiudere la porta alle mie spalle e ad aprire il rubinetto dell'acqua fredda per rinfrescarmi il viso. Mi abbandonai sopra la tazza della toilette, piangendo a dirotto e sfogando tutto il mio dolore con Dio e con gli angeli.

Apparve Michele: si chinò davanti a me e mi prese le mani, riuscendo così ad alleviare almeno in parte quella sofferenza che mi stava dilaniando il cuore. «Prega, Lorna» mi disse sollevando la mano destra per asciugarmi le lacrime. Benché fossi scossa dai singhiozzi, vidi alcune lacrime cadere fra le mani di Michele, il quale soggiunse: «Lorna, sappi che perfino le tue lacrime sono preghiere che esplodono in milioni di altre preghiere intrise di luce, speranza e amore». Guardandolo negli occhi, ebbi la percezione che le mie lacrime stessero cominciando ad asciugarsi. Mi sentii pervadere da un senso di calma, mentre Michele mi infondeva una pace celestiale.

«E adesso, Lorna, torna giù da tua madre e finisci di pulire» aggiunse. Obbedii e, seppur con il cuore gonfio di tristezza, raggiunsi la mamma per aiutarla a terminare le pulizie in previsione di quella messa di cui ancora non si parlava. Joe mi raggiunse dopo il lavoro, e aiutò mio padre a imbiancare il soggiorno.

Quella sera, mentre sistemavamo i bambini sui sedili dell'automobile, mi voltai verso mia madre, che in quel momento era ritta sulla soglia, e vidi il suo angelo custode, che appariva come una luce vivida alle sue spalle. In quel preciso istante, ebbi la certezza che gli angeli stessero vegliando su di lei. Un attimo prima di immetterci sulla strada subito dopo aver voltato l'angolo, notai una folta schiera di angeli che circondavano la casa, avvolgendola in una sorta di sfera luminosa. Si erano radunati lì in previsione di quella messa speciale che sarebbe stata celebrata nella serata di domenica.

Mentre eravamo a letto, confidai a Joe dell'amara delusione che mi avevano inflitto i miei genitori, rifiutandosi di invitarmi a quella messa. Lui mi abbracciò, dicendo: «Lo sai come sono fatti. Lo sai che ti hanno quasi sempre escluso da quello che facevano. È da una vita che si comportano così».

«Joe, non è questo che mi preoccupa, ma quella della messa è una faccenda estremamente seria. So bene quanto sia importante quella cerimonia, ma ancora non so bene cosa succederà né tanto meno se io sarò presente. Non sono sicura che riescano a gestire tutto in maniera corretta.» Mio marito pronunciò qualche parola di conforto, e alla fine mi addormentai.

I giorni che seguirono passarono piuttosto lentamente. Non smisi mai di pregare; l'immagine di quei due spiriti si affacciava spesso alla mia mente. Arrivò quella fatidica domenica. Ricordo che la mattina ero andata a sentire la messa nella chiesa del villaggio, e che avevo fatto la Comunione. Sapevo che i miei genitori avrebbero fatto dire la messa a casa loro verso sera. Quella giornata mi era parsa interminabile, e avevo la sensazione di essere avvolta in un'atmosfera nebulosa. Fu Joe a occuparsi di tutto; preparò il pranzo e portò i bambini a fare una passeggiata affinché io potessi concedermi qualche momento di pace. Inutile dire che speravo che mio padre passasse a trovarmi. Ci avrei tenuto molto, ma non si fece vedere. Per quanto intenso fosse il contatto fra me e quei due bellissimi spiriti, non mi fu permesso di viaggiare attraverso la dimensione invisibile per raggiungerli durante la funzione. Era come se tutti volessero tenermi lontana da lì.

Continuai a sentirmi avvolta in quell'atmosfera nebulosa per tutta la sera finché, verso le undici, mi voltai verso Joe, che era disteso sul letto accanto a me, ed esclamai in tono sconvolto: «Quegli spiriti sono ancora nella casa di Leixlip! Non capisco; avrebbero dovuto andarsene subito dopo la messa. Ho paura che qualcosa sia andato storto!». Mio marito mi cinse con un braccio. Credo che gli angeli mi abbiano fatto addormentare subito perché, quando mi risvegliai, era già mattina.

Capitolo 21

L'ultimo viaggio

Nelle primissime settimane che seguirono quell'evento, ci sentivamo tutti confusi e disorientati. Sapevo che quei due spiriti erano ancora nella casa dei miei genitori a Leixlip, poiché continuavo a visualizzarli in modo molto più assiduo rispetto al passato, come se si fossero aggrappati a me. Non smettevo mai di pregare, e mi rivolgevo a Dio implorandolo: «Signore, ti prego, aiutali a essere liberi. Sono certa che ormai hanno fatto tutto quello che dovevano fare! Sono puri. Credo fermamente che tutte le famiglie rimaste coinvolte nelle loro vicende passate siano stati perdonate!». Mentre pregavo, avevo la sensazione di essere colpita da una pioggia di saette, e sentivo le ali degli angeli che mi avvolgevano scompigliandomi i capelli. Sapevo che in mezzo a loro c'era anche l'angelo più importante in assoluto. Quell'angelo non disse mai nulla, se non qualche parola per rassicurarmi in merito al fatto che tutto sarebbe andato per il meglio.

La nostra esistenza proseguiva all'insegna della normalità. Christopher aveva cominciato ad andare a scuola. Erano già trascorse alcune settimane dall'inizio dell'anno scolastico quando, all'alba di un giorno di settembre, mi sollevai di scatto sul letto; all'improvviso, compresi che eravamo giunti alla stretta finale, ovverosia all'ultima tappa del viaggio compiuto da quei due bellissimi spiriti. Quando mi sollevai a sedere sul letto, ebbi la sensazione che le pareti della casetta fossero svanite, permettendo a una foltissima schiera di angeli di assieparsi dentro la stanza. Sorrisero dicendomi che erano venuti ad aiutarmi, infondendomi tutta l'energia di cui avevo bisogno per affrontare il seguito, che si sarebbe rivelato tutt'altro che facile. In cuor mio sapevo che avevano ragione.

Anche quel giorno, sbrigai le solite incombenze; preparai la colazione, accompagnai Christopher a scuola e giocai insieme a Owen con l'unica differenza che, qualunque gesto facessi, non ero realmente presente. Sentivo l'energia della casa di Leixlip, come se la vita cercasse di erompere attraverso i sassi dei muri. Sapevo che quei due spiriti erano in procinto di andare via. D'un tratto, fu come se la casa avesse preso vita, assumendo le sembianze di una mongolfiera che qualcuno stava gonfiando. La mongolfiera si gonfiò e si sgonfiò più volte finché, all'improvviso, si fermò, come se quei due spiriti non fossero più reclusi fra quelle mura. Sentivo la loro energia e sapevo che erano liberi di andare direttamente in Paradiso poiché avevano portato a termine il loro compito. E invece non lo fecero! In realtà, prima di potersi congedare dalla dimensione terrena, li attendeva un ultimo viaggio.

Ebbi la percezione che stessero camminando... molto lentamente. Dio aveva concesso loro il privilegio di provare delle sensazioni, come se fossero di nuovo vivi e ai loro corpi fosse nuovamente concesso di percepire un'ultima volta, a livello fisico, la gioiosa frenesia dell'esistenza umana. Riuscivo a vedere e a sentire tutto quello che stavano sperimentando in quei momenti. Riuscivo a sentire gli sforzi che dovevano fare ogni volta che sollevavano i piedi, ogni volta che piegavano le ginocchia. In un certo senso, era come se i loro corpi fossero una pesante zavorra che dovevano trascinarsi appresso. Faticarono moltissimo ad affrontare quel viaggio poiché, in un certo qual modo, quei corpi non erano più destinati alla dimensione terrena. Ebbi dunque la sensazione che dovessero letteralmente arrancare. Sebbene si trattasse di un compito immane, furono immensamente felici all'idea di potersi sentire ancora una volta delle creature umane.

Durante quel tragitto, avvertivo il loro dolore e la loro sofferenza fisica come se mi appartenessero. Avevo le gambe pesanti e mi sentivo sfinita e a pezzi. Ciononostante, man mano che i due spiriti avanzavano, provavo anche una grande gioia, un grande entusiasmo e una grande voglia di vivere. Piansi per la felicità (e ancora adesso non posso fare a meno di emozionarmi ogni volta che ci ripenso), nell'attimo in cui compresi qual era la meta del loro ultimo viaggio. Stavano venendo a Maynooth. Desideravano venire a farmi visita per ringraziarmi. Fui immensamente onorata per il privilegio che mi era stato concesso di ricevere. Mi sentivo come una bambina a cui era stato promesso un regalo molto speciale. Ero contentissima e non vedevo l'ora che arrivassero. Percepivo ogni loro passo, dal primo momento in cui misero piede fuori dalla casa di Leixlip. Li sentii camminare sul marciapiede dove c'erano i negozi, attraversare il complesso edilizio, i binari della ferrovia e quindi salire sul ponte sopra il canale per poi costeggiare l'argine. Leixlip dista cinque o sei miglia da Maynooth. Potrei continuare per ore, descrivendo ogni filo d'erba che vedevano, ma anche ogni singolo frammento di vita, ogni particella d'aria sfiorata dai loro corpi umani. Ricordo che erano scalzi e che, per questo motivo, percepivano la terra e l'erba sotto i piedi, addirittura fra un dito e l'altro, man mano che avanzavano lungo l'argine del canale. A volte avvertivo addirittura la presenza di qualcosa – forse una foglia – che calpestavano, o di un ramo che graffiava le loro gambe.

A tratti, quando sostavano per concedersi una breve pausa, rimanevano fermi a godere della bellezza che si apriva davanti ai loro occhi. Apprezzavano il fatto di potersi sentire nuovamente individui in carne e ossa, e io con loro, a dispetto dell'enorme fatica fisica che mi derivava da quella condizione. Gioivo sentendo ogni piccola goccia di pioggia che li bagnava, ma anche percependo il calore del sole che risplendeva sui loro corpi, il vento che sferzava i loro volti. Udivo il cinguettio degli uccelli che si avvicinavano a loro. Avvertivo il loro entusiastico apprezzamento dinanzi a tutte quelle piccole cose che noi esseri umani diamo per scontate. Ero elettrizzata al pensiero che avessero affrontato quel viaggio per venire a trovarmi.

Passavano i giorni senza che loro accelerassero il passo su quel tratto di strada lungo cinque o sei miglia. A volte, quando Joe era in casa, gli dicevo: «Sono in viaggio, Joe. Vogliono venire a Maynooth per ringraziarmi. Incredibile, vero? Ormai non sto più nella pelle, e vorrei che fossero già qui!». Da un lato non vedevo l'ora che arrivassero a Maynooth per rivederli un'ultima volta; dall'altro, però, mi commuovevo al pensiero che sarebbe stato un addio definitivo.

Non potevo tuttavia negare che quell'impresa mi stava causando un enorme dispendio di energie a livello fisico. Era trascorsa circa una settimana dall'inizio del loro viaggio quando, un giorno, mi sorpresi a esclamare: «Oh santo cielo, mi sento così a pezzi! Manca ancora molto al loro arrivo? Non ce la faccio più! Sono felicissima di sapere che stanno venendo, però sento che sto per crollare. Dove si trovano adesso?».

Uno degli angeli disposti in cerchio intorno a me disse: «Lorna, sappiamo che ce la puoi fare. Sappiamo che riesci a sentire ogni loro passo e che questo ti logora fisicamente, ma hanno bisogno del tuo sostegno. Puoi farcela e loro avvertono il bisogno irrefrenabile di venire a trovarti. Ci tengono moltissimo a ringraziarti di persona. Ci dispiace per l'estrema lentezza con cui procedono; adesso si trovano lungo il canale, nel punto in cui crescono gli alberi ad alto fusto. Hai presente?».

«Sì, lo so» ribattei. «A volte sento il rumore delle automobili che transitano sulla strada proprio lì vicino. Vorrei solo che arrivassero presto! Ci vorrà ancora molto?» Quando me la prendevo comoda, impiegavo al massimo due ore per percorrere a piedi il tratto di strada che separa Leixlip da Maynooth; loro invece stavano viaggiando da più di una settimana.

«Ancora pochi giorni, forse anche appena un po' di più, ma desideriamo che tu ti riprenda» rispose l'angelo. «Da questo momento in poi, vogliamo che tu pensi costantemente a loro. Ricordati che tutto questo fa parte del loro percorso, ma anche del tuo stesso percorso evolutivo.»

«D'accordo, purché non mi lasciate sola neppure per un attimo» ribattei. «Credo che sia opportuno che mi stiate sempre vicino. So di potercela fare, anche se a volte mi sembra che il mio corpo non sia in grado di reggere un simile impegno. È solo per questo che mi spazientisco e divento insofferente anche con voi. So bene di dover portare a termine questo compito, e so bene che quei due spiriti arriveranno presto. Non vedo l'ora di rivederli.»

Passarono alcuni giorni, e io sapevo che si trovavano ancora lungo l'argine del canale. Nel preciso istante in cui salirono sul ponte di Maynooth, lo percepii molto distintamente! Non avevo dubbi al riguardo, al punto che dissi a Joe: «Lo sai dove sono adesso? Sul ponte di Maynooth! Ormai sono vicinissimi e riesco a visualizzarli!». Erano davvero splendidi. Man mano che si avvicinavano a Maynooth, il loro aspetto diveniva sempre più radioso. Ciononostante, anche dopo che ebbero raggiunto il ponte di Maynooth (che distava pochi passi da casa mia), ci volle comunque qualche giorno prima che giungessero da me. Non dimenticherò mai il catrame calpestato dai loro piedi nudi. Sentii anche il contatto dei sassolini sotto i loro piedi, lungo un altro tratto del vialetto. «Ahi! Che male!» borbottai fra me e me. «Non potreste camminare con un passo un po' più lieve?» Ormai erano vicinissimi. Ero felice e non vedevo l'ora che arrivassero, anche se non pensavo di meritarmelo poiché ero convinta di non aver fatto abbastanza per loro. Ciò non mi impedì comunque di provare un grande entusiasmo.

A volte, in quei lunghi giorni che precedettero l'arrivo dei due spiriti, capitava che Joe mi rivolgesse delle occhiate cariche di preoccupazione. In una di quelle occasioni, mi disse: «Lorna, ti vedo assente». Mi voltai verso di lui, limitandomi a rispondere: «Non vedo come questo sia possibile, dal momento che quei due spiriti stanno per arrivare». Gli avevo parlato del loro viaggio, pur sapendo che lui faticava non poco a comprendermi. Non dimenticherò mai quando mi disse, sempre in quel periodo: «Lorna, a volte non credo di capire tutti i discorsi che fai, ma ci provo perché ti amo». Gli risposi sorridendo: «Lo so. Sappi comunque che io stessa faccio fatica a capire e a dare un senso a tutti questi fenomeni».

Joe era preoccupato per me; continuava a ripetermi che avevo una brutta cera, ma io lo rassicurai spiegandogli che ormai non mancava più molto e che gli angeli vegliavano su di me. Credo che le mie parole abbiano avuto il potere di tranquillizzarlo; in compenso, dissi fra me e me: «Mio caro Joe, non immagini neppure lontanamente gli sforzi sovrumani che sto facendo per sopravvivere!». Sentivo, in effetti, che le mie energie si erano quasi del tutto prosciugate. Ricorderò sempre il giorno del loro arrivo, anche se ho cancellato dalla mente tutto il resto; infatti non saprei dire né che giorno né che ora fosse, né se Joe o i bambini fossero in casa. Tutto ciò che ricordo, e che ricorderò sempre finché avrò vita, è l'incontro con quei due spiriti. Ricordo l'entusiasmo che provai nel rivederli. Avrei tanto voluto correre da loro, ma non mi fu permesso. Li avevo visualizzati, prima mentre passavano accanto alla siepe che delimitava lo spazio prospiciente alle casette che confinavano con la nostra abitazione, e poi mentre si avvicinavano al cancello. Ormai avevo perso la nozione del tempo poiché, per giorni e giorni, non avevo fatto altro che aspettarli. Percepivo ogni cosa e avevo l'impressione che ogni mio respiro diventasse sempre meno affannoso, come se, più si avvicinavano, più la vita tornava a riappropriarsi del mio corpo. Stavo ricominciando a sentirmi viva!

«Lorna, Lorna, Lorna. Siamo qui, Lorna!» Nell'udire le loro voci, mi misi a saltellare per la felicità, mentre le lacrime mi rigavano il volto. Erano fermi davanti al cancello, con un aspetto umano ma al tempo stesso luminoso. Mi stavano chiamando, agitando le braccia in segno di saluto. Corsi fuori dalla porta di ingresso, attraversando precipitosamente il sentiero che conduceva verso il cancelletto, e lo aprii. Mi abbracciarono. Io ridevo e piangevo, mentre loro – per quanto possa sembrare inverosimile – facevano altrettanto. Mi sentivo leggera come quando avevo sedici anni. Ero immensamente felice. Fummo avvolti da una luce, mentre ci abbracciavamo sul sentiero che si snodava all'esterno della casetta. Quell'abbraccio traboccava d'amore. In quel brevissimo istante, erano tornati a essere due individui in carne e ossa che potevo percepire fisicamente. Mi sentii profondamente privilegiata.

Mentre ci abbracciavamo fuori dalla casetta, mi furono improvvisamente chiari i motivi per i quali le cose dovevano andare come sono andate, e riuscii a comprendere tutto ciò che gli angeli mi avevano detto in precedenza riguardo al fatto che io ero la custode delle anime di Edward e Marie. Non era bastata quella messa per liberarli. Io ero la loro custode, anche se non avevo potuto essere lì con loro. Mi rendo conto che è difficile da capire, ma è pur vero che un contatto fra me e loro si era instaurato fin dalla primissima volta che li avevo visti a Mountshannon. Mi era stato affidato il compito di proteggerli.

L'intera vicenda che vi ho raccontato è basata sull'amore – l'amore di Dio, l'amore racchiuso nella mia anima, e l'amore dei due giovani. L'intensità di questo sentimento trascende l'umana comprensione, e trascende perfino l'amore incondizionato. Marie ed Edward avevano deciso di non andare in Paradiso, al quale appartenevano di diritto e dove avrebbero tanto voluto essere, scegliendo invece di rimanere in questo mondo per via dell'amore che nutrivano nei confronti di coloro che li avevano uccisi, nei confronti di coloro che avevano finto di non accorgersi della carneficina che si stava consumando, ma anche nei confronti di tutti i discendenti di quelle persone (intere generazioni che avevano subito le conseguenze del male che si era compiuto). Quelle due anime avevano deciso di rimanere. Non dimenticate che il bambino era morto prima di Marie; ciononostante, lei aveva scelto di non andare, e non soltanto per l'uomo che amava, ma per l'amore che l'aveva spinta a voler cancellare la macchia del peccato a beneficio delle generazioni future. Per me si tratta di un evento che ha dell'incredibile. Non ho mai conosciuto altre anime che si siano comportate in questo modo. L'unica cosa che posso dire è che, nell'arco della loro esistenza, Marie ed Edward devono essere state due persone dall'indole straordinariamente buona.

D'un tratto, mentre eravamo ancora in prossimità del cancello della casetta, fummo circondati da altre anime, quelle dei loro assassini. Queste sembravano diventare sempre più luminose finché, all'improvviso, scomparvero. In un certo qual modo, desideravano ringraziarci per aver cancellato quella macchia dalle anime dei loro discendenti. Sapevo che erano ritornate per chiedere perdono per quello che avevano fatto, ma anche per ringraziarci. Gli angeli mi hanno rivelato che quegli individui si erano pentiti di aver commesso quel delitto ma, per quanto grande fosse il loro rimorso, non avevano potuto far nulla per eliminare la colpa che avrebbe macchiato le anime dei loro discendenti diretti. Affinché ciò potesse accadere, occorreva la pietà di Dio e l'amore di altre anime. Quando mi riferisco ai peccati dei nostri antenati – i padri dei nostri padri – intendo affermare che alcune famiglie possono arrivare al punto di tramandare di generazione in generazione una colpa commessa secoli prima. Quand'anche fossero all'oscuro di quanto è accaduto, celano in loro quella sofferenza profondamente radicata, quella macchia che si è impressa dentro l'anima. Ecco perché tutti noi dovremmo ricordarci di pregare spesso per le anime dei nostri antenati, e di parlare apertamente dei fatti avvenuti nel passato delle nostre famiglie.

Marie ed Edward continuavano ad abbracciarmi fuori dalla casetta. Volevano ringraziarmi e rendermi partecipe della loro gioia per il loro imminente ritorno nella dimora del Padre, in quel Paradiso che avrebbe permesso loro di ricongiungersi al loro bambino dopo quella lunghissima attesa. Benché fossi felice, piangevo perché non avrei mai voluto lasciarli. Per quasi vent'anni, erano state due figure importanti nella mia vita. Edward e Marie facevano di tutto per rassicurarmi, esternandomi la gioia che provavano alla prospettiva di andare in Paradiso, di tornare nella dimora del Padre dove avevano sempre voluto essere. La luce che ci avvolgeva svanì e, d'un tratto, scomparvero. Avevano finalmente raggiunto quel posto meraviglioso, al quale appartenevano.

Mentre sto rievocando questo episodio, sono seduta nel vecchio fienile di Johnstown. Sono trascorsi vent'anni dall'ultima volta che ho visto quelle due anime. Potete dunque immaginare lo choc che ho provato nel trovarmi faccia a faccia con lo spirito di uno degli uomini che avevano partecipato al loro massacro. Non ho mai più rivisto Marie ed Edward, anche se mi capita spesso di pensare a loro. Mi mancano con la stessa intensità con cui mi mancano i miei familiari più stretti che hanno abbandonato la dimensione terrena. Comunico costantemente con Joe, però non sento il bisogno di comunicare con Marie ed Edward.

Fui immensamente grata agli angeli per aver fatto in modo che il pronipote di uno degli assassini della ragazza decidesse di venirmi a trovare. Quel giorno, al fienile, l'uomo mi rivelò molte cose che riguardavano la sua famiglia e la sua vita; accolsi quelle confidenze con enorme sollievo. Mi disse di essere cresciuto in una famiglia molto problematica. Suo padre perdeva sempre il lavoro, poiché veniva puntualmente sorpreso a rubare, e un giorno finì addirittura in prigione. Mi confidò inoltre che buona parte dei membri della sua famiglia – uomini e donne – beveva e litigava in modo violento. Tutti erano così infelici da indurre uno dei suoi zii a ripetere sovente che doveva esserci una sorta di maledizione che aveva portato l'inferno fra quelle mura domestiche.

Mi disse di aver avuto a sua volta una giovinezza turbolenta; da ragazzo, aveva interrotto gli studi molto presto, incontrando enormi difficoltà nel trovare lavoro e soprattutto nel non farsi licenziare. Essendo un bell'uomo, le ragazze gli cadevano ai piedi ma, quando perdeva la pazienza, le picchiava. Le sue relazioni sentimentali non duravano mai troppo a lungo. Adesso, però, la sua vita era cambiata: mi aveva infatti spiegato come, una ventina d'anni prima, il titolare di un'azienda avesse deciso di concedergli un'opportunità, dandogli fiducia. Aveva così fatto una carriera sorprendente. Adesso era felicemente sposato con la donna che lo aveva accompagnato qui a Johnstown, e avevano due bambini sani e forti. Mi confessò di non essere mai stato felice né da bambino né durante gli anni della giovinezza, perché non si era mai soffermato sugli aspetti positivi dell'esistenza, ma ora era in grado di farlo. E aggiunse che anche il rapporto con i suoi fratelli era migliorato.

Ascoltandolo, mi ero resa conto che la svolta avvenuta in quella esistenza risaliva allo stesso periodo in cui mi accingevo a completare insieme a Edward e Marie il processo di purificazione. Mi emozionai moltissimo, scoprendo che la vita di quell'uomo era cambiata nel preciso istante in cui i due spiriti avevano abbandonato la dimensione terrena. Ero consapevole che si trattava di una conseguenza diretta di tutto il lavoro svolto da noi tre.

Fui profondamente grata agli angeli per aver consentito a quella persona di venirmi a trovare, e di fornirmi una prova tangibile del suo cambiamento. E ora so che quel cambiamento non riguardava soltanto lui, ma anche centinaia, se non addirittura migliaia di individui che rappresentavano i discendenti di coloro che furono coinvolti, direttamente o indirettamente, nella morte di Marie, di Edward e del loro bambino.

Il passato non si può cambiare, poiché gli eventi sono già accaduti e dunque non si può fare più nulla per modificarlo. Ciò non toglie che voi possiate pregare per contribuire ad alleviare la sofferenza cagionata da quegli avvenimenti. Gli angeli mi rammentano in continuazione che dobbiamo pregare per i peccati commessi dai padri dei nostri padri. Dobbiamo pregare per la sofferenza che hanno subito, per aiutarli, ma anche per fare in modo che i nostri problemi siano più facili da gestire, poiché gli errori commessi dai nostri antenati possono influenzare la nostra esistenza attuale.

Capitolo 22

C'è qualcuno pronto ad aiutarci

Fin dalla mia più tenera età, gli angeli non avevano mai smesso di ripetermi che avrei scritto un libro. Ricordo un giorno in cui, mentre spingevo il passeggino in cui sedeva Ruth – che all'epoca era piccolissima –, lungo il vialetto attiguo alla casetta, Michele mi fornì qualche dettaglio in più, spiegandomi che gli angeli volevano che scrivessi un testo imperniato su alcune tematiche ben precise. D'un tratto, mi fermai e gli risposi guardandolo negli occhi: «In cuor mio, ho sempre saputo che prima o poi avrei dovuto raccontare le mie esperienze con gli angeli, gli insegnamenti che ho ricevuto da Dio, e tutte le vicende che mi avete permesso di vivere».

Sì, in cuor mio ho sempre saputo che un giorno mi sarebbe stato chiesto di farlo, ma devo ammettere che mi sentivo terrorizzata al solo pensiero di dovermi cimentare in questo compito! Tacqui un breve istante, e poi soggiunsi: «Michele, ho paura che la gente possa ridere di me». Più ci pensavo e più vedevo nuovi ostacoli affacciarsi alla mia mente. «Per non parlare del fatto che a malapena so leggere e scrivere! Mi dici come diamine potrei scrivere un libro?». L'angelo scoppiò a ridere, rassicurandomi che di questo non mi dovevo preoccupare. «Dio sta facendo in modo di mandarti qualcuno ad aiutarti. Saranno gli angeli a guidarli fino alla porta di casa tua. Dio ha già incaricato alcuni angeli di lavorare con questa persona, guidandola, preparandola e aiutandola ad acquisire le competenze necessarie.» Lo guardai e risposi: «Quella persona dovrà certamente acquisire moltissime competenze, perché io non ho la più pallida idea su come si debba fare».

Una volta giunti davanti al cancello della casetta, Michele mi disse con un sorriso amorevole: «Quando verrà il momento, saremo noi ad annunciarti il suo arrivo; sappi che si presenterà davanti alla porta di casa tua».

«È un uomo o una donna?» gli domandai incuriosita.

«Niente domande, Lorna. Dio ha chiesto a quegli angeli di darsi da fare per garantirti tutto l'aiuto necessario.» Scomparve subito dopo aver pronunciato quelle parole.

Gli angeli non mi permisero mai di cancellare dalla mente il pensiero del libro. Erano trascorse due o tre settimane dalla morte di Joe, quando tornarono nuovamente alla carica per rammentarmelo. Stavo cenando fuori con i miei figli quando, d'un tratto, le creature celesti mi bisbigliarono all'orecchio che dovevo sforzarmi di sorridere. Fra le parole che mi avevano sussurrato, mi era rimasto impresso uno strano nome che associai a un'azienda. Mi spiegarono che quello era il nome della casa editrice che avrebbe pubblicato il libro di cui sarei stata l'autrice. Non lo avevo mai sentito, e non riuscii neppure a pronunciarlo. A dire il vero, me ne ero già scordata ancor prima di alzarmi dal tavolo per uscire dal ristorante, ma ero certa che loro lo avrebbero tenuto bene a mente.

Prima che lasciassimo Maynooth, conobbi la persona che gli angeli avevano «incaricato» di aiutarmi, anche se in realtà ci saremmo dedicate alla stesura del libro solo dopo che i lavori di ristrutturazione della casa di Johnstown erano terminati da un pezzo.

Una domenica mattina, sia io che Megan ci eravamo svegliate più tardi del solito, e questo ci impedì di andare ad ascoltare la prima messa. Evidentemente, non era destino e ripiegammo dunque su una delle funzioni previste nelle ore successive. Quando aprii la porta della cameretta di mia figlia, vidi due dei miei angeli seduti sopra il suo letto, intenti a vegliare su di lei. Era un quadretto davvero incantevole. Sorrisi mentre chiedevo loro come mai fossero lì. L'angelo Michele mi disse mentalmente: «Buongiorno». Megan si voltò rimanendo sdraiata supina e farfugliando: «Mamma». Hosus, che dei due angeli era quello che sedeva più vicino alla piccola, si protese in avanti per accarezzarle la testa; lei si agitò leggermente per poi voltarsi dall'altra parte. Lui si portò un dito alle labbra e Megan ripiombò in un sonno profondo. La stanza era inondata dalla loro luce. Recitai silenziosamente una preghiera, chiedendo che a tutti fosse concesso prima o poi di vedere l'incredibile luce degli angeli dentro le loro case.

Michele si alzò in piedi e mi disse, prendendomi le mani: «Lorna, non possiamo trattenerci molto. Siamo venuti per dirti che un uomo che di cognome fa Finbar, e che tuo padre conosceva bene, ti telefonerà per chiederti se potresti ricevere una sua amica, la quale ti chiederà a sua volta di incontrare altre persone. Dopo che le avrai viste tutte, scoprirai che una di loro ha le capacità e le competenze di cui avrai bisogno in futuro». Tacque per un breve istante, e poi soggiunse con un sorriso radioso: «Ne avrai bisogno quando inizierai a scrivere il tuo libro su Dio e sugli angeli». Ma io non volevo neppure pensare lontanamente al grosso lavoro che comporta un impegno del genere.

«Non temere, Lorna» rispose. «Dio ti darà tutta la forza necessaria. E ricorda che potrai contare sulla presenza costante di tutti noi.» Posò nuovamente lo sguardo su di me, e aggiunse: «Smettila di trattenere il fiato. Respira!».

Feci un profondo respiro. «D'accordo. È un uomo o una donna?»

«Aspetta e vedrai» disse. «Adesso sbrigati e aiuta Megan a prepararsi per la prossima messa.» Poi lasciò le mie mani, mentre Hosus si allontanò delicatamente da Megan, dopodiché scomparvero.

Durante la messa che andammo ad ascoltare in tarda mattinata, pregai Dio di infondermi la forza, il coraggio e la fiducia necessari affinché io potessi fare ciò che Lui si aspettava da me: scrivere un libro. Mentre pregavo, Gli chiesi perché avesse scelto una persona normalissima come me, anziché qualcun altro, ma non ricevetti nessuna risposta. Udii soltanto la voce di un angelo che mi bisbigliò all'orecchio: «Dio ha ascoltato la tua preghiera, Lorna».

Erano trascorsi alcuni giorni, quando mi telefonò il signor Finbar per sapere se fossi disposta a ricevere una sua amica. Accettai, e lui mi rispose che quella sua amica avrebbe portato con sé un'altra persona. Concordammo una data e un orario per l'appuntamento, e poi ci salutammo. Solo dopo aver riappeso, mi ero accorta di non avergli chiesto il nome di quelle persone né se la seconda persona fosse un uomo o una donna. Non ci avevo proprio pensato. Sfogai il senso di frustrazione che provavo, esclamando rivolta agli angeli: «Non capisco per quale motivo volete tenermi all'oscuro di tutto!». Ma loro non risposero.

In genere, quando aspettavo la visita di qualcuno che desiderava chiedermi di entrare in contatto con gli angeli, cercavo di organizzarmi per trovare qualcuno che badasse a Megan mentre io ricevevo i miei visitatori. Quel giorno, però, mia figlia non era andata a scuola e non avevo neppure trovato nessuno che potesse badare a lei; per questo motivo, le raccomandai di starsene buona a guardare la televisione, pregando mentalmente gli angeli affinché facessero il possibile per trattenerla davanti al piccolo schermo fintanto che non avessi concluso la seduta.

Mancava poco alle undici, quando l'angelo Elia entrò in cucina dicendo: «Lorna, sono quasi arrivati» per poi scomparire senza che avessi modo di rispondere. Ero elettrizzata, pur sentendomi leggermente in ansia. Quando sentii frenare un'automobile in prossimità del cancello, corsi ad aprire la porta d'ingresso e vidi due donne che scendevano dalla macchina; in quel preciso istante, la luce dei loro angeli custodi divenne più intensa. Mentre si avvicinavano alla porta, notai che uno di quegli angeli aveva ridotto l'intensità del suo bagliore luminoso. La luce dell'altro continuò a rifulgere con molta intensità fino al momento in cui la donna non mise piede nel corridoio per salutarmi. Solo allora, anche quella luce si attenuò. Chiesi mentalmente agli angeli: «Quale di queste signore mi aiuterà a scrivere il libro?». Non mi risposero, perché proprio in quel momento le due donne si presentarono dicendo di chiamarsi rispettivamente Karen e Jean. Jean si sedette nel corridoio, mentre Karen mi seguì in cucina per poter parlare in santa pace.

In un secondo momento, avrei scoperto che Megan aveva fatto qualcosa che faceva solo in rarissime occasioni. Uscì dal soggiorno e andò a sedersi accanto a Jean, facendole un resoconto circostanziato della morte di suo padre; le parlò anche di sua sorella e dei suoi due fratelli. A quanto pare, la donna aveva apprezzato moltissimo la compagnia della piccola durante il mio colloquio con Karen, durato una ventina di minuti. Nel preciso istante in cui Jean entrò in cucina per parlare con me, la luce del suo angelo custode divenne nuovamente intensa. Ho già avuto modo di spiegarvi che, pur essendo delle creature asessuate, gli angeli custodi possono assumere delle fattezze maschili o femminili, in base alle circostanze. L'angelo custode di quella signora era bellissimo e imponente; ben presto, notai che alternava l'aspetto di un uomo a quello di una donna più o meno ogni cinque minuti. Quando assumeva le fattezze di un uomo, appariva straordinariamente vigoroso, ed era avvolto in una tunica di seta cangiante dai toni pastello. Sfiorava la testa di Jean, rivolgendole un sorriso che trasudava un amore e un senso di protezione incredibili. Quando assumeva le fattezze di una donna, diventava di una bellezza ancor più travolgente. Il suo volto era incorniciato da un foulard, mentre ogni singolo frammento della sua sagoma sembrava rifulgere di una luce dorata particolarmente scintillante. L'intera stanza era invasa dalla sua luce. Quando si muoveva, era come se una leggera brezza si increspasse nella luce. Mentre Jean parlava, il suo angelo custode mi disse mentalmente: «È Jean la persona che ti aiuterà, perché possiede alcune delle competenze necessarie. Prima di andarsene, ti chiederà se può rendersi utile in qualche modo a te o alla tua famiglia. Lorna, non esitare a dirle che stai progettando di scrivere un libro, e che saresti felice di poter contare sul suo aiuto».

Tutto si svolse secondo quanto pronosticato dall'angelo. Quando Jean si alzò dalla sedia, accingendosi ad andare via, disse né più né meno ciò che gli angeli mi avevano preannunciato, e mi porse il suo biglietto da visita. Le rivelai le mie intenzioni di scrivere un libro e che sarebbe stato bello poter contare su di lei, ma la risposta che mi diede non era esattamente quella che speravo. Infatti, lei scoppiò a ridere e rispose: «Temo di essere la persona meno adatta; non ho idea di come si scriva un libro né di come si faccia a pubblicarlo». Eppure gli angeli mi avevano assicurato che era lei la persona in grado di aiutarmi, indipendentemente da quello che poteva pensare in questo momento.

* * *

Da quando le avevo proposto di collaborare, ebbi modo di rivedere Jean solo in qualche rara occasione. Ogni tanto ci capitava di prendere un caffè insieme. Non mi ero certo dimenticata di lei, anche perché gli angeli non permisero che accadesse ma, dopo il nostro primissimo incontro, continuò a lavorare come manager a tempo pieno. Poi, come gli angeli mi avevano preannunciato, la sua carriera giunse a una svolta, seppur graduale, che l'avrebbe portata a intraprendere l'attività di consulente free lance.

Nel gennaio del 2004, gli angeli mi dissero di telefonare a Jean. Lo feci, e le domandai se avesse impegni per l'ora di pranzo. Mi rispose di essere libera, visto che una riunione era saltata all'ultimo momento. A quanto pare, gli angeli si erano già messi all'opera. Mentre guidavo per raggiungerla nel luogo che avevamo scelto per il nostro appuntamento, ero tesissima perché mi sentivo a disagio all'idea di chiederle di aiutarmi a scrivere quel libro, ma anche perché temevo che potesse dirmi di no.

Durante il pranzo, parlammo del mio progetto editoriale. Le spiegai che avevo moltissimo materiale inciso su nastro, ma che da sola non sapevo da che parte cominciare. Mi propose di darmi una mano, garantendomi la sua disponibilità per un giorno alla settimana. In quel momento, né lei né io avremmo mai immaginato che ci sarebbero voluti tanti anni prima di vederlo pubblicato. Ma se lo avessimo saputo prima, forse non avrebbe accettato!

Il giovedì seguente, e poi tutti i giovedì che seguirono, Jean partiva da Dublino per raggiungermi a Johnstown, portando con sé il suo notebook. Quello fu l'inizio di un lungo periodo di frequentazione, durante il quale lavorammo sodo. Gran parte del materiale veniva registrato nel fienile a pianterreno. Lavoravo al mattino, quando Megan era a scuola perché, non appena mia figlia rincasava, dovevo dedicarmi completamente a lei. Capitava spesso che gli angeli mi svegliassero nelle primissime ore del mattino, convincendomi a scendere nel fienile, dove scrivevo per una o due ore prima che mi permettessero di tornare in camera mia a dormire ancora un po'.

* * *

Era da poco iniziato il 2005, ed eravamo dunque in pieno inverno quando, approfittando di una bella giornata di sole, mi ero messa a lavorare nel giardino piuttosto incolto, strappando le erbacce e gli steli di erba alta che circondavano le mie bellissime rose canine dai petali rosa e rossi. Sotto quel sole splendente, udii una voce che mi diceva: «Lorna, faresti bene a mettere i guanti». Nel voltarmi, vidi l'angelo Michele che avanzava verso di me, in mezzo all'erba alta. Era in tenuta da giardiniere e reggeva un paio di guanti che mi porse quando mi raggiunse. Ero felicissima. «Ma dove li hai scovati?» gli domandai, infilandomeli subito. Mi rispose di averli trovati nella credenza, sopra la cassetta degli attrezzi.

Il sole riverberò nei suoi occhi, facendoli apparire molto più belli di quanto già non fossero. «Sei venuto a darmi una mano con le rose?» gli chiesi sorridendo. Mi rispose che in realtà era venuto fin qui perché mi doveva parlare; ci dirigemmo quindi verso la vecchia fattoria. Preparai il tè, ne riempii una tazza, e la posai sul tavolo del fienile davanti a lui. Sorrisi, sapendo bene che non poteva berlo.

«Ho paura di non riuscire a trovare un editore disposto a pubblicare il mio libro» gli dissi. Ormai, io e Jean ci stavamo lavorando da quasi un anno. Avevamo accumulato un bel po' di materiale, ma non avevamo idea di come muoverci per farlo pubblicare.

«Di questo non ti devi preoccupare. Ti abbiamo già detto che i libri che scriverai su Dio e sugli angeli diventeranno dei bestseller in tutto il mondo» proseguì Michele. «Ti ricordi il nome della casa editrice?»

Ero imbarazzata, perché lo avevo dimenticato. Ricordo che un angelo me lo aveva comunicato diversi anni prima, ma già allora non riuscivo nemmeno a pronunciarlo; figuriamoci, dunque, se potevo ricordarmelo. Scossi la testa: «Lo sai che ho difficoltà a ricordare i nomi, e che faccio ancor più fatica a pronunciarli. Dopo tanti anni, sto cominciando solo adesso a pronunciare correttamente il nome dell'angelo Elia, dunque fai un po' tu!».

Michele scoppiò a ridere e disse: «Stai tranquilla, Lorna! Jean comprerà un annuario che contiene l'elenco di tutte le case editrici, e quando te lo leggerà, tu riconoscerai il nome dell'editore a cui ti dovrai rivolgere».

«Perché non me lo dici ora?» gli chiesi in tono provocatorio.

«Perché non serve» mi rispose con un sorriso. «L'unica cosa che posso dirti è che l'editor del tuo primo libro si chiama Mark, e che è il migliore in circolazione. Tu pensa solo a scrivere, Lorna. Durante una serata che trascorrerà fuori casa, Jean incontrerà una persona. E quella persona è amica di Mark. Non devi mai smettere di pregare affinché tutte le persone, a cui Dio si sta rivolgendo per sostenere il tuo libro, Gli diano ascolto.» Si alzò dalla sedia, dicendo che doveva andar via. Lo riaccompagnai in giardino e lui scomparve dalla mia vista.

Capitolo 23

L'incontro con Mark

Era trascorso più di un anno dal periodo in cui Jean aveva cominciato a collaborare con me alla stesura del libro, quando un giorno la vidi arrivare reggendo fra le braccia un grosso volume; si trattava dell'*Annuario degli Scrittori e degli Artisti.* La donna mi mostrò un elenco delle case editrici sparse sull'intero territorio britannico e irlandese che, a suo parere, potevano fare al caso nostro, chiedendomi se avessi un'idea riguardo agli editori più interessati a pubblicare il mio lavoro. Ci sedemmo al tavolo, e Jean si mise a sfogliare le pagine dell'annuario, leggendo ad alta voce. Quando lesse «Random House» mi ricordai all'istante che era quello il nome che gli angeli mi avevano indicato a suo tempo, e dunque esclamai: «Eccola! È questa la nostra casa editrice!». Ogni entusiasmo fu però smorzato sul nascere, dopo che lei lesse: «I manoscritti non richiesti saranno cestinati» affrettandosi ad aggiungere: «Fantastico, Lorna, specie tenendo conto di un altro dettaglio "trascurabile": questo è uno dei maggiori colossi editoriali a livello mondiale. Come pensi che potremmo riuscire in questa impresa?». Le dissi che presto avrebbe incontrato una persona che conosceva qualcuno alla Random House. Jean mi guardò con un'aria perplessa. «Dove diamine posso incontrare qualcuno che abbia degli agganci nell'ambiente dell'editoria?» Le risposi di fidarsi delle mie parole e di non preoccuparsi. Le uniche cose che doveva fare era tenere gli occhi bene aperti e ascoltare attentamente quello che le veniva detto, per non rischiare di lasciarsi sfuggire eventuali indizi.

Circa un mese dopo, squillò il telefono in tarda serata: all'altro capo del filo, una Jean più che mai elettrizzata mi disse: «È successo quello che avevi previsto!» raccontandomi di avere incontrato Peter, un suo amico che viveva in Italia. Avevano cenato insieme in un ristorante di Dublino; a un certo punto, furono raggiunti da altre persone che si erano messe a parlare di libri e di case editrici. D'un tratto, la conversazione si concentrò su un agente letterario di Londra che, guarda caso, era un conoscente di Peter. Memore della mia esortazione a tenere gli occhi bene aperti e a drizzare le orecchie per non lasciarsi sfuggire qualche occasione preziosa, Jean chiese a Peter se quell'agente letterario poteva essere interessato a un libro sugli angeli. Per tutta risposta, lui rispose: «No, ma il mio amico Mark, che lavora come editor alla Random House, è affascinato da queste tematiche».

Quella sera, al telefono, Jean era entusiasta. Stentava a credere che le cose si stessero sistemando, e aggiunse che Peter aveva promesso che l'indomani avrebbe scritto un'e-mail a Mark. Quando riappesi, fu tale la gioia che provavo, che mi misi a saltellare ringraziando Dio e gli angeli. Chiesi inoltre all'angelo custode di Peter di fare in modo che non si dimenticasse di scrivere quella e-mail, e all'angelo custode di Mark che si mostrasse aperto e ricettivo.

Peter fu di parola e l'indomani contattò Mark.

Quello però fu solo l'inizio, poiché ci attendeva ancora un lungo cammino da percorrere. In effetti, dopo un primo contatto che Jean ebbe con Mark nell'aprile 2005, sarebbero trascorsi più di tre anni prima che il mio libro fosse pubblicato. Gli angeli non mi dissero mai quanto tempo ci sarebbe voluto. Sono convinta che, se io o Jean avessimo immaginato che ci avremmo impiegato tutto questo tempo, per non parlare del lavoro di cui avremmo dovuto farci carico, avremmo finito con il cedere allo sconforto e magari anche con il gettare la spugna. In quel momento, però, non lo sapevamo e quindi Jean scrisse a Mark inviandogli parte del materiale che avevamo raccolto. Dopo aver manifestato il suo interesse, l'uomo convenne con noi che il primo passo fosse quello di incontrarci. Ci vollero tre mesi, prima che riuscissimo a vederci, ma alla fine ce la facemmo.

E arrivò dunque il giorno fatidico in cui ci saremmo visti tutti e tre a Londra. La sera prima della partenza, mi fermai a dormire da Jean nella sua casa di Dublino, e l'indomani prendemmo un taxi per raggiungere l'aeroporto. Nel preciso istante in cui varcammo l'ingresso dell'aeroporto, vidi un gruppetto di angeli che si era radunato lì per augurarmi buona fortuna, ma anche per farmi sorridere e alleviare l'ansia che provavo al pensiero di incontrare Mark.

Trovo che gli aeroporti siano dei luoghi alquanto strani e caotici; anche per questo, fui lieta che Jean avesse deciso di accompagnarmi. Dopo aver eseguito il check-in ed esserci recate ai punti di controllo di sicurezza, andammo a prenderci un tè. La luce dell'angelo custode di Jean divenne molto intensa e altri angeli apparvero intorno a lei; notai che facevano in modo che rimanesse tranquilla. Infatti, benché si sforzasse di mostrarsi fredda e distaccata, in realtà era tesa e agitata quanto me. Chiesi dunque a quelle creature celesti, che si erano disposte in cerchio intorno a lei, di aiutarla in tutti i modi.

E finalmente arrivammo negli uffici della Random House in uno dei quartieri centrali di Londra. Ci accomodammo in un angolo del salone della reception, in attesa di essere convocate. In alcuni momenti, mi sentivo tremare le ginocchia. Rimasi seduta, sfogliando una rivista e fingendo di leggere. Per tutto quel tempo, non smisi mai di sentire il contatto della mano di un angelo sopra la mia spalla; mi bisbigliò all'orecchio che sarebbe andato tutto bene. All'improvviso, vidi un uomo entrare nel salone e intuii subito che era Mark. La luce del suo angelo custode era lievemente inclinata sopra di lui, creando un effetto armonioso; notai quindi che era attorniato da altri tre angeli. Ebbi l'impressione che fosse una persona piuttosto riservata e dai modi estremamente gentili.

L'uomo ci guidò fino alla mensa, facendoci accomodare in un angolo dove avremmo potuto parlare tranquillamente, senza essere disturbati. Fummo quindi raggiunti da una sua collega che disse di chiamarsi Hannah. Quando ci sedemmo intorno a un tavolino basso, vidi che uno degli angeli di Mark gli bisbigliava in un orecchio; subito dopo, l'uomo disse: «Lorna, prendi un po' di tè» indicandomi anche il cestino di biscotti adagiato sul piano del tavolino. Chiesi mentalmente a quell'angelo: «Pensi che ce la farò a sollevare la tazza senza che mi tremi troppo la mano?». Rispose: «Ti aiuteremo noi; non se ne accorgerà nessuno». Per fortuna fu Jean a introdurre il discorso, risparmiandomi così l'incombenza dei preamboli di rito. Accanto a ognuno dei presenti, sedeva un angelo che annotava tutte le parole che venivano pronunciate dalla persona che gli era stata affidata. Mi fu dunque chiaro che loro tenevano una sorta di registro. Mi rivolsi quindi mentalmente agli angeli di Mark, chiedendo: «Per quale motivo lo fate?». Per tutta risposta, mi esortarono a concentrarmi su di lui, poiché era la persona più importante presente alla riunione, rassicurandomi in merito sia al suo valore come persona sia alla sua grande competenza in qualità di editor. Infine, mi rammentarono di sorridere, cosa che feci all'istante.

D'un tratto, la luce dell'angelo custode di Mark divenne molto intensa, lasciando intravedere la sua sagoma imponente china sopra di lui. Il suo volto era scintillante e levigato. Mi fu concesso di vedere anche i suoi occhi, cosa che non succede spessissimo. Rimasi incantata nel notare la loro immensa profondità, mentre Mark parlava del mio libro. Tuttavia, quando accennò ad altri libri che aveva curato (e occorre sottolineare che ha curato la realizzazione di un'infinità di bestseller di ogni genere), lo sguardo di quell'angelo mutò di colpo, perdendo ogni traccia di profondità. Per certi versi, era come se sapesse che il mio libro rappresentava un compito molto importante. Quella creatura era avvolta in varie tuniche caratterizzate da stili e colori differenti, che mutavano ogni volta che Mark passava a descrivere un altro dei numerosi libri sui quali aveva lavorato, come se a ciascun testo corrispondesse una tunica ben precisa. Quando però Mark accennò al progetto editoriale di *Un angelo tra i capelli*, ebbi l'impressione che il suo angelo custode indossasse tutte le sue tuniche (una sopra l'altra).

Parlammo della mia vita e di come mi fosse stato chiesto di divulgare la saggezza che mi era stata trasmessa da Dio e dagli angeli. Gli rivelai che erano stati proprio loro a informarmi che avrei scritto un bestseller di portata mondiale. Se Mark aveva avuto alcune perplessità riguardo a ciò che gli avevo appena detto, fu certamente abilissimo nel nasconderle; a ogni buon conto, so che, per l'intera durata del nostro colloquio, il suo angelo custode è rimasto costantemente chino su di lui per rassicurarlo.

A giudicare dalla bozza del libro che io e Jean gli avevamo mandato, appariva evidente che il tema conduttore fosse la saggezza degli angeli; avevamo peraltro inserito anche alcuni capitoli che spiegano come entrare in contatto con il proprio angelo custode, e altri capitoli che trattano più diffusamente il tema degli angeli custodi e della morte. L'opera si occupava comunque anche di numerosi altri argomenti. Mark disse che tutte queste tematiche, seppur molto interessanti, non avevano nulla di straordinario. L'elemento, che trovava interessante al punto da fargli prendere in considerazione l'idea di pubblicarlo, era la storia della mia vita.

L'incontro durò circa un'ora, e poi ci salutammo con la promessa di ritornare portando una bozza rivista e corretta. Quando varcammo i cancelli dell'edificio della Random House, gli angeli mi dissero che Mark e Hannah erano in piedi, affacciati alla finestra del loro ufficio, chiedendosi se io fossi una creatura che appartiene al mondo reale!

Ero sfinita ma felice. Avevo la sensazione che fossimo sulla buona strada; inoltre ero certa, anche se Mark non poteva saperlo, che saremmo riuscite a consegnarli un libro che lo avrebbe spinto a volerlo pubblicare, permettendogli così di diventare un bestseller. Gli angeli mi avevano spiegato fin dall'inizio che avrei scritto un libro sulla storia della mia vita, ed era infatti ciò che avevo proposto a Jean in un primo tempo. Tuttavia, dinanzi al suo scetticismo, avevamo optato per la soluzione che aveva proposto lei. Le rammentai questo episodio mentre facevamo uno spuntino in una caffetteria poco distante dalla Random House, commentando l'esito di quell'incontro. Jean ribatté in tono seccato: «È impossibile lavorare con una persona che ha sempre ragione!». So che per un brevissimo istante ebbe la tentazione di picchiarmi, ma la sua rabbia svanì quasi subito, non appena cominciammo a organizzarci per preparare il materiale che Mark ci aveva chiesto.

Megan aveva stretto amicizia con le due figlie dei Murphy, una delle famiglie che vivevano a Johnstown. Una delle bambine era leggermente più piccola di mia figlia, mentre l'altra era di poco più grande. Si trovavano benissimo insieme; i Murphy si erano affezionati molto a Megan, e la portavano sempre con loro in occasione delle gite che organizzavano. La signora Murphy preparava ottimi dolci, al punto che capitava spesso che mia figlia tornasse a casa tutta felice, reggendo fra le mani una torta che quella donna aveva fatto per me.

A me, invece, succedeva piuttosto di rado di avere l'opportunità di portare Megan e le due figlie dei Murphy a fare una gita; un giorno, però, decisi di andare con loro al parco avventura di Carlow, un'area ricreativa che pullula di castelli con animazioni per i bambini, sbarre per arrampicarsi, campi di bowling, e dove vengono spesso organizzate feste di compleanno per i più piccini. Mentre eravamo lì, incontrammo anche alcuni compagni di scuola di Megan in compagnia dei loro genitori. Ne approfittai per chiedere loro di tenere d'occhio le bambine fintanto che io non fossi tornata da un giro di compere nel centro di Carlow.

Avevo appena parcheggiato l'auto, e mi stavo dirigendo a piedi verso i negozi, quando gli angeli richiamarono la mia attenzione su una signora molto elegante, che camminava sul marciapiede opposto. Era una donna di mezza età, e lasciava intuire un'indole forte e volitiva. Accanto a lei, vidi un angelo ancestrale. Penso di avervi già parlato dei vari tipi di angeli, che comprendono gli angeli custodi e gli angeli della guarigione, ma non vi ho mai nominato gli angeli ancestrali, che sono legati ad alcune famiglie ben precise.

Gli angeli ancestrali vengono designati da Dio affinché veglino in eterno su una famiglia senza mai abbandonarla. In realtà, non tutte le famiglie possono contare sulla loro presenza; a onor del vero, solo un nucleo familiare su cento può dire di avere questo privilegio. Gli angeli ancestrali sono immensamente potenti e intervengono nell'ipotesi in cui la famiglia sia minacciata da un pericolo incombente. Il loro potere è di gran lunga maggiore oltre che diverso rispetto a quello degli angeli custodi. Può capitare che un angelo ancestrale vegli su una famiglia dove una o più persone sono destinate a ricoprire un ruolo importante per lo sviluppo del genere umano.

L'angelo ancestrale di quella donna era altissimo e robusto, indossava un'armatura di colore grigio metallizzato, e sembrava essere in assetto da combattimento. Il suo aspetto possente faceva pensare a una vera forza della natura. Non vidi le ali. Mi rivolse uno sguardo inizialmente severo che si era poi stemperato in un sorriso, quasi mi avesse riconosciuto. Attraverso i suoi occhi, percepii la forza che emanava, e mi resi conto che stava accompagnando quella donna in una missione importante per la sua famiglia. A giudicare da quello che mi dissero gli angeli, che si erano disposti in cerchio intorno a me, ebbi la sensazione che incombesse una minaccia sull'azienda di famiglia, e che quella signora avrebbe dovuto lottare molto per salvarla. L'angelo ancestrale non era preoccupato tanto per l'azienda in sé quanto per l'impatto che la perdita di quella azienda avrebbe avuto sull'intera famiglia. Poiché era assolutamente necessario scongiurare un simile rischio, l'angelo ancestrale aveva il compito di fare il possibile per proteggere quelle persone.

Vidi quella donna solo per pochi brevi istanti. Dal momento in cui girò l'angolo, non ebbi più modo di rincontrarla, perciò non saprei dire se sia riuscita nel suo intento oppure no. Tirai dritto e, dopo aver sbrigato le mie commissioni, feci ritorno al parco di divertimenti.

Mi sedetti a osservare i bambini impegnati in una partita di bowling a dieci birilli. In quel momento non c'era nessun adulto che si stesse cimentando in questo gioco; pur amando molto il bowling, non me la sentii di giocare perché la pista era particolarmente affollata. Fu allora che mi sorpresi a riflettere sugli angeli ancestrali. Mi era già capitato di vederli quando ero molto piccola; con il passare degli anni, Michele mi avrebbe fornito delle indicazioni sempre più precise riguardo ai compiti che vengono loro affidati. Essi agiscono su vari fronti; possono operare all'interno di una famiglia per influire su un evento che accadrà nel futuro; possono collaborare con gli spiriti dei suoi congiunti trapassati che hanno vissuto anche secoli o addirittura millenni prima. Si danno un gran daffare anche se ci sono dei contrasti all'interno della famiglia. Come ho già avuto modo di spiegare, gli angeli ancestrali non agiscono necessariamente con tutti i membri della famiglia in ugual misura. Potrebbero dunque agire con alcuni, se non addirittura con uno solo di un'unica generazione; in tal caso, il loro intervento potrebbe anche essere circoscritto a uno o due giorni nell'intero arco della vita di quella persona. A onor del vero, potrebbero anche non agire con nessuno dei congiunti appartenenti a una generazione ben precisa. A prescindere dagli eventi, gli angeli ancestrali non abbandonano quella famiglia, e vegliano su di lei.

Ricordo un episodio della mia infanzia in cui, durante una passeggiata in aperta campagna, avevo visto un angelo ancestrale accanto a un uomo e a suo figlio. Il padre teneva per mano il piccolo, che doveva avere avuto cinque o sei anni. L'angelo sembrava indossare una scintillante armatura di colore rosso. Neppure in quel caso, vidi le ali di quella creatura celeste che, malgrado il suo aspetto possente e vigoroso, comunicava una maggior soavità rispetto a quella che avrei visto molti anni dopo a Carlow. Avevo intuito che quell'angelo ancestrale era lì per il figlio ma non per il padre. Avevo inoltre percepito che, per alcune questioni familiari non meglio precisate, era stato deciso che il bambino andasse a vivere a casa di una zia che non si era mai sposata. Il motivo alla base di tale decisione non mi fu rivelato; non si può escludere che fosse una famiglia molto numerosa, e che i genitori avessero dunque difficoltà ad allevare tutti i loro figli. L'angelo si stava prodigando affinché quel bambino non venisse affidato alla zia, consentendogli invece di rimanere con la sua famiglia d'origine. Per certi versi, era come se dovesse venire «plasmato» all'interno di quel nucleo familiare, nella prospettiva di un compito al quale avrebbe dovuto assolvere in futuro; se fosse andato a vivere altrove, tale opportunità gli sarebbe stata preclusa.

Gli angeli ancestrali sono chiamati a operare all'interno di nuclei familiari destinati progressivamente ad ampliarsi. Man mano che le famiglie si espandono nel corso delle generazioni, il filo che collega una generazione all'altra può essere tenue, ma permane in ogni caso. Spesso gli angeli ancestrali creano una sorta di ponte fra alcune persone consanguinee le quali, tuttavia, non sanno di esserlo. Va da sé che essi utilizzeranno questo collegamento per favorire una svolta a fin di bene. L'angelo Michele mi ha spiegato l'importanza che riveste un nucleo familiare esteso, sottolineando inoltre come sia fondamentale che le famiglie si sforzino di rimanere unite, senza mai guardare dall'alto al basso eventuali altri loro congiunti, crogiolandosi nella convinzione che siano troppo ignoranti, troppo poveri e comunque inferiori. Le famiglie, che hanno ormai acquisito parecchie generazioni, vanno soggette a numerosi alti e bassi, specie a livello intergenerazionale; gli angeli ancestrali hanno il compito di lavorare con loro per aiutarle a ripianare questi dissidi. Michele mi ha anche spiegato che gli angeli ancestrali non rivelano mai i loro nomi, neppure alle famiglie stesse e, a differenza di quanto avviene per il nome del vostro angelo custode, che vi è dato conoscere nel più profondo dell'anima (anche se non sapete di conoscerlo!), è impossibile che possiate intuire il nome del vostro angelo ancestrale, ammesso che ne abbiate uno. Se mai qualcuno dovesse rivelarvelo, sappiate che quella persona non dice la verità.

Una volta Michele mi mostrò un gruppo di angeli ancestrali stretti gli uni agli altri e disposti in cerchio sulla cima di un piccolo colle nella contea di Meath, che dista circa cinquanta miglia da Dublino. Quegli angeli conversavano fra loro ed emanavano una luce particolarmente vivida. Avevano tutti le ali, che in quel momento erano parzialmente aperte. La forma delle armature che indossavano variava leggermente da un angelo all'altro; personalmente, sono convinta che l'armatura simboleggiasse una caratteristica riguardante ogni singolo nucleo familiare. Posso dire con certezza che ogni angelo ancestrale brandiva diverse armi, anche se non mi fu concesso di avvicinarmi abbastanza per vedere di che tipo fossero. D'un tratto, smisero di parlare e si voltarono verso di me, scrutandomi con severa attenzione, finché sorrisero. Non mi era stato consentito di comunicare con loro che, all'improvviso, scomparvero. Michele non mi disse né cosa stessero facendo né tanto meno per quale motivo li avessi visti.

Non si può escludere che facciate parte di una famiglia sulla quale veglia un angelo ancestrale, ma ricordate che si tratta di un privilegio riservato solo a una famiglia su cento. Poiché il vostro angelo custode lo sa, non esitate a chiederglielo; se siete convinti di avere un angelo ancestrale, potrete invocare il suo aiuto per eventuali problematiche legate alla famiglia.

Non era trascorso molto tempo dal mio primo incontro con Mark, quando ricevetti in dono da una mia amica (generosissima!) un notebook provvisto di comandi vocali, che mi permettevano di registrare il materiale destinato alla stesura del libro. Mi vidi comunque costretta a dover fare numerose esercitazioni, per fare in modo che il computer riconoscesse la mia voce. Non fu facile, dal momento che in certi momenti il timbro della nostra voce cambia, ma questo sistema permetteva a Jean di lavorare più in fretta e più facilmente di quanto non richiedessero le registrazioni su nastro e le relative sbobinature. A volte, capitava che il notebook «captasse» in modo errato quello che dicevo, facendomi perdere la pazienza e spingendomi a sfogare la mia irritazione contro gli angeli. A dire il vero, ci sono molte parole che fatico a pronunciare correttamente; si tratta dunque di un mio limite, ragion per cui sarebbe ingiusto far ricadere la colpa sulla tecnologia o su altri.

Spesso, quando lavoravo, il fienile si riempiva di angeli che cercavano di convincermi a concedermi una pausa. Per tutta risposta, li invitavo ad andarsene spiegando loro che dovevo necessariamente portarmi avanti con il lavoro. Ma loro rimanevano e tentavano di distrarmi apparendo sul monitor del computer e facendo mille smorfie, tirandomi i capelli o spostandomi la sedia. Insistevano fintanto che io non capitolavo prorompendo in una risata liberatoria e decidendo quindi di concedermi una pausa, magari anche uscendo a fare una breve passeggiata. C'erano giorni nei quali non mi permettevano di scrivere neppure una riga; evidentemente, Dio e gli angeli ritenevano più opportuno chiedermi di dedicarmi ad altre attività.

Quell'estate, Jean trascorse un'intera settimana da noi, per preparare la seconda bozza da consegnare a Mark. Megan era sempre felicissima tutte le volte che la ospitavamo a casa nostra. Jean si alzava sempre presto, mentre io mi svegliavo verso le nove; quando scendevo al piano di sotto e aprivo la porta di accesso al fienile, lei era già alle prese con la sbobinatura e la correzione dei testi trascritti. C'erano sempre moltissimi angeli che le tenevano compagnia. La prima cosa che notavo, quando aprivo la porta e scrutavo all'interno del fienile, erano le folte schiere di angeli bianchi chini sui tipici banchi di scuola di una volta, collocati sul lato opposto del salone. Erano impegnatissimi a scrivere, intingendo i pennini nei loro calamai. Tutte le mattine, un angelo sempre diverso sollevava lo sguardo verso di me e accennava un saluto con la mano. A quel punto, tutti cominciavano a girare le pagine ancora intonse, muovendosi in sincronia seppur molto lentamente, per poi ricominciare a scrivere.

Jean lavorava sempre con il suo notebook seduta alla mia sinistra intorno a un tavolo di legno massiccio, in prossimità della porta della cucina. Il suo angelo custode permette a questi bellissimi angeli di garantirle tutto l'aiuto di cui ha bisogno. Intorno al tavolo c'erano anche altri esseri celesti che l'aiutavano a non sentirsi stanca o insofferente. Alla sinistra di Jean, sedeva un altro angelo che digitava sulla tastiera di un notebook; è un dettaglio che finora non le ho mai rivelato. Tutte le volte che lei elaborava il materiale destinato al mio libro, quell'angelo era immancabilmente vicino a lei. Sorrido sempre agli angeli che le stanno accanto, illuminati dal bagliore che emana il suo angelo custode, il quale fa di tutto per far sì che ogni cosa proceda senza eccessivi intoppi.

Infine, nel marzo 2006, a nove mesi di distanza dal nostro primo incontro, Mark presentò agli altri membri della redazione la bozza del mio lavoro. In quei giorni, pregai molto intensamente. Pur sapendo che il libro avrebbe dovuto essere pubblicato da Random House, ero ben consapevole che, per poter ricevere l'approvazione del comitato editoriale, era necessario che altre persone dessero ascolto ai loro angeli custodi e dicessero di sì. La riunione andò bene. Mark raccontò a Jean che altre persone avevano chiesto di vedere la bozza del libro. Era trascorsa più o meno una settimana, quando una sera Jean mi telefonò per dirmi che aveva ricevuto un'e-mail di Mark contenente una proposta formale di pubblicazione. Ero fuori di me dalla gioia. Finalmente, quel progetto si sarebbe realizzato. Avrebbero pubblicato l'opera, che gli angeli mi avevano chiesto di scrivere oltre vent'anni prima.

Capitolo 24

Una ripida scala per il Paradiso

In alcuni momenti, io e Jean ci sedevamo a discutere tutti gli aspetti riguardanti la stesura e la pubblicazione del libro, ma anche i passi successivi relativi al lancio dell'opera. A volte, ci scontravamo con una serie di problemi pratici (secondo Jean, dovrei chiamarle sfide!). So per certo comunque che senza l'aiuto degli angeli quelle problematiche avrebbero assunto delle proporzioni ben peggiori, e per questo motivo non finirò mai di ringraziarli.

Non passa giorno senza che io chieda a quelle creature di darci una mano in modo che i miei libri finiscano fra le mani di un grandissimo numero di persone in ogni angolo del mondo, aiutandomi a svolgere al meglio il mio compito di diffondere il messaggio di Dio e il loro. Chiedo agli angeli di parlare con gli angeli custodi di tutte quelle persone, affinché ci diano una mano. E ancor oggi non posso fare a meno di sorprendermi di quanta gente di tutte le età e di tutte le nazionalità, che lavora nei settori più disparati, mi offra il proprio aiuto senza aspettarsi nulla in cambio, mossa soltanto dal desiderio di collaborare. Tutti coloro che hanno contribuito a diffondere la parola di Dio e degli angeli sono stati scelti. L'unico mio rammarico è che alcuni hanno preferito non dare loro ascolto.

Era un luminoso mattino d'estate, quando decisi di concedermi una pausa dal mio lavoro di scrittura, e di fare una passeggiata fino a Mount Juliet, camminando lungo l'argine del fiume. Avevo già percorso un tratto del sentiero che costeggia quel bellissimo corso d'acqua quando, d'un tratto, mi sentii sfiorare il braccio da un angelo che mi disse di dirigermi verso gli alberi, poiché laggiù c'era qualcuno che mi stava aspettando. Mi aprii dunque un varco in mezzo ai cespugli e ai rovi che sorgevano in prossimità dell'argine, per poi mettermi a sedere sopra il ramo di un albero ricurvo che si protendeva fino al terreno.

Volsi lo sguardo a destra non appena sentii gridare il mio nome. Balzai in piedi elettrizzata, accorgendomi che era l'angelo Elisha. Anche in quella circostanza, mi apparve come una creatura fatta di piume luminescenti. Il nostro ultimo incontro risaliva a sei anni prima; in quell'occasione, mi aveva detto che Dio voleva che mi trasferissi a Johnstown con Megan. Fu allora che gridai il suo nome.

«Rimettiti comoda, Lorna. Verrò io a sedermi vicino a te» mi disse. Scrutai il ramo, notando però che non c'era abbastanza spazio. Captando questo mio pensiero, lui sorrise e, mentre si sedeva, mi parve all'improvviso che ci fosse tantissimo margine.

Elisha esordì, dicendo: «Mi sembra che sia passata un'eternità dall'ultima volta in cui ti ho visto, Lorna». Tacque per un breve istante, e poi soggiunse: «Mi hanno parlato molto di te e del libro che stai scrivendo sugli angeli. La strada è ancora lunga e dovrai lavorare sodo. So che a volte ti senti delusa quando ti diciamo che potrai contare sull'aiuto di alcune persone, salvo poi scoprire che questo non accade. Sappi comunque che noi le esortiamo costantemente. Sai benissimo, però, che non possiamo obbligarle con la forza. In virtù del libero arbitrio di cui dispongono, spetta a loro decidere se accettare oppure no; ricordati poi che a volte non ascoltano neppure quello che diciamo. Quando questo accade, non devi sentirti delusa, Lorna. Troveremo qualcun altro disposto a collaborare. Adesso riprendi la tua passeggiata, e non dimenticarti di sorridere».

Mi alzai da quel ramo per salutarlo. D'un tratto, mentre camminavo, mi fermai scrutando brevemente il paesaggio che mi ero lasciata dietro le spalle, e vidi che l'angelo Elisha era ancora seduto sulla sponda del fiume. Accennò un saluto con la mano; ricambiai quel saluto e poi mi rimisi in cammino finché non ebbi raggiunto il sentiero.

* * *

Una sera, Megan rientrò tutta elettrizzata dopo essere stata a giocare a casa di una sua amica. Sei settimane prima, la cagnetta di questa bambina aveva partorito e adesso la sua famiglia era alla ricerca di alcune persone serie e corrette, alle quali affidare i cuccioli. Mia figlia mi supplicò di lasciargliene prendere uno. Io non le nascosi le mie perplessità dinanzi a una simile richiesta, spiegandole inoltre il grandissimo impegno che comportava la presenza di un animale, al quale non avrebbe mai dovuto far mancare il suo amore e le sue attenzioni. Ciononostante, lei non volle sentire ragioni. Benché fossi convinta che dovesse comprendere meglio il principio della responsabilità, in cuor mio ero elettrizzata all'idea di avere un cucciolo per casa. Ho sempre amato i cani. Negli anni della mia infanzia, pur essendomi capitato più volte di avere degli animali domestici, non ebbi comunque mai l'opportunità di tenere un cane. Fra i regali che io e Joe ricevemmo per il nostro matrimonio, c'era anche un cucciolo di pastore alsaziano di nome Heidi, che visse fino all'età di tredici anni. In seguito, abbiamo avuto un incrocio collie di nome Trixie, che però era morto per le conseguenze di un calcio ricevuto da una mucca. Per quanto amassimo i cani, io e mio marito decidemmo di comune accordo di non prenderne altri. Ormai, lui era afflitto da gravi problemi di salute, e avevamo dunque già abbastanza incombenze e preoccupazioni.

Megan convenne con me sulla necessità di dover aspettare ancora qualche giorno prima di decidere cosa fare, anche se lei non smise di correre da un capo all'altro della casa, facendo mille preparativi come se avesse avuto la certezza che quel progetto sarebbe andato in porto. Era riuscita a scovare un vecchio lenzuolo e uno scatolone da utilizzare come cuccia; come se non bastasse, un giorno, mentre eravamo al supermercato, mi annunciò che Ruth le aveva dato i soldi per comprare una palla con cui il cane avrebbe potuto giocare. A quel punto, mi apparve evidente che ormai era cosa fatta e che sarebbe stato inutile anche solo tentare di opporre una debole resistenza. Perciò l'indomani, verso l'ora di pranzo, salimmo in macchina per recarci dalla sua amica. Megan varcò di corsa la soglia di casa e non la vidi più, mentre la madre della bambina si affacciò sulla porta, invitandomi a entrare a prendere un tè. D'un tratto, mia figlia mise piede in cucina reggendo fra le braccia un cucciolo dal manto bianco e nero. La donna mi disse che era un incrocio fra un cane pastore e uno springer spaniel. Andammo sul retro della cucina per vedere gli altri cuccioli, anche se Megan continuò a stringere fra le braccia quel cagnetto. Mezz'ora dopo, rincasammo in tre. Era arrivato Sapphire (zaffiro, n.d.t.).

Sapphire era molto socievole e giocherellone, e anche questo è il motivo per il quale io e Megan ci affezionammo subito a lui; oltretutto, mia figlia tenne fede alla sua parola, badando a quell'animale in modo encomiabile. Mi è sempre piaciuto camminare all'aperto e Sapphire mi aveva offerto un pretesto più che valido per fare delle lunghissime passeggiate nei dintorni di Johnstown.

Ogni tanto, mi capitava di ospitare anche Mano, il fidanzato tedesco di Jean, nelle occasioni in cui la accompagnava a Johnstown. Quell'uomo adorava camminare insieme a Megan e a Sapphire, approfittandone anche per cercare di insegnargli a ubbidire agli ordini, seppur con scarso successo. Sapphire era un cane pieno di energia e con un'indole molto indipendente. Ormai mi ero accorta che tutte le piccole gioie della vita quotidiana, la possibilità di stringere nuove amicizie, di avere un cagnolino tutto per sé, di vivere in una casa accogliente e intrisa di calore umano stavano aiutando Megan a superare il dolore per la perdita di suo padre. Io stessa stavo cominciando a riassaporare il gusto della vita.

All'inizio del 2008, un mese prima che il libro venisse pubblicato, mi fu chiesto di recarmi a Londra, presso gli uffici della Random House, per incontrare i responsabili commerciali e del marketing oltre ad alcuni membri dello staff dirigenziale coinvolti nel lancio. Io e Jean eravamo sedute al tavolino di un bar dell'aeroporto di Dublino; avevamo deciso di prendere un caffè in attesa di imbarcarci. Le confidai di sentirmi molto in ansia, anche perché non avevo troppa dimestichezza con le riunioni. Mentre pronunciavo queste parole, il suo cellulare emise un beep per segnalare l'arrivo di un sms. Lei rise, leggendo ad alta voce il messaggio di Mark, nel quale era scritto che alcuni responsabili commerciali desideravano incontrarmi nell'ambito di una riunione collettiva, poiché la prospettiva di trovarsi a tu per tu con me li faceva stare troppo in ansia. A quel punto, scoppiai a ridere, prendendo semplicemente atto che *tutti* noi eravamo agitati.

Quel giorno incontrai anche Charlotte, una bravissima redattrice. Ci trovammo nel salone della reception, e da lì prendemmo l'ascensore per raggiungere l'ufficio di Mark. Detesto gli ascensori; tutte le volte che li prendo, mi si contorce la pancia e provo un senso di stordimento. A ogni buon conto, quell'ascensore era stipato di angeli, al punto che non riuscivo a capacitarmi di come facessero a starci. Non smisi mai per un attimo di comunicare mentalmente con loro. D'un tratto, dissi loro che non sentivo più i piedi; mi risposero di non preoccuparmi, poiché quella sensazione era dovuta al fatto che loro mi avevano sollevato, reggendomi fra le braccia. Una volta usciti, percorremmo il piccolo corridoio fino all'ufficio di Mark che era invaso dalla luce degli angeli. Quella luce era così intensa, che mi aveva quasi accecato costringendomi a fissare il pavimento per un breve istante. Sorrisi notando che il campo energetico di Mark emanava dei bagliori scintillanti tutte le volte che lo guardavo.

Terminata la riunione, che andò benissimo, Mark invitò me e Jean a pranzo. Nel pomeriggio, ebbi l'opportunità di parlare a quattr'occhi con lui nel suo ufficio. Fu così che conobbi i suoi tre bellissimi angeli, oltre naturalmente al suo angelo custode, il quale li aveva per così dire convocati per aiutarlo a vivere la vita manifestando appieno le sue potenzialità. Alla sinistra di Mark, vidi un primo angelo che stava prendendo appunti; di quando in quando, si sedeva alla scrivania. Il secondo angelo era alla sua destra, mentre il terzo, ritto di fronte a lui, sembrava compenetrare Mark, guidandolo verso la buona strada. Per tutto il tempo in cui durò il colloquio, quell'angelo mi parlò incessantemente di lui e della sua vita; lo pregai comunque di non rivelarmi troppi segreti sul suo conto.

Il primo angelo aveva assunto le fattezze di una bellissima donna alta e snella. Il suo compito era quello di insegnare a quell'uomo a godersi la vita e a non assumere un atteggiamento troppo serioso. Il secondo angelo aveva l'aspetto di un uomo non più giovanissimo, vestito come un sacerdote vecchio stampo. Il suo compito era quello di trasmettere a Mark la conoscenza, per aiutarlo a svolgere come si deve il suo lavoro di editor e di autore. Il terzo angelo aveva assunto delle sembianze maschili, che comunicavano l'idea di una grande forza, complici anche l'alta statura e l'atteggiamento di stampo marziale, a dispetto dei lunghi capelli ricci. Era avvolto in una tunica dorata, con una spada infilata di sbieco nella cintura, sul lato posteriore del busto. In certi momenti, reggeva fra le braccia intere cataste di libri. Non avevano nulla a che vedere con i libri di lettura ai quali siamo abituati; si trattava piuttosto di libri che illustravano un'enorme quantità di sentieri. Tutte le volte che incontravo Mark, notavo la presenza di quei tre angeli accanto a lui. Prima di salutarci, volle regalarmi alcuni libri per Megan e per Ruth. Ne fui felice, poiché ero certa che li avrebbero apprezzati moltissimo.

Quella sera stessa, ci imbarcammo su un volo che ci avrebbe ricondotte a casa. Eravamo stanchissime ma contente. Ognuno stava facendo la sua parte, e tutto stava andando nella giusta direzione.

Un giorno, mi ero messa a sfaccendare per casa, sbrigando i lavori domestici di routine. A un certo punto, decisi di concedermi una pausa e uscii a fare una passeggiata. Gli angeli si stavano prodigando per compiere il miracolo di trasformare il mio libro nel bestseller internazionale che sarebbe diventato, almeno a giudicare da quello che mi ripetevano ormai da tempo immemorabile.

Vidi l'angelo Amen, ritto davanti allo steccato di un campo. Fui felicissima di rincontrarlo. Per tutta risposta, mi chiese di seguirlo. Feci come mi aveva detto, e percorremmo un tratto del sentiero sostando in prossimità di un grosso albero secolare. Amen si protese in avanti e mi prese una mano; in quel preciso istante apparve una scala, il cui primo gradino era posto sul manto erboso, che si estendeva vicino a noi, dando l'impressione di salire all'infinito. D'un tratto, ci trovammo sopra, anche se non ricordo di esserci salita. Era ripida, molto più ripida di tutte le scale per il Paradiso che avevo visto prima di allora, benché a tratti si allargasse ed era luminosissima. Di quando in quando, intravedevo il riflesso della mia sagoma e quella dell'angelo Amen, mentre salivamo i gradini tenendoci per mano. La scala s'incurvava in diversi punti, presidiati da un buon numero di angeli molto alti, che fungevano da sentinelle. Benché sembrasse davvero infinita, non mi sentivo affatto stanca né avvertivo la fatica. All'improvviso, l'angelo Amen disse: «Fermati. Siamo arrivati». In quel preciso istante, ebbi l'impressione che il resto dei gradini fosse svanito nel nulla. Non c'erano porte né pavimenti, né tanto meno altri oggetti che potessimo ritrovare nella vita quotidiana. Entrammo quindi in un immenso spazio aperto stipato di angeli; mi accorsi che passavo attraverso i loro corpi, compenetrandoli. Era come se quella schiera di creature celesti non avesse mai fine.

D'un tratto, rientrai dentro il mio corpo, sotto l'albero di Johnstown. Accanto a me non c'era nessuno. Non ho mai avuto l'opportunità di chiedere all'angelo Amen per quale motivo mi avesse fatto salire su quella scala insieme a lui. L'unica cosa che posso supporre è che desiderasse infondermi coraggio e sostegno.

Capitolo 25

Gli angeli che riuniscono gli americani

Non dimenticherò mai la prima volta che ho visto una copia del mio libro. Accadde una domenica mattina, mentre io e Jean eravamo sull'aereo che ci avrebbe condotte a New York, dove Mark si trovava già da diversi giorni per fissare degli appuntamenti con vari editori, ai quali intendeva proporre il mio lavoro. Alla fine, riuscimmo ad aggiudicarci l'offerta più vantaggiosa, dopo aver ristretto la rosa dei potenziali candidati a due dei più importanti colossi editoriali degli Stati Uniti! Questa era la nostra seconda trasferta americana, che facevamo nell'arco di un solo mese. Se penso che prima della stesura di *Un angelo tra i capelli* non avevo praticamente mai messo piede fuori dall'Irlanda ora, con tutti questi spostamenti, cominciavo a sentirmi una viaggiatrice nel vero senso della parola. Il fatto poi che Jean abbia alle spalle una solida carriera a livello internazionale, che l'ha resa avvezza agli spostamenti da un capo all'altro del pianeta, mi facilita notevolmente le cose.

L'aereo aveva appena completato la fase di decollo, quando Jean mi rivolse un sorriso radioso, dicendomi che aveva un regalo per me. Aprì la borsa e tirò fuori una copia di *Un angelo tra i capelli.* Rimasi sbalordita. Non ci potevo credere! Sapevo che la pubblicazione era ormai imminente, ma ancora non pensavo di poter stringere fra le mani una copia del mio libro, e certamente non su quell'aereo. Accarezzai la copertina e scorsi rapidamente le pagine. Ero sul punto di scoppiare a ridere, tanto era entusiasta. Intorno a noi, si era radunato uno stuolo di angeli che cantilenava soavemente: «Un angelo tra i capelli... Un angelo tra i capelli». Io e Jean leggemmo ad alta voce tutte le parole stampate sulla copertina. Continuavo a ridere di cuore. Lessi i nomi delle persone che avevano contribuito alla realizzazione di quel lavoro, e ringraziai mentalmente tutti coloro che avevano avuto il coraggio di darmi fiducia quando ero ancora una perfetta sconosciuta. Lessi i ringraziamenti e la dedica «Ai miei figli» che avevo scelto. Volli sapere da Jean quando aveva ricevuto quella copia, rimproverandola bonariamente per la sua decisione di averla tenuta ben nascosta in borsa. Per quale motivo non me l'aveva mostrata quando ci siamo incontrate davanti all'ingresso dell'aeroporto? Lei mi disse ridendo che l'aveva ricevuta soltanto lo scorso venerdì, e che sabato non ci eravamo viste, ragion per cui le sarebbe stato materialmente impossibile farmela avere. Aggiunse quindi che la fase successiva al decollo le era parso il momento più opportuno per mostrarmelo, per non parlare del fatto che, in questo modo, avrei avuto molto tempo a disposizione per pregustare il successo che mi attendeva. In effetti, non pensai a nient'altro per tutte le sette ore del volo.

Restammo a New York soltanto tre giorni, nel corso dei quali fummo perlopiù assorbite dai nostri impegni professionali, anche se ci fu concesso di ritagliarci una mezza giornata tutta per noi, durante la quale Jean mi fece visitare il Metropolitan Museum. Quando misi piede nel salone principale di quell'enorme edificio, vidi molte persone – ma anche molti angeli – che mi sorrisero, sembrandomi felici di vedermi lì. Visitammo diverse sale, dopodiché Jean mi fece strada verso un ampio cortile inondato di luce. Benché l'impressione fosse quella di essere all'aria aperta, in realtà quello spazio era sovrastato da un tetto. Non appena rientrammo nel museo, intuii subito che qualcosa non andava. Provavo una fortissima sensazione di disagio, pur ignorandone le ragioni. Era una sensazione così intensa, che gli angeli disposti in cerchio intorno a me furono costretti a intervenire per sorreggermi. Se non fosse stato per loro, è assai probabile che sarei stramazzata al suolo.

Al centro del salone, troneggiava un imponente edificio che risaliva a un'epoca antichissima. Jean mi spiegò che si trattava del tempio di Dendur, che era stato portato in America dall'Egitto. Non avendo notato il mio disagio, si allontanò per ammirare alcune opere in solitudine. Ancora non mi capacitavo dei motivi che avevano scatenato il mio malessere. Mi guardai attorno, ma non riuscivo a percepire nessuna nota stonata. Salii alcuni gradini del tempio, e attraversai una delle sue arcate, sostando quindi davanti a due pilastri massicci. Per tutto il tempo in cui rimasi lì, l'atmosfera divenne immobile, avvolta nel silenzio. D'un tratto, fu come se i numerosi visitatori, che assiepavano quell'ala del museo, fossero momentaneamente svaniti nel nulla. Quei pilastri massicci sembravano slanciarsi verso l'alto fino a sfiorare il cielo; all'improvviso, in mezzo a quelle due colonne apparve una porta che si apriva verso l'interno. Feci un respiro profondo e scrutai dentro il salone, notando la presenza di un angelo gigantesco che presidiava l'ingresso. Era altissimo, snello e, strano a dirsi, dalle fattezze spigolose o, per meglio dire, appuntite. In effetti, la sua testa era proprio appuntita, anche se queste caratteristiche non toglievano nulla alla sua bellezza. La sua tunica di colore scuro era drappeggiata intorno al corpo, coprendogli il busto e le gambe. Non vedevo le ali. Spesso, quando mi appare un angelo, noto i movimenti che increspano gli indumenti che lo avvolgono. In questo caso, la sua tunica era rimasta perfettamente immobile.

Mi chiamò per nome. Aveva una voce sottilissima, come se giungesse da molto lontano, benché il tono comunicasse vigore e autorevolezza. Avvertivo una pressione all'altezza del torace, come se mi avesse colpito con violenza. Mi disse che il Tempio di Dendur non avrebbe dovuto trovarsi lì, poiché era stato sottratto dai suoi luoghi d'origine. Dopo che ebbe pronunciato queste parole, indietreggiai di un passo e percorsi il salone con lo sguardo. Rimasi stupita per lo spettacolo che si stagliò davanti ai miei occhi. Vidi alcuni spiriti, che appartenevano all'epoca dell'antico Egitto, intenti ad aggirarsi per il salone e per il tempio. Erano attorniati da un drappello di angeli: uno di loro mi rivelò che, da vivi, molte di quelle anime erano solite raccogliersi in adorazione all'interno del tempio. Mi sorpresi ancor di più nel notare gli spiriti di alcuni individui di nazionalità americana, che sembravano volessero riparare ad alcuni torti commessi, cercando per esempio di proteggere quel luogo sacro dall'assalto della folla, e di impedir loro di toccare alcuni oggetti per non profanarli. Quelle anime di epoche diverse stavano attorniando i turisti e i visitatori. Era come se la loro presenza consentisse di farli indietreggiare o di non spingerli a toccare ciò che non dovevano. Per certi versi, era come se volessero indurli a trattare il tempio con maggior rispetto.

Mi voltai nuovamente a osservare quell'angelo molto alto, il quale mi disse che il motivo della sua presenza era dovuto alla necessità che aveva di comunicarmi un messaggio da parte dell'angelo della nazione egiziana. Era un messaggio tanto semplice quanto lapidario: «Questo tempio non appartiene all'America. Deve essere riportato in Egitto». Fui assalita dalla nausea, sentendomi svuotata e priva di forze; volevo sedermi, ma gli angeli mi dissero che non potevo. Vidi alcune persone accovacciate in prossimità di un fossato, che scorreva intorno al tempio, e chiesi ai miei angeli se potevo andare a sistemarmi vicino a loro; mi risposero di no. Infine, li pregai di rintracciare Jean per comunicarle che era giunto il momento di lasciare quell'orribile salone. Credo che mi abbiano dato ascolto, poiché la vidi arrivare subito dopo, proponendomi di andare a prenderci un tè in una caffetteria poco distante. Fui dunque libera di andarmene da lì, non senza provare un immenso sollievo.

Prima di raggiungere la caffetteria, entrai a rinfrescarmi nella toilette delle donne. Chiusi la porta e domandai all'angelo Michele di spiegarmi il significato di ciò che avevo visto e del messaggio che mi aveva comunicato quell'angelo. Mi rispose che, quando le radici di una nazione vengono strappate e trapiantate in un altro Paese, si generano dei forti squilibri. Tali squilibri si ripercuotono quindi sul resto del mondo. L'angelo della nazione Eegiziana desiderava che il tempio fosse restituito per contribuire a una coesione fra i Paesi che circondano l'Egitto. (Quando sarà il momento, vi fornirò qualche indicazione in più sugli angeli delle nazioni. Per il momento, vi basti sapere che sono creature molto speciali e molto potenti, designate da Dio per salvaguardare le esigenze di ciascun Paese.) Poiché non capivo cosa intendesse dire, l'angelo Michele mi fornì qualche dettaglio un po' più circostanziato. Mi disse che quel tempio, ma anche altri tesori, che si trovano attualmente in altri Paesi, dovrebbero essere restituiti all'Egitto. È necessario che all'Egitto e ai Paesi limitrofi vengano restituiti i loro patrimoni – testimonianza del loro glorioso passato –, per metterli nella condizione di comprendere e apprezzare in modo più profondo il valore delle loro civiltà. Questa presa di coscienza permetterà di colmare le distanze fra i vari Paesi, favorendo il processo di pace in Medio Oriente. Michele mi ha spiegato che il popolo egiziano deve potersi riappropriare del suo passato per aprirsi al futuro. In seguito, gli angeli mi dissero che il tempio che avevo visto all'interno del museo – il tempio di Dendur – sarà restituito all'Egitto, senza però specificare quando.

Gli americani non hanno bisogno di fregiarsi del passato altrui, per richiamare l'attenzione sulla loro civiltà. Appartengono a una razza diversa, più evoluta sotto molti punti di vista, frutto di un miscuglio di nazionalità diverse. È necessario che l'America dia prova di autorevolezza, restituendo di sua spontanea iniziativa quel tempio egizio, rivelando così l'indipendenza e la forza della sua razza. Gli americani costituiscono un popolo eletto, anche se so bene che una simile affermazione susciterà il disappunto di molti altri popoli. Sono stati scelti e riuniti da una schiera di angeli che ha sprigionato un'energia potentissima e molto speciale, che ha permesso di attirarli su quel territorio da ogni angolo del pianeta. In un certo senso, è lecito affermare che le persone, che sono andate in America, facevano parte di una compagine di eletti comprendente anche coloro che vi sono stati deportati in regime di schiavitù, per quanto inverosimile possa sembrare. Gli angeli non hanno mai smesso di far confluire in questo continente moltissime persone delle nazionalità più disparate, per contribuire a realizzare il destino dell'umanità. Ecco perché mi è stato chiesto di designare queste creature speciali con l'appellativo di angeli che riuniscono gli americani.

Gli angeli che riuniscono gli americani hanno un aspetto che non passa certo inosservato. Li vidi per la prima volta qui in Irlanda, quando ero piccola. In America, ne ho incontrati moltissimi. Tutte le volte che li incontro, mi appaiono immancabilmente con le fattezze di guerrieri di sesso maschile. Indossano un'armatura che copre anche le loro gambe; è un'armatura argentea, che presenta una sfumatura scura simile a quella del peltro. All'altezza del torace, si trova un grosso pennacchio, sistemato a mo' di scudo. Su quel pennacchio blu scuro si intravede un altro motivo, che però non saprei descrivere. I guerrieri portano una bandana sulla fronte, che scompare fra i capelli. Mi sembra che tutti loro abbiano i capelli scuri, seppur di varie lunghezze, mai però oltre le spalle – perlomeno a giudicare da quello che ho visto. Ce ne sono alcuni che sono provvisti di ali. Come ho già avuto modo di spiegare, questi angeli speciali sono stati creati da Dio allo scopo di riunire le anime per l'America. Non saprei indicare con esattezza il momento in cui Dio li ha creati; posso tuttavia affermare senza tema di smentita che svolgevano quel compito ben prima che Cristoforo Colombo scoprisse questo continente. Gli angeli che riuniscono gli americani furono creati tutti nello stesso momento e, a differenza della maggior parte delle entità angeliche, sono sempre presenti sulla Terra. Tanto per citare un esempio, è raro che gli angeli custodi facciano ritorno sul nostro pianeta dopo aver riaccompagnato in Paradiso l'anima che era stata loro affidata. Gli angeli della guarigione, gli angeli maestri e gli angeli della preghiera scendono dal Paradiso nell'ipotesi in cui la loro presenza risulti indispensabile, per poi farvi ritorno non appena il loro compito si è esaurito.

Di questa nuova razza fanno parte anche gli Indiani d'America. I popoli che furono scelti per raggiungere questo continente, attraversando l'oceano a bordo di navi, non avevano capito che gli Indiani d'America costituivano parte integrante del nuovo mondo. Gli angeli mi hanno rivelato di essersi prodigati con tutte le loro forze per impedirne il massacro; ciononostante, a volte gli esseri umani sono abilissimi nel provocare autentiche carneficine. Tendenzialmente, pensiamo di essere superiori ad altre razze, non ultima quella degli Indiani d'America, che in passato hanno sofferto le pene dell'inferno, e che tuttora vengono emarginati. Urge modificare un simile atteggiamento. Gli Indiani d'America devono essere integrati al resto della popolazione. Hanno una spiritualità diversa, che risulta comunque imprescindibile ai fini dell'evoluzione del genere umano, affinché l'anima e il corpo diventino una cosa sola.

Michele e Hosus mi hanno anche spiegato i meccanismi alla base della schiavitù. Al di là delle apparenze a dir poco bieche e cruente, ha avuto un ruolo chiave nel processo di integrazione fra i popoli che risultavano più idonei alla creazione della nuova razza che si sarebbe delineata nel Nuovo Mondo in cui venivano condotti. I mercanti di schiavi non si erano mai accorti di essere stati «usati» volutamente per condurre in America le persone che erano state scelte, ma che diversamente non avrebbero mai raggiunto quel territorio. Tutto ciò faceva parte del sentiero che l'America era chiamata a percorrere. A ogni buon conto, non lo si deve considerare un pretesto per legittimare la decisione di ridurre in schiavitù un proprio simile, usurpandolo della libertà o della dignità, frustandolo o facendolo lavorare fino allo stremo delle sue forze. Eppure, per quanto terribile possa sembrare, tutto ciò faceva parte del percorso di quelle persone. E sono proprio quelle persone e i loro discendenti a costituire quell'elemento vitale che ha permesso all'America di diventare ciò che è e ciò che sarà. Il futuro dell'umanità prenderà le mosse dall'America. Le decisioni formulate in America avranno un effetto cruciale sull'evoluzione del genere umano. Questo spiega perché l'America è l'unico Paese al mondo a beneficiare del supporto di questi angeli speciali.

Capitolo 26

Gli angeli festeggiano insieme a me

Jean mi disse che a suo parere era importante che io festeggiassi la pubblicazione di *Un angelo tra i capelli*. Dubito, però, che fosse consapevole dell'enorme disagio che mi suscitava una simile ipotesi. Sta di fatto, comunque, che da quel giorno gli angeli non smisero per un attimo di darmi il tormento, sussurrandomi all'orecchio che avrei dovuto organizzare una festa per il lancio del libro. Per tutta risposta, li invitavo ad andarsene e a lasciarmi in pace.

Un giorno, sentii bussare alla finestra della vecchia fattoria; era l'angelo Kaphas.

«E tu cosa ci fai qui?» gli chiesi dirigendomi verso la porta. Ritto sulla soglia, mi guardò rivolgendomi un sorriso radioso.

«Lorna, non serve che tu mi venga ad aprire. Sai benissimo che, se voglio, posso entrare comunque!»

Sorrisi a mia volta, dicendo: «Perdonami, ma non ci ho proprio pensato.» A ogni suo movimento, udivo il suono melodioso di quella musica che lui è solito irradiare e che, anche quella volta, ebbe il potere di rincuorarmi e rilassarmi. Nel frattempo, mi incoraggiò a organizzare una festa per il lancio del mio libro, rassicurandomi in merito al fatto che si sarebbe rivelata un successone e che io mi sarei divertita moltissimo, a dispetto dei timori che mi attanagliavano.

«Essendo una persona molto timida e riservata, quella prospettiva mi fa stare in ansia» gli dissi. «Anche perché non saprei né cosa dire né come comportarmi con le altre persone.»

«Lorna, hai lavorato così tanto e così duramente, che adesso è giusto che tu festeggi» replicò lui. «E anche noi angeli ce lo meritiamo: in fin dei conti, è pur sempre il nostro libro!»

Come avrei potuto negare agli angeli una simile opportunità? «Allora accetto, ma solo perché anche voi siete coinvolti nei festeggiamenti!» L'angelo Kaphas scomparve, lasciando come sempre che quella melodia svanisse a poco a poco insieme a lui.

Fu così che Jean organizzò una festa a Carton House, un'antica dimora del Settecento alle porte di Maynooth, che attualmente è stata trasformata in albergo. Come «location» interna, la scelta era caduta su un bellissimo salone antico che si affacciava su un roseto, alle cui spalle si estendeva un campo da golf. Il soffitto era impreziosito da una serie di deliziosi affreschi, sui quali erano riprodotti diversi angeli in uno stile elegante e ricercato, decisamente consono all'occasione. Avevo invitato tutti coloro che avevano contribuito alla realizzazione del libro. Devo dire che, anche in quella circostanza, potei contare sull'aiuto di tantissime persone, che si erano offerte spontaneamente di mettersi a disposizione nei modi più impensati, senza chiedere di essere ricompensate in cambio dei loro favori. Stentavo a credere che dei perfetti sconosciuti fossero pronti a darmi una mano senza pensarci due volte. Posso solo ringraziare Dio e gli angeli per avermeli mandati, poiché, senza il supporto prezioso di tutta quella gente, non ce l'avrei mai fatta. Ancora adesso, ci sono tante persone sparse in ogni angolo del mondo, che si fanno avanti di loro spontanea volontà, per manifestarmi la loro intenzione di contribuire a diffondere il messaggio di *Un angelo tra i capelli*.

Quando arrivò il giorno fatidico del lancio del libro, non vi nascondo che ero terrorizzata. Gli angeli non smisero un attimo di accarezzarmi per impedirmi di tremare. Ruth era passata da me per sistemarmi i capelli, aiutandomi anche a truccarmi e a vestirmi. La tensione che provavo non si allentò neppure quando mi disse che avevo un aspetto magnifico. Nell'attimo in cui varcai con Megan la soglia del salone allestito per la festa, vidi che erano già arrivati moltissimi ospiti. Io mi muovevo piuttosto intimidita da un capo all'altro, per salutare e dare il benvenuto a tutte le persone presenti. Ero lì da poco, quando fui raggiunta da mia madre. Fino all'ultimo momento, non sapevo se avrei potuto contare sulla sua presenza. Era molto elegante e non nascose di sentirsi molto fiera di me.

In men che non si dica, il salone divenne affollatissimo (non mi sto riferendo alle persone bensì agli angeli). Ogni volta che ci ripenso, non posso reprimere un sorriso, soprattutto nel rievocare i momenti in cui gli angeli mimavano tutte le azioni degli ospiti presenti in sala. D'un tratto, improvvisarono perfino una danza al ritmo della musica che un violinista stava suonando in un angolino. Notai inoltre che aiutavano persino le persone a rilassarsi e a mettersi a loro agio – evidentemente, non ero l'unica a sentirmi tesa. Si erano dimostrati abilissimi nel far sì che l'atmosfera rimanesse leggera e piacevole. Anche Christopher, Owen, Ruth e Megan mi diedero una mano, mescolandosi fra gli ospiti per assicurarsi che tutti fossero contenti e che nessuno si sentisse poco considerato.

A un certo punto, sentii alcuni colpetti sopra un microfono e una voce che mi invitò a raggiungere Jean e Mark in prossimità dell'enorme caminetto. Mi precipitai lì, sistemandomi alla loro sinistra. Conservo ancora nitido il ricordo di Jean che stringeva il microfono, felicissima nel sapere che in fondo era valsa la pena sacrificarsi per quell'impegno durato tanti anni, visto il risultato finale. Era come se irradiasse tutta la gioia e l'entusiasmo che provava per il raggiungimento di quel traguardo. Non l'avevo mai vista così soddisfatta ed ero molto fiera di lei. Mentre parlava, la luce dell'angelo custode ritto alle sue spalle divenne particolarmente intensa. Notai anche altri angeli intorno a lei, che pronunciavano silenziosamente le parole del suo discorso.

Poi fu il turno di Mark che pronunciò un breve discorso di ringraziamento. Come era accaduto anche per Jean, la luce del suo angelo custode divenne molto intensa e gli angeli dai quali era attorniato mimavano i suoi gesti. Di quando in quando, uno di loro sollevava lo sguardo su di me, dicendo: «Sì, Lorna, sta parlando di te». Effettivamente, mi sembrava impossibile che tutte le parole di encomio fossero destinate proprio a me.

Quando Mark terminò il suo discorso, Megan mi porse un enorme mazzo di fiori. Non sapevo più cosa dire, perché ero completamente sopraffatta dall'emozione. Mi limitai a ringraziare tutti: a cominciare da Dio, senza trascurare gli angeli e tutti coloro che non mi avevano mai fatto mancare il loro sostegno.

Esauriti i discorsi di rito, furono scattate alcune foto. Conservo tuttora il ricordo di un angelo che, armato di carta e penna come un giornalista, mi soffiò un bacio dal palmo della mano. Ridacchiai, senza riuscire a nascondere quel lieve imbarazzo che provavo per essere al centro di tanta attenzione. Prima di allora, non mi era mai accaduto che qualcuno organizzasse una festa in mio onore. Ammetto di essermi sentita stordita e nello stesso tempo entusiasta per quell'atmosfera che trovavo un tantino surreale. Fu comunque una serata fantastica e assolutamente indimenticabile.

Capitolo 27

Pellegrinaggio alla Mecca

Era trascorso circa un mese dal lancio del libro, quando registrai la mia primissima intervista presso un'emittente televisiva di Dublino. Ero terrorizzata all'idea di essere ripresa da una telecamera, e supplicai gli angeli di aiutarmi a mantenere la calma. Anche se loro mi ripetevano in continuazione che non avevo nulla da temere, mi sentivo in ansia. Trattandosi di un programma che andava in onda in diretta nella fascia mattutina, saremmo dovute arrivare di buon'ora presso gli studi televisivi. Per questo motivo, avevo dormito a casa di Jean in modo da poterci recare insieme a quell'appuntamento con largo anticipo. In effetti, giungemmo sul posto ben prima dell'orario concordato, e Jean insistette per fare colazione insieme in una caffetteria poco distante da lì. Se devo essere sincera, mi sentivo i nervi a fior di pelle, ma in qualche modo riuscii a mandar giù un boccone.

Non ricordo nulla di quell'intervista se non di aver chiesto agli angeli di fare in modo che io smettessi di tremare di paura. Credo che mi abbiano ascoltato, dal momento che Jean mi disse che me l'ero cavata egregiamente e che sembravo molto disinvolta.

Finita l'intervista, tornai con lei a casa sua per sbrigare qualche altra incombenza, e poi decidemmo di concederci un buon pranzo al ristorante. Mentre eravamo sedute al tavolo di un delizioso ristorante nel centro di Dublino, con vista sul fiume Liffey, Jean mi domandò fra una portata e l'altra se mi fosse già capitato di visitare la biblioteca Chester Beatty. Quando le risposi che non ne avevo mai sentito parlare, mi spiegò che, più che di una biblioteca, si trattava di un museo dove era peraltro allestita una bellissima mostra permanente di oggetti e libri sacri appartenenti alle tradizioni religiose di tutto il mondo. Alcuni dei pezzi esposti risalivano a epoche antichissime. Terminammo di pranzare, e andammo a visitare il museo: devo ammettere che ne valse davvero la pena.

Mentre ci stavamo dirigendo verso l'edificio che ospitava il museo, vidi un intenso bagliore rifulgere in lontananza. Intuii all'istante che si trattava di un angelo gigantesco che presidiava l'ingresso. Attraversammo un prato e quindi varcammo la soglia del museo che, complice la bella giornata e l'orario, era molto affollato. Precedevo Jean di qualche passo, poiché la mia attenzione era stata catturata da quell'angelo. D'un tratto, mi sentii afferrare una mano: provai un tale spavento, che andai a sbattere contro un signore proveniente dalla direzione opposta. Non mi ero accorta che l'angelo Michele mi si era avvicinato. Mentre varcavo l'ingresso del museo, salutai quell'angelo che indossava un'armatura e sembrava essere il custode della biblioteca. Ebbi anche modo di accorgermi che, quando si metteva di fronte a un aspirante visitatore, quest'ultimo cambiava idea all'improvviso e rinunciava a entrare.

Salimmo al piano di sopra – mentre Michele continuava a tenermi per mano –, e poi passammo attraverso alcune porte girevoli. La luce all'interno di quei saloni era piuttosto fioca. Ricordo lo stupore che provai nel prendere atto che si trattava di un luogo sacro. In tutta onestà, non me lo sarei mai aspettato.

Man mano che avanzavo all'interno di quel salone scarsamente illuminato, avevo l'impressione di muovermi a ritroso nel tempo, come se qualcuno mi stesse sradicando da un luogo per collocarmi in un'altra dimensione. Ero consapevole che la mia anima fosse proiettata verso l'esterno, mentre il mio corpo diventava sempre più leggero. Gli angeli di Dio cinsero la mia anima nel loro abbraccio avvolgente, facendomi entrare in uno stato meditativo. D'un tratto, avevo capito per quale motivo Michele mi teneva la mano: la sua presenza serviva a far sì che le funzioni vitali del mio corpo fossero preservate nella loro integrità, permettendomi così di rimanere in uno stato di coscienza vigile. Grazie a lui, potevo aggirarmi fra i diversi oggetti esposti, e addirittura sorridere e parlare ogni volta che dovevo farlo, al punto che Jean non aveva notato nulla di strano nel mio comportamento. Quando le manifestai il mio desiderio di aggirarmi da sola all'interno degli spazi nei quali erano allestite le mostre, non ebbe nulla da ridire consentendomi di muovermi liberamente. Ciò non toglie che, malgrado il mio aspetto normale, lo stato nel quale mi trovavo fosse decisamente anomalo. Michele non fiatava, neppure quando gli rivolgevo delle domande o lamentavo la mia presunta incapacità di affrontare questa situazione. Quando camminavo, la mia anima mi precedeva all'esterno del corpo. D'un tratto, mi ritrovai in prossimità di un grande schermo sul quale veniva proiettato un documentario su un pellegrinaggio islamico; c'erano migliaia di persone vestite di bianco, intente a pregare. Gli angeli illuminavano lo schermo che si espandeva sempre più, riempiendo tutto lo spazio che si estendeva dinanzi a me.

La mia anima fu avvolta da un bagliore luminoso e condotta a livello sottile in quella dimensione spazio-temporale. Finii così per essere circondata da tante persone che pregavano, mentre la forza delle loro preghiere intensificava il campo di elettricità intorno a me. Io facevo parte di quelle preghiere che venivano ascoltate da Dio. Ero consapevole del fatto che il mio corpo si aggirava per la biblioteca, benché non percepissi nessun contatto; ciò non mi impediva comunque di osservare la mia anima in mezzo agli altri pellegrini.

Un angelo mi rivelò che quel luogo si chiamava La Mecca. Vedevo la luce degli angeli custodi di ciascun pellegrino rifulgere con grande intensità. Riuscivo anche a scorgere la presenza di milioni di altri angeli. Nessuno prega in totale solitudine, poiché gli angeli custodi, ma anche altri angeli, si uniscono alla persona che si raccoglie in preghiera. Questo spiega perché avevo visto milioni e milioni di angeli. Possiamo anche chiedere alle creature celesti di unirsi a noi mentre preghiamo, rafforzando così l'intensità delle invocazioni che rivolgiamo a Dio. Ogni tanto qualcuno mi domanda se sia giusto rivolgere le proprie preghiere agli angeli. Per quanto mi riguarda, *prego* Dio e *parlo* con gli angeli, chiedendo loro di aiutarmi e di unirsi a me nelle preghiere che rivolgo a Dio.

Mentre i pellegrini erano raccolti in preghiera, osservavo i loro angeli custodi che prendevano le parole delle suppliche per affidarle a uno dei milioni di angeli lì presenti, affinché le portassero al cospetto di Dio in Paradiso. Gli angeli che portano le nostre preghiere in Paradiso sono noti con l'appellativo di angeli della preghiera. Non mi appaiono con sembianze umane, e la loro luce è in qualche modo diversa rispetto a quella di altri angeli. Salgono verso l'alto e poi svaniscono, lasciando una scia alle loro spalle. Si muovono con estrema rapidità, quasi fossero parte integrante di una corrente senza fine. Un angelo fa salire ogni singola preghiera (o pensiero devoto) verso l'alto.

La corrente di angeli intenti a portare le preghiere in Paradiso era infinita e non si interruppe mai neppure per un secondo. Il potere e la gloria dello spettacolo al quale stavo assistendo erano indescrivibili. Il potere della preghiera può far muovere questo nostro mondo in direzione della pace, in direzione dell'unità, in direzione di una realtà migliore. Quei musulmani stavano lodando Dio, pregando per ciò che loro ritenevano giusto. E le loro preghiere venivano ascoltate.

Non smisi mai per un attimo di scorgere la mia anima in mezzo a quella folla di fedeli intenti a tessere le lodi di Dio. D'un tratto, vidi la mia anima protendersi in avanti per toccare la Pietra Nera. Dagli abissi della mia anima, scaturì un grido, una preghiera per l'unità, un'invocazione affinché tutte le religioni accettassero di confluire in un'unica compagine spirituale. Immaginate di vedere tutte le religioni del mondo che si uniscono nel nome di un unico principio che le accomuna, cosa peraltro ritenuta più che legittima dalla mia stessa anima. Immaginate di vedere le persone che professano altre fedi unirsi in preghiera ai pellegrini della Mecca. Questo è uno dei tanti scenari futuri ipotizzabili per l'umanità, che mi è stato concesso di visualizzare. Ne esistono anche altri destinati a sfociare nel caos, ma è questo il futuro che auspico con tutto il cuore e per il quale prego, un futuro in cui gli uomini vivranno in pace, lottando insieme per una sorte migliore a beneficio del nostro pianeta.

Mentre contemplavo quello spettacolo, il mio corpo fisico cominciò a percepire l'amore di Dio, fino a esserne sopraffatto. D'un tratto, mi apparve un bagliore luminoso e io fui riproiettata nel presente. Lo schermo ritornò alle sue dimensioni normali e io mi ritrovai avvolta nella luce fioca della biblioteca. Avrei tanto voluto urlare «No!», perché non volevo che quella visione svanisse nel nulla. La mia anima si stava beando di quell'atmosfera intrisa di fervente preghiera e nel preciso istante in cui rientrò dentro il corpo, ricominciai a sentirmi viva, avvertendo il contatto della mano di Michele stretta nella mia. Michele mi fece voltare, e io mi allontanai lentamente dallo schermo, sentendomi un pochino più forte passo dopo passo. Sentivo di nuovo i piedi che toccavano terra, e ridivenni consapevole della presenza di altre persone intorno a me. Fino a quel momento, fu come se avessi potuto avere quello spazio tutto per me. Nel volgere di qualche istante, Jean mi raggiunse proponendomi di andare. Io mi limitai ad annuire con un sorriso. Lei mi fece strada, e io la seguii. Mentre uscivo dalla biblioteca insieme all'angelo Michele che continuava a tenermi per mano, il bellissimo angelo che presidiava l'ingresso mi salutò con un cenno del capo. Jean, totalmente ignara di quanto era accaduto, mi salutò e io mi diressi da sola verso la fermata dell'autobus. Poiché avvertivo l'esigenza di sedermi per un attimo, decisi di entrare in una caffetteria. Quando varcai la soglia, l'angelo Michele mi disse che doveva andarsene. Il contatto della sua mano svanì lentamente mentre lo ringraziavo. D'un tratto, non lo vidi più.

Mi sedetti a un tavolino, riflettendo sull'esperienza che avevo appena vissuto. Da sempre, gli angeli mi ripetevano che la fede religiosa di appartenenza non riveste un ruolo così determinante. La verità è che le forze del male creano delle divisioni fra i vari culti religiosi, insinuando negli adepti la convinzione che il loro credo sia superiore a quello degli altri. Dio e gli angeli mi hanno spiegato che esistono molte scale che salgono verso il Paradiso, e che nessuna religione controlla l'accesso alla dimensione celeste.

Capitolo 28

Neonati e bambini con una luce speciale

Benché fossi riuscita a rendere abbastanza accogliente la casa di Johnstown, devo riconoscere che i capanni degli attrezzi e il giardino lasciavano ancora molto a desiderare. Ogni tanto cercavo di rimettere ordine, seppur con scarso successo.

Era trascorso poco tempo dalla pubblicazione del libro, quando un giorno decisi di dare una sistemata. D'un tratto, mi apparve l'angelo Michele chiedendomi: «Vuoi una mano?».

Ero felice di rivederlo e lo salutai rispondendo: «Se mi aiuti, mi fai solo un favore!».

Replicò con un sorriso: «Lorna, voglio parlarti dell'angelo Gabriele».

Lo guardai stupita. Fino a quel momento, Michele non aveva mai nominato l'angelo Gabriele, che avevo peraltro incontrato solo in rarissime occasioni. La prima volta che lo vidi avevo più o meno cinque anni e abitavo nel sobborgo di Old Kilmainham alle porte di Dublino. Quel giorno stavo giocando con la mia amica Josie nel vecchio garage di suo padre. A dire il vero, tutti lo chiamavano garage sebbene fosse un enorme cortile pieno di carcasse di automobili accatastate in prossimità del retro. Sul lato antistante, era stato ricavato un piccolo spazio a cielo aperto (con le pareti prive di un tetto), all'interno del quale avevamo il permesso di giocare. In quell'occasione, uno degli angeli, che si erano radunati in cerchio intorno a me, mi disse che qualcuno sarebbe venuto a trovarmi di lì a poco.

D'un tratto, vidi una luce molto intensa in prossimità dell'apertura ricavata nella parete, e che fungeva da ingresso. Dentro quella luce, intravidi qualcosa di simile a un portone gigantesco, verso il quale stava avanzando una sagoma luminosa. All'inizio, non riuscivo a scorgerla distintamente, ma più mi avvicinavo, più ne coglievo i contorni. Quell'immagine faceva pensare alla luna; emanava una luce particolarmente vivida e intensa che, a un certo punto, divenne sempre meno intensa e prese a rimpicciolirsi, finché apparve un angelo che attraversò l'ingresso e si diresse verso di me. Per una frazione di secondo, pensai che fosse la luna... Gli occhi di quell'angelo erano immensi, incredibilmente vividi e splendenti, due enormi dischi luminosi colmi d'amore e di comprensione. Ne fui letteralmente ammaliata. Ritta nell'angolo in cui mi trovavo, allungai un braccio per sfiorargli il volto, ma ben presto mi accorsi di non essere in grado di raggiungerlo.

Rimasi immobile a osservarlo, in preda a una sorta di smarrimento. Non avevo mai visto un angelo così enorme, e non riuscivo a scorgerne la sagoma in modo nitido, poiché le sue fattezze umane si intravedevano appena. Mi disse con una voce dolce e carezzevole: «Lorna, sono l'angelo Gabriele. Rimettiti a sedere su quella cassetta di legno, e stringiti un po' in modo che mi possa sedere accanto a te». Feci come mi aveva detto, e si sistemò vicino a me, assumendo sembianze e dimensioni un po' più umane. Il suo aspetto mi faceva pensare a un operaio che indossava un giaccone e un paio di pantaloni da lavoro. Ripensandoci adesso, direi che, più che a un operaio, somigliava a un centauro. Anche se in quel momento aveva un aspetto più umano rispetto all'inizio, il suo volto e i suoi occhi emanavano un bagliore troppo intenso per un individuo comune.

«Così va meglio, Lorna?» mi domandò.

«Sì, ma stento ancora a vederti con tutta quella luce» risposi. Anziché parlarmi, fece un gesto alquanto inconsueto per un angelo: si protese in avanti e prese la mia bambola. È raro che gli angeli interagiscano a livello fisico.

Ero molto affezionata a quella bambola, che avevo chiamato Lena. Era di gomma, con i capelli neri dipinti e una coda di cavallo di plastica. Per una manciata di minuti, Gabriele rimase a fissarla con uno sguardo ammirato, e poi me la restituì dicendo: «Lorna, non avere paura».

«Io non ho paura» ribattei. Il suo volto e i suoi occhi emanarono una luce ancor più vivida.

«Lorna, mi vedrai sempre dentro una porta di luce» mi disse. «Tutte le volte che avrai questa visione, capirai subito che sono io.» Tacque per un breve istante, e quindi soggiunse:

«Voglio parlarti dei neonati avvolti in un alone di luce particolarmente intensa in modo che, quando in futuro ti capiterà di vederli, saprai riconoscerli all'istante. I neonati avvolti in quell'alone luminoso sono creature molto speciali, perché il mondo (la dimensione terrena, n.d.T.) non potrà mai contaminare le loro anime».

«Che cosa vuol dire contaminare?» gli domandai. Dopo tutto, avevo solo cinque anni!

Lui scoppiò a ridere. Non avevo mai visto un angelo ridere in quel modo, e scoppiai a ridere anch'io. Mentre rideva, ebbi l'impressione che il suo aspetto mutasse in rapida sequenza, alternando le sembianze umane alle sembianze angeliche. Notai inoltre che la sua risata sgorgava letteralmente dal cuore, facendo vibrare tutto ciò che si trovava nelle immediate vicinanze. In quel momento, mi sentivo felice.

D'un tratto, Gabriele smise di ridere e per una frazione di secondo fu come se il tempo si fosse fermato. Nel volgere di un breve istante, si protese in avanti per restituirmi Lena.

«Lorna, se la tua bambola cadesse sopra una macchia d'olio, rimarrebbe contaminata, poiché l'olio penetrerebbe nella gomma che costituisce la sua struttura» esordì Gabriele.

«Capisco» risposi indicandogli il piedino macchiato della bambola. «Lena è caduta dentro una pozza di olio qui nel garage, e per quanto strofini, non riesco a togliere la macchia.» Sollevai nuovamente lo sguardo verso di lui, e soggiunsi: «Ma so bene che non ha un'anima».

Disse: «È l'anima del neonato che non può essere contaminata. Lorna, quando sarai un po' più grande, avrò modo di spiegarti meglio questo concetto». Scomparve subito dopo aver pronunciato quelle parole.

Da quella volta, Gabriele mi apparve in diverse occasioni; il filo conduttore dei nostri incontri era sempre quello dei neonati avvolti in un alone luminoso. Va da sé, dunque, che ero molto curiosa di sapere quello che Michele mi voleva dire nel capanno di Johnstown. Mi guardò sorridendo, per poi annunciarmi: «Lorna, voglio farti vedere qualcosa di speciale». Subito dopo, il capanno svanì e ci ritrovammo avvolti in una fitta nebbia. Michele abbandonò seduta stante le sue sembianze umane, per assumere le fattezze di un arcangelo possente e vigoroso. Si stagliò davanti a me, sovrastandomi con la sua statura imponente. Sulla sua testa era adagiata una corona d'oro, che splendeva come un sole. Era avvolto in una tunica bianco-dorata, che scendeva morbida lungo il corpo, stretta in vita da una cintura d'oro con una fibbia nera. Ai piedi calzava un paio di sandali con il cinturino, adornati da lacci intrecciati sopra le gambe. Sul dorso di entrambi i piedi spiccava un crocefisso d'oro. Nella mano sinistra, reggeva maestosamente uno scudo sormontato da un pennacchio. Lo scudo sembrava tridimensionale, come se fosse composto da parecchie centinaia di scudi sovrapposti l'uno sull'altro. Nella mano destra, stringeva un'enorme spada con un'impugnatura dorata a forma di crocefisso, sulla cui sommità c'erano alcuni smeraldi rossi e verdi. La lama della spada rifulgeva, emanando riflessi dorati e argentei. I suoi capelli neri erano lunghi fino alle spalle e ondeggiavano quasi fossero accarezzati da una leggera brezza. Gli occhi azzurro zaffiro irradiavano pace e amore, mentre sul suo volto si era dipinto un sorriso che potrei definire celestiale.

Michele si stagliava in tutta la sua maestosa possenza. Il suo aspetto non era molto diverso da quello che mi aveva mostrato nella vecchia casetta di Maynooth, quando mi porse la *Preghiera dei tuoi Angeli della Guarigione*[2], che aveva arrecato sollievo a tanta gente. L'unica differenza significativa consisteva nel fatto che in quell'occasione Michele srotolò un papiro sul quale erano impresse le parole di quella preghiera, mentre adesso impugnava una spada e uno scudo. Vederlo brandire la spada e lo scudo mi infondeva un senso di tranquillità, poiché sapevo di essere protetta e che non mi sarebbe stato fatto alcun male, a prescindere dagli eventi che potevano manifestarsi.

Nella coltre di nebbia che ci avvolgeva, un bagliore di luce intensa apparve d'un tratto quasi fosse una porta aperta, senza che però riuscissi a scorgere Gabriele.

«Michele, perché non riesco a vedere Gabriele?»

«Lo vedrai fra un attimo, Lorna, ma prima voglio che tu sappia che lui non è semplicemente l'angelo Gabriele, bensì l'arcangelo Gabriele.»

Le sue parole mi lasciarono senza fiato. Sapevo che Michele era un arcangelo e in qualche modo ero riuscita ad accettarlo, ma non mi sarei mai aspettata che, in questo mondo, mi fosse concesso il privilegio di incontrare un altro arcangelo.

[2] La *Preghiera dei tuoi Angeli della Guarigione* è contenuta nell'appendice di questo libro.

Scrutando in direzione di quell'intenso bagliore, vidi un'altra luce che si espandeva e che diventava sempre più intensa, man mano che avanzava verso di me. Per certi versi, era come se stessi scrutando all'interno dell'universo, osservando la luna che percorreva migliaia di miglia, avvicinandosi alla luce che rifulgeva da quella porta. D'un tratto, notai l'arcangelo Gabriele stagliarsi nella luce di quella porta, circondato da luci di colore cremisi; la sua sagoma evocava quella della luna, seppur un miliardo di volte più imponente. Aveva un aspetto completamente diverso rispetto a quello che mi era stato concesso di vedere in passato. Neppure adesso saprei dire per quale motivo aveva deciso di manifestarsi a me in tutta la sua possente luminescenza. Il suo volto incredibilmente bello evocava l'immagine di una luna piena che rifulgeva in tutto il suo splendore. In quel volto spiccavano due immensi occhi simili a due cerchi luminosissimi, che riflettevano l'essenza dell'amore e della compassione. In quello sguardo incredibilmente profondo, era come se riuscissi a scorgere le pagine di un bel libro, che venivano girate da una mano invisibile. Il suo volto appariva come diviso a metà, nello stesso modo in cui le due pagine di un libro aperto sono divise dalla costola.

Per me, l'arcangelo Gabriele rappresenta il libro della vita, un'allegoria che si rifletteva nel suo aspetto. Egli evocava infatti l'immagine di un libro aperto, con le pagine che mutavano incessantemente. A tratti, i capelli biondi e finissimi gli incorniciavano delicatamente il viso. Il corpo era avvolto in una tunica di un tessuto che trovavo simile alla seta, incrociandosi verso il centro del busto. I colori avevano un che di ultraterreno; non mi è facile descriverli a parole; posso soltanto dire che erano simili ai colori che si riflettono dentro l'acqua, e che mutano costantemente a seconda dell'intensità della luce. D'un tratto, intravidi le sue ali enormi, che oscillavano senza sosta generando delle lievi increspature luminose. Ebbi l'impressione che una grande quantità di ali di angeli si stessero muovendo in sincronia. Nella mano destra stringeva un libro.

L'arcangelo Gabriele avanzò lentamente, oltrepassando la porta pur senza allontanarsi dalla sua luce. D'un tratto, lo vidi entrare nel bagliore intenso che si riverberava da quell'ingresso. In quel preciso istante, il suo aspetto cambiò, comunicandomi nuovamente quella vaga impressione che avesse assunto le sembianze di un centauro. Ciononostante, il volto e gli occhi erano sempre uguali. Ci salutammo.

«Perché non mi hai detto che sei un arcangelo?»

«Lorna, non te l'ho detto semplicemente perché non era ancora venuto il momento che tu lo sapessi» rispose. «Solo l'arcangelo Michele poteva farlo.»

«Gabriele, vuoi forse dirmi che Michele è il capo?» gli domandai maliziosamente.

«Ebbene sì, Lorna» rispose l'arcangelo Michele scoppiando in una sonora risata che contagiò tutti noi. Dovete sapere che la risata di due arcangeli è simile al rombo di un tuono. Fino a quel momento, non li avevo mai sentiti ridere in quel modo. Dopo di che scomparve.

«Di cosa parla il libro che stai tenendo in mano?» chiesi a Gabriele.

Lui mi guardò e rispose: «Niente domande, Lorna».

«Avrei dovuto immaginarlo che tu avevi qualcosa di diverso» dissi in tono pensoso. «Non a caso, mi sei sempre apparso con un aspetto evanescente e poco definito.»

Lui sorrise, dicendo: «Lorna, non passerà molto tempo prima che tu veda un altro neonato avvolto in un alone di luce speciale. Sappi comunque che a quella creatura sarà concesso di crescere un po'». Dopo aver pronunciato quelle parole, scomparve.

Mentre mi accingevo a rientrare nella vecchia fattoria, fui assalita dalla curiosità. Ancora una volta, tutti i miei buoni propositi di rassettare i capanni degli attrezzi erano svaniti in una bolla di sapone. In quel momento, ripensai alla prima volta in cui avevo visto un neonato avvolto in un alone di luce. All'epoca, devo avere avuto all'incirca dieci anni, e quell'evento mi fu preannunciato da Gabriele che mi era apparso alcune settimane prima, mentre stavo rincasando dalla scuola di Ballymun. Quel giorno, gli angeli mi dissero di attraversare i campi. In uno di questi, scorreva un fiumiciattolo, che d'un tratto si apriva creando un laghetto o uno stagno al centro del quale troneggiava un'isola. In prossimità dello stagno, si stagliavano alcuni alberi; poco lontano da lì, notai un frammento del tronco di un albero secolare caduto diversi anni prima. Gli angeli mi dissero di sedermi in quel punto; mi inerpicai quindi sopra quel vecchio tronco e rimasi seduta a osservare un coniglio che mordicchiava gli steli dell'erba.

D'un tratto, un bagliore luminosissimo apparve alla mia sinistra, disegnando la sagoma di una porta. Intuii all'istante che si trattava dell'angelo Gabriele e ne fui felice. Man mano che avanzava nella mia direzione, l'intensità di quella luce andava attenuandosi sempre più, permettendomi così di distinguere un po' meglio le sue fattezze umane. Vidi che era vestito esattamente come l'ultima volta in cui mi era apparso, e che la sua sagoma era sempre evanescente e poco nitida. Quando mi salutò, mi protesi in avanti per toccarlo senza però riuscirci, benché ormai fosse in piedi vicino a me. Mi sorrise.

«No, Lorna, non mi puoi toccare.» Gli chiesi di spiegarmi perché, ma non rispose.

«Sono venuto per parlarti dei neonati avvolti in un alone di luce speciale. Ricordi, Lorna, quello che ti ho detto quando eri più piccola?»

«Sì, ricordo quando mi hai parlato della bambola che si era rovinata con l'olio» replicai gongolando di orgoglio. «Gabriele, so che avevi usato un'altra espressione, ma non ricordo quale.»

«Contaminata» corresse. «La tua bambola era stata contaminata dall'olio.»

«Attualmente, che tu sappia, in questo mondo ci sono dei neonati avvolti in un alone di luce speciale?»

«Ce ne sono stati alcuni nel corso degli ultimi anni, e recentemente ne sono nati altri, uno dei quali proprio qui in Irlanda. Comunque, sono venuto appositamente per dirti che fra non molto tempo avrai la possibilità di vederne uno con i tuoi stessi occhi. Devi sapere che sono delle creature molto speciali, a dispetto di alcuni loro difetti o malformazioni.»

«Ti riferisci a quella parola difficile che ho sentito spesso pronunciare dalle persone, quando parlavano di me?»

«Sì, Lorna. Qualcuno potrebbe pensare erroneamente che quei neonati diventeranno dei bambini ritardati. È certamente vero che essi potrebbero essere malati o avere delle menomazioni fisiche, ma la loro mente è perfetta. Sono delle creature che irradiano una luce particolarmente vivida e intensa. Anche se nessuno è in grado di vedere quell'alone luminoso, tutti avvertiranno una sorta di richiamo irresistibile, manifestando il desiderio di prenderli in braccio o di rimanere vicino a loro. Ogni volta che vedrai uno di quei neonati, ricordati che io ti sono accanto.» Tacque per un breve istante e poi soggiunse: «Adesso guardami negli occhi».

«Ti sto già guardando. Il tuo volto è pieno di luce» risposi.

«Lorna, guardami solo negli occhi.» Feci come mi aveva detto, dopodiché riprese a parlare.

«La maggior parte di questi esserini è destinata a morire in tenerissima età o comunque durante l'infanzia; a ogni buon conto, non diventeranno mai adulti perché Dio non può permettere che le loro anime vengano contaminate dal mondo. Tuttavia, con il passare del tempo, Dio potrebbe decidere diversamente per alcuni di loro.»

Senza mai distogliere lo sguardo dai suoi occhi, replicai: «Anche se so che quei neonati sono destinati a morire, mi basta guardarti negli occhi perché il mio cuore si riempia d'amore. E, per questo motivo, non mi sento affatto triste». Lui sorrise prima di dissolversi nel nulla.

Mentre scendevo dal tronco, uno degli angeli che mi erano rimasti accanto per tutto quel tempo disse: «Lorna, lo sai, vero, perché non ti sei sentita pervadere dalla tristezza?».

«Sì, perché non ho mai distolto lo sguardo dagli occhi di Gabriele» risposi.

Erano trascorse alcune settimane quando, una domenica mattina, mentre stavo rincasando da sola dalla messa, gli angeli mi dissero di recarmi presso una tenuta situata lungo un sentiero diverso da quello che percorro normalmente. D'un tratto, vidi un bagliore simile a una porta delinearsi in prossimità dello steccato di un giardino. La luce si attenuò leggermente, permettendomi di scorgere l'angelo Gabriele. Il nostro dialogo si svolse senza parole. «Guarda, Lorna!» Feci come mi aveva detto, e notai una carrozzina all'interno del giardino. Dall'angolazione in cui mi trovavo, scorsi un bagliore proveniente da lì, senza però vedere il neonato al suo interno. Intorno a lui, c'erano la madre e alcuni bambini.

«Chiedi alla madre se puoi vedere il bimbo» disse Gabriele.

Mi diressi verso lo steccato e, in quel preciso istante, la donna si mosse per venirmi incontro. Sorrisi e le chiesi di poter vedere suo figlio. Rimasi felicemente sorpresa quando la vidi avvicinarsi nuovamente al piccolo, per prenderlo in braccio e tenerlo sollevato per mostrarmelo. Notai che la sua testa era troppo grossa, con un lato più largo dell'altro; ciononostante, quel neonato emanava un intenso bagliore ed era bellissimo. La madre mi venne incontro, stringendo fra le braccia quella creaturina, e dicendomi sottovoce: «A quanto pare, tutti vogliono prendere in braccio il mio bambino». Aveva gli occhi lucidi, e notai che reprimeva a stento le lacrime.

«So che il suo bambino è molto speciale» le dissi mentre sfioravo la manina di quella creatura. Per un breve istante, io e quella donna ci ritrovammo da sole accanto al piccolo, dopodiché fummo circondate dagli altri bambini. Sapevo che Gabriele li aveva tenuti volutamente a distanza in quei momenti preziosi e importanti.

Vidi due donne avanzare lungo il sentiero. D'un tratto, una di loro gridò alla madre del neonato: «Ci occupiamo noi del bambino. Adesso vai a riposare!». La signora non ebbe neppure il tempo di replicare, perché una delle due comari si protese in avanti, prendendole il figlio dalle braccia. Avevano un atteggiamento molto autoritario e provai una gran pena per quella mamma. Le parole dell'angelo Gabriele si erano rivelate profetiche poiché tutti volevano rimanere vicino a quella creatura avvolta da un alone di luce vivida e intensa.

Avevo appena oltrepassato lo steccato del giardino, quando mi accorsi che Gabriele era scomparso. Mi voltai per osservare il neonato un'ultima volta, chiedendo a tutti gli angeli di aiutare quella madre, e di vegliare su di lei e sul suo bambino.

Mentre sorseggiavo il mio tè, seduta al vecchio tavolo della fattoria di Johnstown, ripensai a quel neonato luminosissimo che avevo visto tanti anni prima. Sapendo di dover escludere che fosse ancora vivo, dissi una preghiera per la madre, che immaginavo ancora sconvolta da quel terribile lutto, e per il resto della sua famiglia. Mi sentivo comunque entusiasta alla prospettiva di vedere una nuova creatura avvolta da un alone di luce speciale, che avrebbe potuto forse vivere un po' più a lungo.

Questa prospettiva ebbe modo di concretizzarsi alcune settimane dopo a Glasgow. Jean mi aveva accompagnato lì, per rilasciare una serie di interviste. Alloggiammo in un albergo poco distante dal porto, dove feci anche un servizio fotografico. Nel pomeriggio, andammo in centro e fui intervistata da un giornalista che mi rivolse alcune domande interessanti, molto diverse da quelle che mi venivano fatte di solito. Quell'intervista mi piacque davvero molto.

Archiviato anche quell'impegno, decisi di andare a fare un giretto per conto mio in un grande centro commerciale, peraltro affollatissimo, in prossimità dell'albergo. D'un tratto, vidi in lontananza quella luce inconfondibile simile a una porta aperta. Gli angeli che mi attorniavano mi dissero di rimanere dov'ero. Obbedii alla loro richiesta; nel volgere di un breve istante, Gabriele mi comunicò mentalmente: «Non ti avvicinare. Fra poco incontrerai una ragazza avvolta in un alone di luce speciale». Ero curiosa di sapere quanti anni avesse quella ragazza, ma mi si strinse il cuore quando l'angelo soggiunse: «La ragazza di cui ti ho parlato non rimarrà in questo mondo ancora a lungo. Ben presto, Dio la prenderà con sé». Istintivamente, avrei voluto raggiungerlo perché ero convinta che quella persona fosse accanto a lui.

«No, Lorna, rimani dove sei. Adesso voltati e osserva con attenzione» mi disse Gabriele. Feci come mi aveva detto, e vidi una ragazza di circa sedici anni, piena di energia, che avanzava verso di me accompagnata dai suoi genitori. Irradiava una grande vitalità: era bellissima e perfetta. La luce del suo angelo custode divenne più intensa, permettendomi di intravedere uno stuolo immenso di angeli che li attorniavano. In pochi istanti, quel punto traboccava di angeli.

Quella ragazza emanava un bagliore così intenso, che mi sembrava inconcepibile che nessuno potesse vederla. Riuscivo a scorgere tutta la conoscenza e tutta la saggezza che si celavano nella sua anima. Era una creatura troppo evoluta per questo mondo. Si poteva affermare a ragion veduta che si trattava di una giovane donna del futuro; ciononostante, Dio non le avrebbe permesso di rivelare ciò che sapeva. Il suo angelo custode mi spiegò che era affetta da una patologia congenita, che le impediva di condurre un'esistenza normale.

La ragazza mi vide e volle venirmi incontro; quando fummo vicine, mi rivolse un sorriso radioso e mi abbracciò, quasi fossimo due sorelle che si incontravano per la prima volta dopo un lungo periodo di separazione forzata. Di fatto, eravamo due perfette estranee, anche se in realtà, sotto un altro punto di vista, le cose stavano diversamente. I suoi genitori la raggiunsero e mi sorrisero, come se non sapessero cosa dirmi. Gli angeli mi confidarono che, a livello sottile, quelle due persone sapevano di avere una figlia speciale, ma che a livello umano non erano in grado di comprenderlo.

Mentre ero in piedi accanto a lei, ebbi la sensazione che gli angeli ci stessero proteggendo, avvolgendoci in un abbraccio che infondeva la guarigione. Pregai, senza che loro se ne accorgessero, mentre gli angeli riversavano la grazia di Dio. In quel preciso istante, mi ripeterono che presto avrebbe abbandonato la dimensione terrena. Ci salutammo e rimasi a osservarli mentre camminavano in mezzo alla folla, in direzione di Gabriele, che scomparve nel preciso istante in cui lo superarono.

Girai sui tacchi per raggiungere Jean, ripensando ai neonati e ai bambini avvolti in un alone di luce speciale. Chiesi mentalmente agli angeli quanti ne avrei ancora visti in occasione dei miei viaggi in giro per il mondo. Ero anche curiosa di sapere se avrei potuto incontrare un adulto avvolto in un alone di luce speciale, ma non ricevetti alcuna risposta. In quello stesso anno, mi fu tuttavia concesso di vedere un neonato e un bambino sui cinque anni. Tutte le volte che mi viene concesso questo privilegio, mi sento pervadere da una gioia immensa.

Capitolo 29

Un flashback dal futuro

Avevo deciso di andare dal medico, perché ultimamente non mi sentivo benissimo. Dopo avermi visitato, mi prescrisse una serie di esami da effettuare presso l'ospedale di Tallaght, che dista pochi chilometri da Dublino. Lo ringraziai, uscii dall'ambulatorio e mi diressi verso la mia auto.

L'angelo Hosus si era già accomodato sul sedile del passeggero anteriore. Gli dissi con un sorriso: «Mi fa piacere che tu sia qui, Hosus. Devo andare in ospedale e sto male al solo pensiero di recarmi fin lì in macchina, poiché non so come arrivarci da Johnstown».

Lui rispose: «Non preoccuparti, Lorna».

«Non sono preoccupata per gli esami» ribattei. «Quello che mi fa stare in ansia è il tragitto che devo percorrere fin lì, soprattutto perché mi vedrò costretta ad arrivarci da sola.» D'un tratto, l'automobile si riempì di angeli che esclamarono all'unisono, come se stessero parlando in coro: «Lorna, ti accompagneremo noi!».

Tutte le volte che devo raggiungere in macchina un luogo che ancora non conosco, vengo assalita dall'ansia.

«Stai tranquilla, Lorna» disse Hosus. Mentre guidavo lungo la strada che mi avrebbe riportato a casa, parlammo del più e del meno; riuscì anche a strapparmi una risata. Devo ammettere che quell'angelo è abilissimo nel trovare sempre uno spunto per infondermi un tocco di allegria. Mentre parcheggiavo l'auto davanti all'ingresso della mia casa, Hosus scomparve.

Quando Ruth passò a trovarmi alcuni giorni dopo, le dissi degli esami ai quali mi sarei dovuta sottoporre; senza pensarci due volte, si offrì di chiedere a Brendan, il suo fidanzato, di disegnare una mappa. A quanto pare, Brendan aveva lavorato vicino a Tallaght per qualche mese, e dunque conosceva bene la zona.

Pochi giorni prima del mio appuntamento in ospedale, decisi di uscire a fare una passeggiata. Mentre attraversavo il fienile, vidi l'angelo Michele e mi sedetti accanto a lui per scambiare due chiacchiere. D'un tratto, disse che mi doveva comunicare una notizia importante. Lo guardai incuriosita.

«Quando sarai in ospedale, ti mostreremo qualcosa di molto importante, poiché potrebbe costituire parte integrante del futuro del genere umano. Per tutto il tempo in cui rimarrai lì, dovrai incamerare il maggior numero di dettagli possibili riguardo a quello che vedrai e che sentirai.»

«Michele, rimarrò sconvolta da quello che vedrò?»

«Sì, Lorna, non posso nasconderlo.»

«Non mi potresti dire qualcosa in più?» Mi rispose di no e scomparve. Ero delusa dal suo atteggiamento, perché avrei voluto che mi spiegasse meglio.

Dopo qualche giorno, raggiunsi in macchina l'ospedale, orientandomi con la mappa che mi aveva dato Brendan. Mi rivolsi a Dio, supplicandolo di fare in modo che non rimanessi eccessivamente sconvolta. Mentre pregavo, Gli domandai: «Se quello che vedrò è legato al futuro di questo mondo, c'è qualcosa che posso fare?».

Disse soltanto: «Lorna, ricordati che Io veglio sempre su di te» senza però rispondere alla mia domanda.

Ciononostante, lo ringraziai con un sorriso.

Percorsi l'intero tragitto che mi separava dall'ospedale senza alcun intoppo. Nel preciso istante in cui entrai nel parcheggio, un'automobile stava facendo manovra per uscire, e un angelo dalla statura imponente occupò lo spazio lasciato libero, nell'attesa che arrivassi io. Lo ringraziai mentalmente. A quanto pare, gli angeli avevano pensato a tutto. Mentre scendevo dalla macchina, ebbi la percezione di essere protetta dagli angeli di Dio che mi avevano circondato.

Man mano che mi avvicinavo all'ingresso principale del nosocomio, la mia attenzione fu catturata da alcune persone di età diverse che entravano e uscivano. Una volta dentro, mi fu detto di seguire la linea gialla fino all'accettazione. Fui colpita dall'atmosfera asettica rischiarata da una luce fortissima. Mentre avanzavo lungo il corridoio, i medici, le infermiere e perfino alcuni pazienti sembravano avvolti in un intenso bagliore che si irradiava all'esterno del loro corpo, in un raggio di circa tre centimetri. Non potei fare a meno di sorridere, osservando gli angeli che li accompagnavano. Dopo aver percorso fino in fondo la linea gialla, mi ritrovai di colpo davanti al bancone dell'accettazione. Non mi sfuggì il silenzio irreale nel quale era avvolto. Mi fermai e percorsi l'intera sala con lo sguardo, notando come ogni cosa sembrasse nuova di zecca. Ebbi peraltro l'impressione che ogni singolo elemento che vedevo emanasse una luce troppo intensa. C'era comunque una nota stonata in quell'ambiente. Vedevo file e file di sedie vuote. Non c'era nessuno, nemmeno gli angeli, benché fossi perfettamente consapevole della loro presenza accanto a me. Raggiunsi il bancone dell'accettazione, ma non trovai nessuno nemmeno lì. D'un tratto, notai un campanello, e lo suonai. Attesi una manciata di minuti, e chiamai quindi i miei angeli, che si resero visibili. «Che fine hanno fatto tutte le persone che erano qui?» domandai loro. Un angelo sollevò una mano e se la portò alle labbra. In quel preciso istante, un'impiegata dell'accettazione si materializzò dietro al bancone, avvolta nello stesso bagliore intenso che circondava le altre persone che avevo visto in precedenza. Mi chiese in che modo poteva rendersi utile, e io le porsi la lettera del mio medico. La vidi armeggiare con il computer, dopodiché mi tese un biglietto invitandomi ad accomodarmi nel salone, poiché a breve sarei stata ricevuta da uno specialista. Poi scomparve nel retro dell'ufficio.

Mi apparve evidente che potevo disporre «a piacimento» della sala d'attesa, anche se in realtà non si trattava di una sala vera e propria, poiché era annessa a un corridoio, disegnando uno spazio molto esteso che conteneva all'incirca venti file di sedie. Fu allora che una folta schiera di angeli mi fece strada, muovendosi in direzione di quelle sedie, sulle quali poi si accomodarono, quasi fossero dei pazienti che attendevano di essere ricevuti dal medico con il quale avevano appuntamento. Per poco non esplosi in una fragorosa risata nell'assistere a quella scena, e comunque, quand'anche fossi stata incapace di trattenermi, non avrei rimediato figuracce dato che non c'era nessuno.

D'un tratto, vidi l'angelo Michele seduto su una sedia sistemata nel punto che distava maggiormente dal bancone dell'accettazione. «Vuoi che venga a sedermi vicino a te?» gli domandai. Al che mi rispose: «No. Siediti di fronte a me, mantenendoti però più o meno a una distanza di cinque file». Feci come mi aveva detto; raccolsi alcune riviste sparpagliate qua e là, e mi accomodai. Avevo appena cominciato a sfogliare un giornale, quando Michele mi raggiunse: notai che era in piedi dietro di me. Mi posò una mano sulla spalla e disse: «Rilassati, Lorna. Vedrai che andrà tutto bene».

«Michele, proprio non ce la faccio a rilassarmi» replicai. «C'è troppo silenzio, e non ho visto passare nessuno. Mi verrebbe da pensare che l'ospedale sia deserto.»

L'angelo proruppe in una risata, esclamando: «E invece non lo è!».

In quel preciso istante, notai un giovane medico e tre infermiere sbucare da un angolo della sala, che parlottavano a bassa voce fra loro. Dubito che si fossero accorti della mia presenza.

«Michele, ormai sarò seduta qui da un quarto d'ora o venti minuti» mi lamentai. «Ammetto di sentirmi un tantino in ansia al pensiero di quello che Dio ha intenzione di mostrarmi.»

Fu allora che una signora anziana accompagnata dalla nipote si avvicinò al bancone dell'accettazione; suonò il campanello e subito dopo arrivò un'impiegata. Mentre parlavano, vidi due angeli che sorreggevano l'anziana donna. Il suo corpo era scosso da tremiti, al punto che temetti che il suo bastone da passeggio avrebbe potuto spezzarsi. Vidi che uno di quegli angeli stava facendo il possibile per impedirle di fremere, mentre l'altro sembrava volerle infondere un po' di conforto, rivolgendole qualche parola gentile. Mentre mi passavano accanto, camminando adagio, gli angeli mi permisero di udire ciò che l'anziana donna stava dicendo a sua nipote. «Ho paura. Perché non rimani con me?» In quel momento mi sentii molto vicina a entrambe, in particolare alla signora non più giovane.

Quando girarono l'angolo scomparendo alla mia vista, chiesi agli angeli di liberarla dalla paura che la stava attanagliando.

L'angelo Michele venne a sedersi accanto a me.

«È possibile che siano andati tutti a prendere un caffè?» insinuai con malcelata ironia.

«Porta pazienza, Lorna; ci siamo quasi.» Michele aveva fatto appena in tempo a pronunciare queste parole quando, d'un tratto, l'atmosfera divenne immobile. Riuscivo a vedere tutte le particelle che aleggiavano nell'aria circostante, mentre un ragazzo nel fiore degli anni sbucò da un angolo e raggiunse la sala d'attesa. Si fermò per un breve istante, e poi si diresse verso il bancone dell'accettazione. Avevo l'impressione che si stesse muovendo al rallentatore. Sapevo che in realtà era un'impressione che mi veniva comunicata per consentirmi di vederlo in modo nitido, assimilando così qualunque dettaglio legato alla sua persona. Quel giovane dimostrava poco più di trent'anni.

«A me sembra che stia benissimo» dissi a lui. «Non mi pare che abbia dei problemi di salute o che soffra di qualche disturbo particolare.»

«Tieni gli occhi bene aperti, Lorna» replicò Michele. «Fra poco capirai.»

A quel giovane fu consegnato un biglietto, identico a quello che avevo io. L'impiegata lo invitò quindi ad accomodarsi in attesa che arrivasse il suo turno. Dopo aver lanciato un'occhiata a tutte quelle sedie vuote, il ragazzo avanzò nella mia direzione sedendosi due file prima di me, e sistemandosi in un punto che gli permetteva di trovarsi faccia a faccia con la sottoscritta.

Benché fosse già trascorso un po' di tempo da quando mi ero accomodata, fu solo allora che mi resi conto che la mia sedia era girata costringendomi, mio malgrado, a guardare in faccia quella persona. Ero esterrefatta, presagendo quanto sarebbe accaduto di lì a poco. L'aspetto di quel giovane mutò repentinamente. Quando sollevò la testa, tutto riprese a muoversi al rallentatore. Notai che aveva perso ogni sembianza umana. Era come se nella sua testa ci fossero degli innesti, simili a morsetti che isolavano alcune aree del cervello. Notai inoltre che mancavano alcuni elementi del cervello stesso. La struttura del cranio non era costituita solo ed esclusivamente di materia ossea; neppure la testa era fatta soltanto di carne e ossa. Provai una tale angoscia dinanzi a quello spettacolo, che avrei voluto mettermi a urlare.

«È un flashback dal futuro» mi disse l'angelo Michele.

«Che cosa significa?» gli domandai palesemente sconvolta.

Il giovane si alzò nuovamente in piedi e ritornò verso il bancone dell'accettazione. Fu allora che mi accorsi che nemmeno il resto del corpo era fatto soltanto di carne e ossa, però mentirei se dicessi che era azionato in modo interamente meccanico. Non è facile descriverlo a parole, ma era come se all'interno delle sue braccia e delle sue gambe ci fosse qualcosa che impedisse loro di rompersi, un elemento fatto di acciaio o perlomeno con un materiale di rinforzo, di cui non abbiamo ancora sentito parlare.

Michele tacque per tutto il tempo in cui rimasi a contemplare quella scena, dopodiché disse: «Ti stiamo mostrando come potrebbero essere alcune persone in futuro. Come vedi, quell'uomo è reale, ma presenta alcune differenze rispetto al genere umano di oggi. Abbiamo sovrapposto alla sua persona le caratteristiche che potrebbe avere il suo pronipote». Poi distolse lo sguardo da quell'individuo, e mi chiese scrutandomi negli occhi: «Ti ricordi l'attimo preciso in cui quel ragazzo è entrato nel salone? Che cosa hai visto, Lorna?».

Lo guardai con aria pensosa. «Ho visto un giovane alto, forte e prestante. Non ho notato nessuna traccia di malattie; mi ha dato anche l'impressione di essere intelligente e brillante.»

«In un'epoca futura, la sua famiglia potrebbe essere scelta proprio grazie a queste caratteristiche genetiche» disse Michele. Lo guardai perplessa.

«Non dimenticare, Lorna, che l'uomo può migliorare la qualità della vita, esplorando i misteri della scienza e della tecnologia» soggiunse Michele. «Resta il fatto che potrebbe anche usare la scienza nel modo sbagliato. L'individuo deve imparare ad agire in nome di una giusta causa, non certo in nome del potere e della volontà di dominare i suoi simili.»

Quando quel giovane voltò il capo verso destra, riuscii a cogliere qualche dettaglio in più. «Adesso vogliamo che tu osservi la sua mente. È completamente vuota e buia, a eccezione di una piccolissima luce che risplende. Riesci a scorgerla, Lorna?» Rimasi talmente sconvolta da quello che vedevo e sentivo, che per poco non mi si mozzò il respiro. Ebbi l'impressione che quel tenue raggio di luce fosse la sua mente conscia; a turbarmi maggiormente fu però il vuoto assoluto (il buio) che la circondava, come se una parte di quell'uomo fosse stata rinchiusa dentro una stanza alla quale non avrebbe mai potuto avere accesso. E lui era consapevole del fatto che gli mancava qualcosa. Mi comunicò l'impressione di urlare dentro la sua stessa mente, frugando nel vuoto che la riempiva.

«Oh santo cielo!» esclamai rivolta a Michele. «Perché mai qualcuno dovrebbe volere tutto questo? Per quale motivo un uomo dovrebbe manifestare la volontà di privare qualcuno della sua capacità di pensare autonomamente, di sognare o di amare?»

«Lorna, ricordati che nessuno ha il diritto di privare un suo simile del diritto di vivere una vita pienamente umana. Nessuno ha il diritto di trasformare un suo simile in una macchina. Se, in un'epoca futura, coloro che hanno in mano le sorti di questo mondo sceglieranno di percorrere quel sentiero, è probabile che decidano di sottrarre ad alcune famiglie una parte della loro libertà, inserendole in un regime che richiama quello della schiavitù. Per alcuni motivi non meglio definiti, certe famiglie saranno considerate inferiori sotto certi punti di vista, pur essendo innegabilmente forti e prestanti a livello fisico. Anche la famiglia di quel ragazzo è stata scelta per uno degli scenari futuri ipotizzabili sul nostro pianeta. Non dimenticare, però, che il futuro non è qualcosa di statico e di ineluttabile, ma può essere cambiato.»

Rimasi seduta a osservare quel giovane, riflettendo sull'eventualità che la sua famiglia potesse perdere la libertà di essere pienamente umana, vedendosi così preclusa l'opportunità di amare, ridere, piangere ed essere libera di fare le sue scelte.

«Non vorrei vivere in un mondo come quello» dissi a Michele. D'un tratto, mi balenò un altro pensiero nella mente: «Michele, se l'uomo dovesse optare per quell'alternativa, continuerebbe ad avere un'anima?».

«Sì» replicò. «Non esiste scienziato né progresso tecnologico che possa cancellare l'anima di un essere umano. L'anima appartiene a Dio. Dio non permetterà a nessuno di cancellarla, per quanto squallide possano rivelarsi le scelte compiute dal genere umano.»

Riflettei anche sul tenue bagliore luminoso che avevo intravisto nel cervello di quell'uomo. Era ipotizzabile che la sua anima si fosse aggrappata a quel rimasuglio della sua coscienza?

«Lorna, devi pregare affinché gli esseri umani diano ascolto a Dio e ai propri angeli» disse Michele. «Il progresso scientifico e tecnologico compiuto dall'uomo è semplicemente straordinario, ma non deve essere mai utilizzato per sottrarre la libertà dell'individuo.»

Continuai a rimanere seduta, incapace di distogliere lo sguardo da quel giovane. Michele mise la sua mano nella mia e la strinse, dopodiché scomparve. Mentre scrutavo quel ragazzo, un turbine di pensieri solcò la mia mente a un ritmo vorticoso. D'un tratto, preferii sbirciarlo di sottecchi, temendo che potesse sentirsi osservato.

Se mi era stato chiesto di visualizzare quel flashback dal futuro, ciò significa che potrebbe trattarsi di un'ipotesi concreta. Fu terribile dover contemplare un simile scenario, nella piena consapevolezza che tali azioni non venivano compiute per garantire una migliore qualità della vita, bensì per precluderne qualunque possibilità. Tali azioni venivano compiute dall'uomo, animato dalla volontà di dominare i suoi simili, trasformandoli in schiavi.

La scienza e la tecnologia hanno raggiunto dei traguardi eccezionali ed encomiabili: rimedi e trattamenti per curare le malattie e distruggere le cellule cancerogene, tecniche sofisticate che consentono di sostituire femori e ginocchia con protesi artificiali. Non smetto mai di pregare affinché tutti quegli scienziati e quei ricercatori possano portare avanti le loro ricerche volte a semplificare la vita e a restituire la dignità a coloro che soffrono. Si tratta di un compito fantastico e importantissimo, ma non dobbiamo oltrepassare i confini di ciò che è lecito. Noi siamo responsabili del futuro dei nostri figli e di quello delle generazioni che verranno.

Trasalii quando un'infermiera chiamò il mio nome. Mi voltai a osservare quell'uomo che adesso aveva di nuovo un aspetto normale. Mi alzai in piedi, dirigendomi verso il bancone dell'accettazione. È assai probabile che fossi pallida, perché la donna mi chiese se per caso mi sentivo poco bene.

Gli esami non furono troppo invasivi e durarono solo una mezz'oretta. Impiegai un paio d'ore per tornare a casa, al punto che provai un immenso sollievo subito dopo aver varcato la soglia della mia abitazione. Ero profondamente turbata (e lo sono tuttora) per le cose che avevo visto quel giorno.

Capitolo 30

Le mie risposte alle domande che mi rivolgono le persone

Gli incontri con i lettori, che mi chiedono di autografare le copie dei libri di cui sono autrice, rappresentano per me sempre un appuntamento interessante e pieno di attrattiva. Benché estenuanti (faccio sempre il possibile per scambiare due parole con ognuno dei presenti), trovo che siano momenti piacevoli e densi di spunti affascinanti. Rimango spesso stupita dinanzi a ciò che le persone mi dicono, e da quello che gli angeli mi permettono di vedere, per non parlare delle domande curiose che mi sento spesso rivolgere.

Ricordo una domenica in cui fu organizzato un incontro con i lettori presso il centro commerciale Dundrum di Dublino. Una volta lì, rimasi sconvolta nel vedere quanta gente fosse venuta a incontrarmi e a farsi autografare la propria copia di *Un angelo tra i capelli*. A stupirmi più di tutto fu comunque l'enorme quantità di angeli che si erano assiepati. Ne avevo contati circa venti per ognuno dei presenti, tutti avvolti in un alone di luce semplicemente meraviglioso ma difficile da descrivere. Posso solo dire che quella era la luce dell'amore e dell'attenzione che quelle creature celesti manifestavano nei confronti di tutti gli uomini, di tutte le donne e di tutti i bambini che si trovavano lì. Quando mi sedetti al tavolo per autografare i libri, chiesi mentalmente agli angeli di fare in modo che accadessero dei miracoli per tutta quella gente, ma anche per i suoi parenti e amici.

In mezzo alla folla, che attendeva il proprio turno, notai un ragazzino di circa dodici anni inchiodato su una sedia a rotelle. Quando osservai la folta schiera di angeli che circondava lui e la madre, intuii che quella creatura sfortunata poteva contare sulla protezione celeste. Gli angeli cambiavano in continuazione il colore della sua sedia a rotelle. Il ragazzino stava ingannando l'attesa giocando con la playstation, ignaro della presenza accanto a lui di un angelo che giocava con lo stesso aggeggio. Vidi le loro mani intrecciarsi. Un altro angelo gli aveva appoggiato le mani sulle gambe; d'un tratto, si voltò per dirmi di mettere le mie mani sulle gambe del giovane nel momento in cui si fossero avvicinati per ricevere il mio autografo.

Quando finalmente arrivò il loro turno, madre e figlio si sedettero vicino a me; scambiai qualche parola con loro e poi toccai le gambe del ragazzo. In quel preciso istante, il raggio di luce che rifulgeva alle sue spalle divenne più intenso, lasciando intravedere il suo angelo custode. Mentre ero in piedi accanto a lui, notai la presenza di diversi angeli maestri. L'angelo custode porse qualcosa a uno di loro, il quale adagiò quell'oggetto sul torace del giovane. Chiesi mentalmente agli angeli di spiegarmi cosa stesse succedendo e cosa stessero facendo, ma non ricevetti nessuna risposta. Si limitarono a dirmi di appoggiare le mani sulle gambe di quella persona e di benedirla. Ubbidii, dopodiché chiesi loro di fare lo stesso per lui e per tutta la sua famiglia. Posso dire di averlo reso felice.

Più tardi, un altro ragazzo di nome Michael mi porse un album con una serie di disegni che aveva fatto appositamente per me. Mentre parlava, mi apparve il suo angelo custode avvolto in una luce così intensa, che per un attimo fui costretta a distogliere lo sguardo.

Alcune persone mi rivolsero diverse domande sugli angeli. Ricordo una donna che mi aveva chiesto di spiegarle la differenza fra il rapporto che ci unisce a Dio e il rapporto che unisce gli angeli a Dio. Era una domanda molto acuta, ma le circostanze mi avevano imposto di rispondere in maniera concisa. Anche per questo, vorrei fornire una risposta più completa, nella speranza che quella signora possa leggere il mio libro.

Dio ha creato gli uomini e gli angeli. Occorre tuttavia sottolineare che esiste una notevole differenza fra queste due categorie. Quando Dio ha creato l'uomo e la donna, li ha fatti a Sua immagine. Questa espressione non si riferisce al nostro corpo, bensì alla nostra anima. La nostra anima è un frammento di Dio, una scintilla della Sua essenza divina, della Sua luce che alberga in ognuno di noi, a prescindere dalla fede o dal credo professato. In virtù di questa scintilla, siamo tutti figli di Dio, un Dio che, come ogni padre che si rispetti, desidera che i Suoi figli facciano ritorno sani e salvi alla dimora celeste.

Dio ha creato gli angeli, in tutta la loro grazia e bellezza, affinché potessero diventare i Suoi aiutanti ma anche i Suoi messaggeri, incaricandoli soprattutto di far sì che un giorno i Suoi figli umani avessero modo di tornare sani e salvi alla dimora celeste. Mi è capitato spesso di discutere con gli angeli sulle differenze che sussistono fra loro e gli uomini. Provo tuttora un certo disagio nel dover affermare che gli angeli non sono stati creati a immagine e somiglianza di Dio. In buona sostanza, non sono Suoi figli. Noi esseri umani siamo superiori a loro, perché abbiamo un'anima. Gli angeli hanno dovuto insistere molto per convincermi a rivelare questo concetto, esortandomi a non sentirmi in imbarazzo mentre lo formulavo.

Mi è stato concesso di vedere quel punto di contatto, simile a un filo luminoso, che unisce Dio agli angeli. In un certo senso, è come se la luce di Dio scorresse lungo un collegamento che Gli permette di comunicare con ogni singolo angelo. Senza quel punto di contatto, gli angeli non avrebbero quella luce che li contraddistingue. Essi manifestano il desiderio profondo di ricevere quella luce in modo costante, ed è per questo che servono Dio incondizionatamente. Essi sono a disposizione di Dio in qualunque momento. Non dispongono del libero arbitrio come noi, ma contribuiscono a creare i presupposti che ci consentono di beneficiare di quel privilegio unico.

Quando Dio decide di destinare un'anima al concepimento affinché si incarni in un corpo umano, sappiate che quell'anima viene accompagnata da un angelo; si tratta ovviamente del suo angelo custode, del suo aiutatore e protettore invisibile, ma soprattutto del custode della sua anima. E, a un certo punto, Dio chiederà a quell'angelo di ricondurre la Sua anima nella Sua dimora celeste. Ecco perché il nostro angelo custode rappresenta un dono preziosissimo che Dio ha scelto di fare a ognuno di noi. Ora sapete anche perché provo un'enorme tristezza quando qualcuno ignora o rinnega una simile concessione.

Mi rendo conto che alcune persone desiderano avere un rapporto diretto con Dio. Ma perché buttare al vento un regalo che Dio vi ha fatto? Il vostro angelo custode è pronto ad aiutarvi a instaurare un contatto con il Padre Onnipotente.

Sappiate che, tutte le volte che stabilite un contatto diretto con Lui, siete sempre aiutati dai vostri angeli, indipendentemente dal fatto che ne siate consapevoli oppure no.

Nella Bibbia, è scritto che Gesù era attorniato da uno stuolo di angeli pronti ad aiutarlo. So che anche lui aveva un angelo custode, alla stregua di qualunque essere umano. Gesù era solito invocare l'aiuto del suo angelo custode e degli altri angeli. Per quale motivo, dunque, non dovremmo seguire il suo esempio?

Anche i leader spirituali delle altre tradizioni religiose invocano da sempre l'aiuto degli angeli, eppure molte persone non comprendono l'importanza del legame che unisce gli uomini a quelle creature celesti. È pur vero che beneficiamo del libero arbitrio; ciononostante, gli angeli rivestono un ruolo importantissimo perché ci esortano ad agire correttamente, a fare ciò che Dio si aspetta da noi in qualunque circostanza. È questo il compito che Dio ha affidato loro, ed è in nome di questo compito che gli angeli non desistono mai dal loro intento. Sappiate che, tutte le volte che pregate, instaurate un dialogo diretto con Dio. Indipendentemente dal fatto che crediate o meno negli angeli, essi pregano insieme a voi aggiungendo forza e intensità alle vostre preghiere. Questo è uno dei vari compiti che il Padre ha affidato loro. Noi non preghiamo mai da soli.

Sempre in occasione di quell'incontro durante il quale avevo autografato le copie dei miei libri, un signore mi domandò per quale motivo nelle cose che scrivo faccio sempre riferimento a Dio, e non mi soffermo più di tanto su Gesù. Ecco la mia risposta lapidaria: «Perché Dio mi ha detto di fare così!». Poiché non sono sicurissima che quell'uomo abbia trovato esauriente la mia rispost, vorrei provare ad aggiungere qualche dettaglio.

Quando cominciai a scrivere *Un angelo tra i capelli*, ero preoccupata perché non sapevo quale nome avrei dovuto utilizzare per parlare di Dio. Non sapevo se chiamarlo Dio, piuttosto che Gesù o Spirito Santo. Come se non bastasse, so che altre tradizioni religiose gli attribuiscono nomi diversi a me sconosciuti. So benissimo che molte persone sono più devote a Gesù. Per me, Gesù è Dio. Sapendo che il libro che stavo scrivendo era destinato ai lettori appartenenti a tutte le fedi religiose, temevo di offendere qualcuno con il nome che avrei scelto per far riferimento a Dio. Decisi quindi di chiedere consiglio direttamente a Lui, che mi rispose rivolgendomi a Sua volta una domanda: «Lorna, quando preghi, che nome utilizzi per rivolgerti a Me?». «Dio, mi pare ovvio!»

«Allora è questo il nome che dovrai utilizzare in questo libro e in tutti gli altri che scriverai» rispose. «Quando parli di Me, mi chiami Dio perché è un nome universale. Io sono il Padre, il Figlio e lo Spirito Santo. Io sono Dio. Lorna, esprimiti con parole semplici sia quando scrivi sia quando parli, in modo che tutti vengano messi in condizione di comprendere.»

Quel giorno mi sottoposero a un autentico fuoco di fila di domande, alcune strettamente personali e altre a carattere più generico. D'un tratto, mi si avvicinò una madre adottiva per esternarmi un dubbio che la tormentava. Mi disse infatti che nel mio libro avevo scritto che il nascituro sceglie la propria madre, amandola quand'anche non gli fosse concesso di venire alla luce o di sopravvivere a lungo. Quella creatura amerebbe sua madre, anche se lei decidesse di darlo in adozione. La signora in questione voleva saperne di più in materia di genitori adottivi. Anche loro venivano scelti?

Il bambino sceglie anche colei che diventerà la sua mamma adottiva. Ecco perché è importantissimo che i potenziali genitori diano ascolto alle loro sensazioni e ai rispettivi angeli custodi durante il processo della selezione (poiché in quella fase è già stato instaurato il contatto con il piccolo). È anche per questo motivo che può capitare, di quando in quando, che una coppia di aspiranti genitori, che aveva sempre manifestato la volontà di avere una femminuccia, si ritrovi inaspettatamente ad adottare un maschietto. Può anche capitare che adottino un bambino di un'età diversa rispetto a quella che avevano preventivato, piuttosto che un bambino portatore di handicap fisici o mentali. I genitori adottivi vengono scelti; è il bambino che li sceglie e li ama già prima di conoscerli; è dunque importante che i futuri genitori diano ascolto agli angeli, poiché questi li esortano a seguire la strada migliore. Gli angeli mi dissero che quella donna aveva fatto la scelta giusta, poiché sua figlia l'aveva voluta e le si era affezionata già prima che l'adottasse, quando aveva dieci anni, e tuttora le voleva un gran bene.

Dal mio punto di vista, la ciliegina sulla torta di quell'incontro con i lettori, fu la possibilità di conoscere un giovane sui trent'anni. Mentre avanzava verso di me, notai che la sua anima si stava protendendo fuori dal corpo. Gli angeli, che in quel momento gli erano accanto, mi spiegarono che, dopo aver letto *Un angelo tra i capelli*, quell'uomo aveva avuto un rigurgito di consapevolezza spirituale per la primissima volta in vita sua. Fui travolta dall'entusiasmo contemplando la sua anima e percependo la sua gioia, mentre scopriva una nuova dimensione di se stesso. Anche se venne da me durante la fase iniziale di quell'incontro (credo nella prima ora), aveva deciso di trattenersi fino al termine dell'evento; io stessa lo vedevo con la coda dell'occhio, e posso confermare che era rimasto lì per ore e ore; ogni tanto, provavo a sbirciarlo più da vicino, ma gli angeli non mi permettevano di guardare. Parecchie ore dopo, quando ormai l'incontro con i miei lettori era finito da un pezzo, vidi che si stava ancora aggirando per il salone, anche se questa volta era in compagnia della moglie, che però non avevo avuto modo di conoscere. Era avvolto da un alone di luce incredibilmente intensa, come se la sua anima stesse rifulgendo attraverso di lui. Sarei rimasta ancora volentieri a osservarlo, ma gli angeli mi dissero che dovevo andare via.

Dopo tutto quel tempo trascorso a firmare autografi, ero esausta ma stavo bene. Ebbi la certezza che si stessero muovendo tante cose, benché talvolta avessi l'impressione che si trattasse di miracoli sotto mentite spoglie. Avevo incontrato tantissime persone, che mi avevano confidato le loro ansie e le loro preoccupazioni. Per quanto mi riguarda, avevo implorato Dio e gli angeli affinché esaudissero le loro preghiere. Quel giorno, ebbi modo di vedere un'infinità di creature celesti impegnate ad aiutare le persone, dando così una mano agli angeli custodi.

Capitolo 31

L'anima di un bambino in cui dimora un angelo

Un giorno mia madre mi telefonò per dirmi che Molly, una cugina di mio padre, era stata ricoverata all'ospedale di Cork. Per essere sicura che ci fosse almeno uno straccio di persona che la andasse a trovare, mi chiese di recarmi a farle visita. Ammetto di aver titubato (erano pur sempre due ore e mezzo di macchina, calcolando il solo viaggio di andata), ma un angelo mi sussurrò all'orecchio che era giusto che lo facessi.

Alcuni giorni dopo, mi misi in viaggio alla volta di Cork. Non c'era un gran traffico e giunsi a destinazione in un buon orario; sfortunatamente, il parcheggio dell'ospedale era pieno di vetture in sosta, e fui dunque costretta a raggiungere il punto più estremo di quella piazzuola per trovare uno spazio libero. Il parcheggio era disseminato di buche; come se non bastasse, aveva piovuto e dovetti letteralmente camminare zigzagando fino all'ospedale, per evitare le pozzanghere. D'un tratto, Michele apparve al mio fianco domandandomi: «Ti ricordi quando, anni fa, Dio ti ha chiesto di pregare per una persona che aveva un angelo che dimorava dentro la sua anima?».

Lo guardai fissamente. Come avrei potuto dimenticarmene? Anni addietro, quando Megan era ancora piccolissima, l'angelo Michele mi annunciò che mi avrebbe fatto visualizzare una persona molto speciale, spiegandomi che avrei dovuto pregare fino alla fine dei miei giorni, affinché le creature celesti la proteggessero. Sempre quel giorno, avevo chiesto a Michele cosa avesse di tanto speciale quella persona. «Posso solo dirti» replicò lui «che nella sua anima dimora un angelo.» Rimasi sconvolta nell'udire una simile rivelazione, esterrefatta al pensiero che qui in Irlanda, nel Paese in cui risiedo, vivesse qualcuno con un angelo dentro l'anima! Michele si protese in avanti; mi prese una mano e me la strinse, spiegandomi che sarebbe trascorso ancora del tempo prima che ciò accadesse, ma Dio voleva che io fossi già al corrente del fatto che un giorno l'avrei incontrata. Avrei voluto saperne di più, ma lui si rifiutò di aggiungere altro, limitandosi a rammentarmi che Dio voleva che io pregassi; subito dopo aver pronunciato queste parole, scomparve.

Mentre salivo su per la rampa che collegava il parcheggio all'edificio dell'ospedale, il mio sguardo fu catturato da una signora che mi aveva superato, camminando con un passo frettoloso. Indossava un cappotto blu scuro, era più alta di me, snella e con i capelli neri. L'avevo comunque vista solo di spalle. Nel preciso istante in cui feci per varcare l'ingresso, sentii alcune gocce di pioggia cadermi addosso. Mentre salivo le scale all'interno del nosocomio, fui superata da una donna che indossava un cappotto di colore scuro. Anche questa volta, ero riuscita a vederla solo di spalle. Chiesi agli angeli se fosse la stessa donna che avevo visto prima, e loro mi risposero di sì. A quel punto, volevo sapere per quale motivo non mi permettessero di visualizzare il suo volto. Confesso che la cosa mi stava mettendo addosso una certa ansia, però gli angeli non mi risposero. Fui tentata di raggiungerla per cercare di guardarla in faccia ma, proprio in quel momento, un'infermiera mi chiese se avevo bisogno di aiuto.

Varcai la soglia della stanza in cui era ricoverata Molly, che fu felice di vedermi. Mentre chiacchieravamo del più e del meno, le tenni la mano recitando mentalmente una preghiera nella speranza che potesse riprendersi. Entrò un addetto al servizio ristorazione per servire il tè alle degenti, e ne offrì una tazza anche a me. Sorseggiammo la nostro bevanda, rimanendo sedute a conversare piacevolmente. D'un tratto, Molly mi apparve più ansiosa del solito; si mostrò preoccupata per via del traffico, che a suo dire era molto intenso, e mi esortò ad andare via prima che diventasse eccessivamente caotico. Apparve un angelo, che si sedette all'estremità del suo letto. Rimasi a osservarlo mentre le prendeva una mano; contemporaneamente, la luce dell'angelo custode di Molly divenne più intensa per un brevissimo istante, riuscendo così a mitigare l'ansia che la stava attanagliando. Mentre bevevo un ultimo sorso di tè, vidi apparire un altro angelo sulla soglia della stanza, dicendomi che era giunto il momento che me ne andassi. Diedi un bacio a Molly e feci per uscire, ma l'angelo mi trattenne dicendomi di voltarmi indietro. Ubbidii, notando così che Molly si era già addormentata mentre un angelo le teneva la mano. Era una scena davvero incantevole.

Mentre uscivo dall'ospedale per ritornare verso il parcheggio, mi accorsi che splendeva il sole e che uno stuolo di angeli si stava radunando intorno a me. Chiesi loro cosa ci facevano lì, ma mi ignorarono. Stavo scendendo lungo la rampa quando, d'un tratto, l'angelo Michele riapparve accanto a me. «Anche se Molly non vuole che tu rimanga imbottigliata nel traffico, temo che Dio abbia deciso diversamente» mi disse.

Sollevai lo sguardo su di lui. «Il traffico non mi sembra così terribile» replicai. Guardai nuovamente Michele, e notai che sorrideva. «Vuoi dire che lo vedrò adesso?» Fui sopraffatta da una tale angoscia, che a stento riuscivo a respirare.

«Lorna, va tutto bene; fai un respiro profondo» disse annuendo con il capo.

«Lo vedrò qui a Cork?» gli domandai con voce tremante.

Michele accennò nuovamente di sì con il capo. «Adesso falla finita con le domande e sali in macchina.»

Girai la chiavetta dell'accensione e mi guardai attorno. Fu allora che mi resi conto di non poter fare retromarcia e uscire dal parcheggio, a causa della coda di automobili che mi ostruivano il passaggio. A quanto pare, sembravano tutti ansiosi di uscire dal parcheggio in quello stesso momento. Era praticamente impossibile muoversi, e io non potei fare nulla se non restarmene seduta a pregare.

Rimasi lì dov'ero per una decina di minuti quando, all'improvviso, un angelo mi disse di far retromarcia. Ubbidii e un attimo dopo sentii il clacson di un'automobile che si era fermata per consentirmi di uscire. Adesso mi trovavo anch'io all'interno di quella lunga coda. Circa mezz'ora dopo, riuscii finalmente a scendere dalla rampa del parcheggio e a imboccare la strada principale. Avevo inserito il freno a mano, aspettando che si aprisse un varco nel traffico, per potermi immettere sulla carreggiata quando, d'un tratto, ogni angolo della strada si riempì all'inverosimile di angeli. Mentre aspettavo di potermi muovere, rimasi a osservarli fluttuare fra le automobili che transitavano. Poi l'angelo Michele apparve nuovamente accanto a me. «Lorna, vedi quel furgone bianco alla tua destra? Sarà quello a farti capire quando immetterti sulla strada davanti a lui. Non aver paura di bloccare il traffico!» Scomparve subito dopo aver pronunciato quelle parole. Ci saranno state più o meno sei automobili davanti a quel furgone, ma alla fine lo vidi svoltare all'altezza dell'ingresso del parcheggio, permettendo così di far accadere quanto preannunciato dall'angelo. Riuscii dunque a immettermi sulla strada, bloccando per alcuni istanti la corsia attigua, dopodiché un'altra automobile mi consentì di avanzare. Mi ritrovai imbottigliata nel traffico, procedendo a passo di lumaca.

Sentivo la presenza di tutti i miei angeli: Michele, Hosus, Elia, Kaphas, Elisha e molti altri. Udii una voce che mi disse di continuare a mantenere lo sguardo fisso davanti a me. D'un tratto, Michele mi comunicò mentalmente: «Attenta all'autobus!». In quel preciso istante, vidi un autobus a due piani sbandare verso di me al rallentatore, per poi andare a cozzare contro un'auto in sosta, senza nessuno a bordo. Vidi l'autista che scendeva dal mezzo in preda allo smarrimento, senza capacitarsi di come potesse essere finito contro quella macchina. Il traffico, che procedeva in senso opposto rispetto alla fila in cui mi trovavo io, si era completamente bloccato, mentre la carreggiata alla mia destra era sgombra di automobili.

L'atmosfera intorno a me divenne incredibilmente statica, mentre avvertivo un'enorme pressione esercitata dalla presenza dei miei angeli. Le automobili, le persone e gli uccelli non si muovevano più. Era come se ogni cosa fosse avvolta in una coltre di immobilità. Non si muoveva una foglia, seppur in modo impercettibile. L'unica cosa che vidi muoversi era la luce di un'energia che saliva dal terreno come una nebbiolina. Qualcuno mi disse di guardare a destra, e fu allora che notai la donna con il cappotto blu scuro, che avevo intravisto prima. Camminava sul marciapiede a una distanza di circa sessanta metri rispetto al punto nel quale mi trovavo ora. Sembrava avanzare al rallentatore, mentre tutto ciò che si trovava nelle sue immediate vicinanze appariva immobile. D'un tratto, la guardai raggiungere la carreggiata vuota che si snodava vicino a me. Rimasi a osservarla senza perderla di vista neppure un attimo, temendo di lasciarmi sfuggire qualche dettaglio che Dio voleva invece che notassi. In quel preciso istante, mi sentii incredibilmente leggera, al punto che non avvertivo più la presenza del sedile sul quale mi trovavo.

«Che cosa devo vedere?» chiesi a Michele. Dopo quella che mi parve un'eternità, mi disse di voltarmi nuovamente a destra. Mi apparve un bambino, che si muoveva in modo normale, indugiando qua e là come sono soliti fare i ragazzini. Quella creatura era alta e ossuta, con i capelli neri e diritti, e indossava l'uniforme scolastica. Deve aver avuto all'incirca dieci anni. La donna continuava a procedere al rallentatore. Quando giunse a metà strada, si voltò chiamandolo a gran voce. Intuii subito che era sua madre. Aveva una voce ovattata, e dunque non posso dire in quale lingua si sia espressa, forse non parlava neppure in inglese. Quando il bambino scese dal marciapiede per seguire sua madre, fu come se anch'egli avesse rallentato bruscamente l'andatura, avanzando a fatica. Ogni suo movimento mi appariva come una moltitudine di movimenti che avvenivano a ondate. Quella sequenza aveva un che di inverosimile. Il bambino avanzava dentro una luce color cremisi con una sfumatura blu scuro, che si estendeva per poco meno di un metro all'esterno del suo corpo. Ebbi l'impressione che i suoi piedi non toccassero terra, quasi stesse camminando in un'altra dimensione spazio-temporale. Mentre avanzava, notai che il suo aspetto passava in rapida sequenza da quello di un bambino a quello di un adulto alto e affascinante, per poi ritornare piccolo. Questo avvicendamento si ripeté diverse volte, finché d'un tratto la creatura sostò in mezzo alla strada, a circa un metro e mezzo rispetto al punto nel quale mi trovavo io; poi si voltò a guardarmi, rivolgendomi un sorriso radioso. Il suo volto si illuminò, e fu come se la luce blu e cremisi che lo avvolgeva fosse esplosa sollevandolo da terra. La sua anima fuoriuscì in un'incredibile esplosione di luce, seguita da un angelo che dimorava al suo interno.

Per una frazione di secondo, vidi solo quell'angelo enorme, con due ali smisurate e il corpo avvolto in una tunica color panna e una sfumatura dorata fra le pieghe del tessuto. L'elemento più incredibile del suo aspetto era rappresentato dagli occhi azzurri profondi e luminosissimi. Fu allora che il bambino, la sua anima e l'angelo si fusero insieme, formando un'unica entità, enorme e smisurata, che faceva sembrare piccolissimi i palazzi su entrambi i lati della strada. Quell'entità sembrava muoversi verso l'alto, per poi ridiscendere improvvisamente verso il basso. Gli occhi di quella creatura emanarono un bagliore fortissimo, permettendomi di scorgervi un abisso sconfinato di luce blu e cremisi. Non dimenticherò mai quello sguardo. In questo momento, mentre scrivo, mi rendo conto per la prima volta che quelli erano gli occhi dell'angelo che scrutavano attraverso occhi umani. Mi sentivo al culmine della felicità; di tutte le cose che avevo visto quel giorno, quella scena rappresentò la più grande fonte di gioioso stupore.

Il bambino riacquistò il suo aspetto normale, e mi accennò un sorriso mentre attraversava la strada di fronte a me, questa volta con un incedere normale. La donna camminava con passo spedito, precedendo il figlio che d'un tratto si mise a correre per raggiungerla, mentre il traffico riprese regolarmente. Mi sentivo letteralmente sconvolta da ciò che avevo appena visto, e non so neppure come sia riuscita a guidare senza problemi. Non appena mi fu possibile, accostai l'automobile al marciapiede, spensi il motore e chiamai Michele a gran voce, perché volevo che mi spiegasse il significato dell'esperienza che avevo vissuto poco prima.

«Un angelo dimora nell'anima di quella creatura, Lorna.»

Gli chiesi quante volte era accaduto prima di allora. «Pochissime volte; succede molto di rado» replicò. Tacque per un breve istante e poi soggiunse: «Ti ricordi la prima volta in cui ti è apparso l'angelo Elia, quando eri piccola? Ti ricordi che ti ha raggiunto camminando sul pelo dell'acqua, per venire a parlarti di Joe?». Accennai di sì con il capo. Come avrei potuto dimenticare quel momento?

Michele riprese a parlare, aggiungendo: «Elia era una delle pochissime persone, che avevano un angelo dentro la loro anima. Molti lo conoscevano come il profeta Elia. Dio gli può chiedere di assumere le sembianze di un angelo per comunicare un messaggio, proprio come ha fatto con te».

Guardai Michele sbalordita, mentre lui continuava a parlare. «Le anime normali non vengono rimandate sulla Terra come angeli, perché gli angeli non hanno un'anima, Lorna, ma il profeta Elia e quel bambino sono due creature rarissime e speciali.» Michele pronunciò queste parole tenendomi una mano e rivolgendomi un sorriso talmente meraviglioso, che non potei fare a meno di sorridere a mia volta.

Dissi: «Michele, stento a immaginare che tu e gli altri angeli possiate essere più speciali di quanto già non siate». Lui sorrise.

«Fammi finire. Sono rarissime le occasioni in cui Dio ha permesso a un angelo di dimorare dentro l'anima di un uomo, e di diventare parte integrante di quella stessa anima. Dio ha permesso che ciò accadesse di nuovo, e tu dovrai pregare per quel bambino man mano che crescerà e diventerà un adulto. Prega affinché gli sia concesso di vivere e di fare ciò che Dio si aspetta da lui. Esiste una possibilità concreta che lo distruggano, ed è per questo che ha tanto bisogno delle tue preghiere. Devi pregare affinché gli sia concesso di vivere.»

Avrei avuto ancora molte domande da rivolgere a Michele, ma lui era già scomparso dalla mia vista. So che alcune cose trascendono l'umana comprensione, e so benissimo che non riusciremo mai a capire tutto. Mentre guidavo verso casa, riflettendo su ciò che avevo appena visto, pregai con tutto il cuore affinché a quel bambino fosse concessa l'opportunità di crescere e di realizzare quello che Dio si aspettava da lui.

Ancora adesso, prego per lui ogni giorno poiché quella creatura fa parte del futuro dell'umanità. Dovrà contribuire a portare la pace in questo mondo, a porre fine alle guerre, alla fame e alla carestia, e a riportare la giustizia fra i popoli, permettendo a chiunque di condurre un'esistenza dignitosa.

Capitolo 32

Jimazen

L'anno successivo al lancio del libro si rivelò alquanto frenetico; dovevo rilasciare molte interviste, e mi vidi spesso costretta a fare avanti e indietro fra Johnstown e Londra. Inutile dire che continuavo anche a fare la mamma a tempo pieno. Megan aveva solo dodici anni ed era una ragazzina molto esigente, un po' come tutti gli adolescenti. Per fortuna, Ruth e i miei due figli maschi mi avevano sempre dato una mano, altrimenti la mia vita sarebbe divenuta impossibile.

Gli angeli mi avevano messo in guardia sull'enorme fatica che avrebbe comportato la stesura del libro, senza però chiarire che cosa implicasse realmente un simile impegno, e comunque tralasciando di porre l'accento sulla mole di lavoro che mi attendeva dopo la pubblicazione. Dal canto mio, avevo creduto, peccando di ingenuità, di dovermi semplicemente limitare a scrivere... senza dovermi fare carico di ulteriori incombenze.

Ricordo che il libro era già uscito quando un sabato di primavera decisi di concedermi qualche ora tutta per me. Volevo andare a trovare una coppia sposata con prole, che vive in una casa all'interno di una valle deserta in mezzo alle colline di Wicklow. Sapendo che quella zona offre scenari mozzafiato, mi ero messa in viaggio nel primo pomeriggio con l'intenzione di non trattenermi molto a lungo, in modo che potessi avanzare del tempo per fare una gita in collina.

Benché fossimo in primavera, non faceva troppo caldo. Il cielo era coperto, anche se a tratti il sole faceva capolino fra le nuvole. A ogni buon conto, non ebbi l'impressione che potesse piovere. I sentieri che si inerpicano su per i pendii collinari sono molto tortuosi. Quel giorno non seguii nessun tracciato ben preciso, ritrovandomi sulla vetta di un monte in modo del tutto casuale. Poiché le montagne irlandesi sono molto basse, a volte le definiamo colline e altre volte montagne. Il monte più alto è situato nella regione di Wicklow, e sfiora a malapena i mille metri. Una volta raggiunta la vetta, parcheggiai la macchina per iniziare la mia passeggiata. C'era pochissima vegetazione su quel terreno brullo, a eccezione di qualche ginestra e di alcuni ciuffi d'erica che spuntavano in quella distesa infinita di ciottoli e pietre. Dal punto nel quale mi trovavo, si godeva un panorama incredibilmente vasto, che mi permetteva di scorgere in lontananza molte colline, alcune delle quali erano più alte rispetto alle altre. Vedevo bene anche il fondovalle, dove scorreva un fiume.

All'improvviso, ogni cosa fu avvolta da un alone di luce particolarmente vivida e intensa. All'inizio pensavo che fosse il sole, salvo poi rendermi conto che non era così. Scese un silenzio irreale, come se l'atmosfera fosse divenuta immobile. D'un tratto, ebbi la certezza che l'angelo Jimazen mi sarebbe apparso di lì a poco, e fui assalita dalla paura.

Quando lo vidi per la prima volta, mi spaventai. Ancora adesso, provo una grande soggezione al suo cospetto. Jimazen è un angelo molto potente e molto importante per il nostro pianeta, è il guardiano di questo mondo, al punto che potremmo definirlo per molti versi l'angelo custode della Terra.

Dobbiamo divenire consapevoli del fatto che il nostro è un pianeta meraviglioso e pieno di vita. È un dono di Dio, che però condividiamo con altre creature. Anche se può sembrare paradossale, esso dispone di una propria forza vitale, meglio nota come spirito. Secondo alcune tradizioni, si tratta della Madre Terra. Jimazen è l'angelo che fa di tutto per domare e lenire le sofferenze della Madre Terra, impedendole di ribellarsi.

Il mio primo incontro con lui si era rivelato diverso rispetto a quelli che avevo avuto con gli altri angeli. All'epoca ero molto piccola (avrò avuto cinque anni), e abitavo ancora a Old Kilmainham. In quel momento, stavo giocando con alcuni sassolini nel giardino della nostra casa, scrutando i meli che si stagliavano nel prato del nostro vicino oltre il muro divisorio. D'un tratto, fui circondata da una folta schiera di angeli, i quali mi dissero: «Guarda, Lorna! Osserva l'angelo in fondo al prato!». Mi sollevai sulla punta dei piedi, ma non riuscivo a vedere nulla.

«Credo che quell'angelo si sia nascosto» risposi agli angeli disposti in cerchio intorno a me. «L'unica cosa che vedo è la luce che scende dai meli finendo sull'erba e sui fiori di campo.»

«Lorna, guarda sopra i meli» insistettero. Feci come mi avevano detto, e fu allora che notai quell'angelo enorme, simile a un gigante corpulento, mentre faceva capolino in mezzo agli alberi, più o meno a cinquecento metri dal punto nel quale mi trovavo. Non saprei dire fino a quale altezza si fosse proteso verso il cielo. Indossava un'armatura rossa e dorata, con una sfumatura di nero. A dispetto dei lineamenti contratti del viso, emanava una certa soavità. Mi ritrassi, anche se gli angeli mi bisbigliarono all'orecchio: «Va tutto bene, Lorna, non aver paura!».

Quell'angelo abbassò lo sguardo su di me e sorrise. «Lorna, sono l'angelo Jimazen.» Tese in avanti la mano sinistra per accarezzarmi. Per una frazione di secondo, ebbi l'impressione di essere al suo fianco, ritta accanto al suo piede smisurato, salvo poi ritrovarmi in prossimità del muro del giardino. Mi ero spaventata a morte.

Jimazen disse: «Respira, Lorna!». Nella mano destra stringeva un enorme bastone di legno, alto quasi quanto lui. D'un tratto, il bastone prese ad allungarsi, scendendo verso il basso finché non venne a contatto del suolo, percuotendolo con una tale violenza che lo fece tremare; dopodiché scomparve. Ero atterrita; prima di allora, non mi era mai capitato di sentire la terra muoversi in quel modo; girai sui tacchi e mi precipitai dentro casa, correndo più veloce che potei.

Gli angeli, che si erano disposti in cerchio intorno a me, mi bisbigliarono all'orecchio che andava tutto bene, ma io continuavo ad avere paura. Per fortuna, in quel momento la mamma si trovava all'interno del negozio di fronte a casa, dove mio padre riparava le biciclette. Mi porse una fetta di pane e marmellata, che mi aiutò a rinfrancarmi e a dimenticare lo spavento.

Non devo necessariamente trovarmi all'aria aperta, se voglio che Jimazen mi appaia. Può succedere in qualunque altro posto, anche nella cucina di casa mia. Benché le sue apparizioni mi incutano un certo timore, con gli anni ho imparato che lui ha difficoltà nel dominare lo spirito della Terra, a causa delle azioni deleterie che abbiamo compiuto noi esseri umani. In altre parole, quando mi appare significa che su di noi incombe una catastrofe! Quasi sempre, infatti, a distanza di poco tempo, scopro che un angolo del nostro pianeta è stato sconvolto da una calamità naturale, come per esempio un terremoto, un'alluvione, uno smottamento o un'eruzione vulcanica.

Jimazen mi ha insegnato che noi, in quanto abitanti della Terra, dobbiamo smetterla di distruggere il nostro pianeta. Dobbiamo smetterla di inquinare i fiumi e l'aria utilizzando sostanze nocive, di disboscare le foreste, di trivellare la crosta terrestre, di scavare pozzi per estrarre senza misura petrolio, gas e altri minerali.

La Madre Terra sta cercando disperatamente di proteggersi, e di non far morire la vita preziosa che dimora dentro e fuori di lei. Ciò non toglie che i danni che le cagioniamo con incredibile velocità siano eccessivi, senza che le venga lasciato il tempo necessario per rigenerarsi. In simili circostanze, è inevitabile che cerchi di difendersi, dibattendosi e contorcendosi per sforzarsi di guarire ma, quando lo fa, finisce per distruggere la vita che esiste sulla sua superficie, e che scaturisce dalle sue viscere.

Con il passare degli anni, ho avuto modo di notare con crescente assiduità che Jimazen fatica sempre di più a dominare lo spirito della Terra, ed è arrabbiato con noi perché non lo ascoltiamo. Mi confida le sue crescenti difficoltà nel dominarla, poiché noi esseri umani la stiamo saccheggiando sempre più. La stiamo uccidendo.

In quel pomeriggio di primavera, che avevo trascorso in mezzo alle colline di Wicklow, ebbi la certezza che Jimazen mi sarebbe riapparso di lì a poco, e questo mi gettò in uno stato di grande apprensione.

La terra tremò. Jimazen apparve sopra di me, sospeso a circa novanta metri dalla mia testa. Come di consueto, aveva l'aspetto di un gigante; non vedevo le ali, ma in compenso stringeva fra le mani una clava, mentre sul suo volto si leggevano rabbia e frustrazione. Mi comunicò senza parole che stava tentando disperatamente di dominare lo spirito della Terra, anche se stavolta dubitava di farcela. Si era presentato qui con l'intenzione di lanciare un avvertimento al genere umano.

Per un motivo che tuttora mi sfugge, mi chiese di pregare Dio. Non so perché un angelo così potente come lui abbia bisogno delle mie preghiere. Mi chiese di pregare affinché gli sconvolgimenti che lo spirito della Terra avrebbe provocato non si rivelassero troppo devastanti da indurre un sacrificio eccessivamente grande in termini di vite umane.

D'un tratto, scomparve, lasciandomi in preda all'angoscia e con il corpo scosso da tremiti violenti. Tremavo al punto che non so neppure come ho fatto a raggiungere la macchina; l'unica cosa che ricordo è il calore dell'abitacolo nel quale mi ero seduta. Credo di essere rimasta in auto a pregare per un'ora o due, ripensando anche alle visioni che avevo avuto in passato riguardo allo spirito della Terra.

La prima volta che mi fu mostrato avevo quattordici anni, e stavo portando a spasso Shane, il pastore alsaziano della mia vicina. All'improvviso, il cane si fermò, sdraiandosi accanto a me sul sentiero che stavamo percorrendo. Non saprei dire per quale motivo lo aveva fatto; so soltanto che all'improvviso avvertii la presenza di Jimazen: fu allora che mi accorsi che era apparso sopra di me. Colpì il terreno alcune volte con la clava, proprio come aveva fatto in occasione del nostro primissimo incontro. In quel preciso istante, sentii chiamare il mio nome da una voce delicata e suadente. Intuii subito che era quella della Madre Terra.

La terra si spalancò, permettendomi di scrutare nel più profondo delle sue viscere. Al centro, accoccolata su se stessa come un feto, vidi la Madre Terra in tutto il suo splendore. Notai che era lunghissima, florida e dall'aspetto levigato intriso di sfumature smeraldine nei toni del verde e dell'azzurro, che si intrecciavano formando delle venature dorate. Mi bastò una semplice occhiata per cogliere la sua essenza femminile. Quando sollevò lo sguardo su di me, notai che era straordinariamente bella e affascinante. Le sue fattezze evocavano molto vagamente quelle di un comune mortale. Non aveva una testa come noi esseri umani; direi piuttosto che il suo volto formava un tutt'uno con il corpo. Si limitò a sorridermi senza proferire parola; mi fu tuttavia concesso di osservarla mentre si voltava con estrema delicatezza. Ebbi l'impressione che anche le sue braccia fossero diverse dalle nostre; mi sembrava ne avesse una moltitudine, che però non avevano nulla a che vedere con i tentacoli di una piovra. Era come se ci fosse un'enorme quantità di vele fatte di un materiale simile alla seta, che si gonfiavano al suo esterno. Mentre osservavo quella scena, mi parve che la Madre Terra si stesse allungando. Muovendosi sempre con estrema delicatezza, tese in avanti le braccia, fino a lambire quelle regioni del nostro pianeta che dovevano essere guarite.

Lo spirito della Terra è come una madre che sfama le sue creature. Noi viviamo sulla crosta terrestre, che rappresenta la sua pelle. Nel suo grembo, dimorano altre forme di vita, che per lei sono preziose in ugual misura, poco importa se si tratta degli individui piuttosto che degli animali, degli alberi e dei fiori, degli oceani e dei fiumi, delle montagne e dei deserti. Le stiamo chiedendo troppo. Non possiamo continuare a saccheggiarla, senza darle nulla in cambio. Tutti noi sappiamo che, a lungo andare, un costante sovraccarico dei reni sfocia ineluttabilmente in una condizione patologica, se non addirittura nella morte. Lo stesso principio vale per il nostro pianeta. Quando esercitiamo troppa pressione sulla Terra, essa reagisce con violenza per poter sopravvivere. Il riscaldamento globale costituisce la metafora più evidente, poiché delinea la reazione della natura contro i maltrattamenti che riserviamo all'ambiente.

L'angelo Jimazen mi ha detto che dobbiamo porre fine a tutto ciò. Queste sono le parole che mi ha riferito: «Se alla Madre Terra non viene concesso il tempo necessario per riprendersi e per guarire, è assai probabile che un giorno sarà costretta suo malgrado a ribellarsi, per poter sopravvivere. Non si può affatto escludere che ciò comporti la distruzione di un'enorme quantità di forme di vita». Jimazen è un angelo con un enorme potere, che è chiamato a svolgere un compito che richiede una grande forza. Mi è difficile spiegare quello che provo al suo cospetto. È un angelo molto sanguigno ed esuberante, che mi manifesta le sue emozioni in un modo tutto suo, che non ha nulla a che vedere con l'atteggiamento tipico degli angeli. Anche il modo in cui mi fa sentire la sua forza è diverso rispetto a quello di un angelo qualsiasi. Ruggisce e impreca contro quello che facciamo, soprattutto quando si sente incapace di impedirci di fare ulteriori danni. Il suo potere mi spaventa, seppur nella consapevolezza del ruolo importante che riveste ai fini della sopravvivenza della Terra e della razza umana.

L'angelo Jimazen sente il dolore che affligge lo spirito della Terra. Prova molta compassione per noi e per lei benché, sotto molti aspetti, abbia ingaggiato una battaglia contro il nostro pianeta per cercare di dominarlo, invocando anche l'aiuto di Dio. Talvolta, lo vedo mentre lotta, cosa che non ho mai visto fare ad altri angeli di Dio. Eppure so che, quando lui lotta con la Madre Terra, nello strenuo tentativo di immobilizzarla e di impedirle di dibattersi convulsamente, lo fa soltanto per amore.

Jimazen è come il rombo del tuono che vibra sopra la Terra. Quando lo vedo, si ferma e rimane immobile solo per una manciata di secondi. Ricordo che un giorno aveva sostato per un breve istante, nell'intento di mostrarmi ciò che potrei descrivere come uno scudo di luce che avvolgeva l'intero perimetro del mondo. Era uno scudo composto da una serie di linee rette intrise di luce, che andavano da un punto all'altro della superficie terrestre. L'ampiezza di quelle righe mi era sembrata di poco superiore rispetto a un tratto di matita. Non avevo idea della distanza che separava quei diversi punti. Ce n'erano un'infinità che sembravano intersecarsi costantemente. Nessuna linea era sovrapposta a un'altra. Domandai a cosa servisse quello scudo; gli angeli mi risposero che la sua funzione consisteva nell'impedire alle particelle negative di invadere il pianeta Terra.

Jimazen mi aveva spiegato che i punti di intersezione delle linee si chiamano «angoli della Terra», e che ne esistono un'infinità. Io non sono in grado di comprendere come questo schema possa contenere un numero così elevato di angoli; mi limito solo a ripetere ciò che mi è stato detto. In corrispondenza di ciascun angolo, si trova un angelo incaricato di aiutare, senza mai allontanarsi dal punto che gli è stato assegnato. Jimazen si sposta attraverso queste linee di luce. È l'unico angelo che io conosca a spostarsi in questo modo, prodigandosi costantemente per preservare l'integrità dello scudo. È fiero del compito che gli è stato affidato, e non si allontana mai dalla Terra. La maggior parte degli angeli va e viene, ma ignoro se Jimazen sia mai stato altrove. So solo che lui è qui da quando esiste questo mondo, e ci rimarrà per sempre o almeno fintanto che il pianeta Terra non scomparirà.

Alcune persone si impegnano moltissimo a favore dell'ambiente, ma anche noi dobbiamo contribuire seppur nel nostro piccolo. Dobbiamo comprendere una volta per tutte che ognuno di noi è responsabile delle sorti di questo pianeta e che, se non faremo qualcosa, le future generazioni pagheranno un prezzo terribile. Provate a immaginare una realtà in cui i vostri nipoti o pronipoti saranno costretti a vivere sotto una campana di vetro, piuttosto che in un'area delimitata da uno spazio invalicabile dove tutto (anche l'aria che respirano) è controllato. Siamo ancora in tempo per decidere di riservare un trattamento migliore all'ambiente in cui viviamo. Mi è stato mostrato uno scenario futuro ipotizzabile, dove la natura incontaminata e l'aria purissima rendono questo pianeta diverso rispetto a com'è oggi. Ciò non toglie che, per poter concretizzare questa prospettiva, dobbiamo agire subito e in fretta.

Era già buio quando mi lasciai alle spalle Wicklow, per rimettermi in viaggio verso casa con il cuore greve di tristezza.

Capitolo 33

Reincarnazione

Mi ero recata ad Amsterdam per rilasciare alcune interviste e tenere una conferenza; in quell'occasione, avrei anche dovuto incontrare i responsabili della casa editrice, che aveva curato la pubblicazione del mio libro in lingua olandese. Jean mi aveva accompagnato in quella trasferta. Alloggiammo in un bellissimo albergo che sorgeva lungo la sponda di un canale; ben presto, ebbi modo di scoprire che era conosciuto per aver dato ospitalità a molti scrittori. In una sala, era stata allestita una biblioteca colma di libri autografati dagli autori che avevano soggiornato presso quella struttura. Quando mi fu chiesto di apporre un autografo su una copia del mio libro, per aggiungerlo ai volumi della biblioteca, confesso di essermi sentita onorata.

Il giorno del nostro arrivo, andammo alla ricerca di un ristorante per mettere qualcosa sotto i denti. Una volta fuori dall'albergo, l'angelo Michele mi prese la mano bisbigliandomi all'orecchio: «Nei prossimi giorni, vedrai qualcosa di molto speciale, qualcosa che non ti capita di vedere troppo spesso».

«Mi piacciono le sorprese» dissi con un sorriso. Sulle prime, avevo pensato che quel «qualcosa di speciale» si riferisse ad alcuni luoghi suggestivi di Amsterdam. In realtà, gli angeli avevano in serbo per me qualcosa di molto più strabiliante.

Amavo molto passeggiare lungo le vie della città, che è davvero straordinaria. Tutti si spostano in bicicletta, compresi i manager in giacca e cravatta, le donne in abito elegante, e i genitori con i loro bimbi, adagiati in un carrettino di legno fissato sul lato anteriore o posteriore. Ovviamente vedevo anche molti angeli, che a tratti sembravano pedalare anche loro.

Ci sedemmo in un ristorante all'aperto, che si affacciava su una piazza affollatissima, e pranzammo scrutando i passanti, che si muovevano in quella cornice piacevolmente frenetica. Finito di pranzare, Jean si allontanò per sbrigare alcune commissioni, non prima di esserci date appuntamento in albergo un'ora dopo.

Jean se n'era appena andata, quando l'angelo Michele mi bisbigliò all'orecchio: «Lorna, guarda in fondo alla strada». Ubbidii, notando subito come ci fosse un incessante viavai di persone. Più o meno a una distanza di tre passi alle spalle di tutti quei passanti, vedevo la luce dei loro angeli custodi. Ce n'erano anche altri e, di quando in quando, scorgevo la sagoma di un'anima che camminava affiancata a una persona. D'un tratto, vidi arrivare due ragazzi che sostarono a chiacchierare a una trentina di metri dal punto in cui ero seduta.

Michele mi bisbigliò all'orecchio: «Osserva con attenzione, Lorna». Quei due ragazzi tacquero per un breve istante, permettendo così alla luce dei loro angeli custodi di divenire più intensa. Ebbi la netta sensazione che, per un attimo fugace, la strada e tutto ciò che conteneva fossero piombati nell'immobilità più assoluta. Vidi altri angeli camminare lì vicino, mentre due si fermarono in piedi in mezzo a loro. Non so come siano riusciti ad aprirsi un varco fra quei due giovanotti. Ogni volta che assisto a simili prodigi compiuti dagli angeli, rimango letteralmente ammaliata.

I due ragazzi ripresero a parlare, e fu allora che vidi la sorpresa che gli angeli avevano in serbo per me! L'anima del ragazzo più grande si stava muovendo dentro il suo corpo finché, d'un tratto, fuoriuscì manifestandosi ai miei occhi con le fattezze di un soldato, non della prima o della seconda guerra mondiale, bensì di un'epoca assai più remota. Notai che la sua pelle era giallognola. Sull'ovale del volto incorniciato dai capelli castani, risaltava l'azzurro degli occhi. I pantaloni dell'uniforme, fatta di un tessuto ruvido e pesante di colore grigio, erano lunghi oltre il ginocchio. Calzava un paio di scarpe di cuoio grezzo con il cinturino. Portava una spada infilata di sbieco nella cintura; dietro la schiena, si intravedeva la sagoma di un'altra lunga arma appuntita infilata sempre di traverso nella cintura. Benché quelle armi gli conferissero un aspetto imponente e un tantino cruento, mi resi conto ben presto che, se fosse vissuto ai giorni nostri, nessuno lo avrebbe considerato un uomo di alta statura.

Michele mi disse mentalmente: «In un'altra vita, quell'uomo era un soldato». Sollevai di nuovo lo sguardo su di lui, vedendo il suo aspetto attuale sovrapporsi a quello della sua incarnazione passata, mentre l'uomo scrutava nella mia direzione. Il suo amico era ritto accanto a lui, ma ebbi l'impressione che gli angeli lo avessero «ibernato», estromettendolo dalla dimensione temporale. Fu in quel momento che riuscii a comprendere per quale motivo i due angeli si erano collocati fra loro: desideravano semplicemente proteggere il più giovane dalla sequenza riguardante la precedente incarnazione del suo amico, che mi stavano «proiettando» in quel preciso istante.

La luce dell'angelo custode del giovane che si era reincarnato ridivenne intensa, palesando un aspetto che aveva ben poco di umano. Sembrava piuttosto un turbine di sfolgorante bellezza, che si muoveva vorticosamente alle sue spalle. A ogni buon conto, ho la netta sensazione che il suo angelo custode fosse intriso di energia maschile.

La vita riprese a muoversi con i consueti ritmi, ma io continuavo a vedere con grande nitore la sagoma del soldato, che si celava dentro il corpo di quel giovane. D'un tratto, questo salutò il suo amico, e corse via per poi scomparire dalla mia vista una volta giunto in fondo alla strada. Rimasi seduta a riflettere sul tema della reincarnazione. Avrei avuto tante domande da rivolgere a Michele sui motivi alla base della sua decisione di mostrarmi la scena alla quale avevo appena assistito, ma non mi fu concesso di farlo.

Finora, ho avuto modo di vedere solo una ventina di anime che si sono reincarnate. Ricordo un'occasione in cui un giornalista mi aveva chiesto se tutti noi ci reincarniamo subito dopo la morte. Ammetto di essere rimasta spiazzata da quella domanda; ciononostante, gli ho detto di non aver mai visto una sola anima che non sia andata direttamente in Paradiso subito dopo la morte, aggiungendo: «Se siamo in Paradiso, perché dovremmo voler tornare indietro?». So bene che tutti noi vorremmo credere che il nostro desiderio di ritornare sia legato al fatto che i nostri cari sentono molto la nostra mancanza e soffrono atrocemente per questo. Può anche darsi che sia così; ciò non toglie che un'anima che è andata in Paradiso riesca a fare molto di più per la sua famiglia dalla dimensione ultraterrena nella quale si trova, di quanto le sia stato umanamente possibile compiere nel corso della sua vita in questo mondo. Sappiate, per esempio, che l'anima di un vostro caro può comunicare con voi dalla dimensione ultraterrena. Non smetterò mai di stupirmi del fatto che la maggior parte delle persone capta più facilmente i messaggi provenienti da un'anima rispetto a quelli provenienti da un angelo. Tale fenomeno si spiega perché l'anima ha vissuto all'interno di un corpo umano. Mi capita spesso di sentirmi dire dalle persone che, tutte le volte in cui un problema le affliggeva, avvertivano la presenza della loro nonna piuttosto che di un altro congiunto trapassato, che stava loro vicino per aiutarle. È assai probabile che quelle persone avessero ragione, poiché questo è uno dei vari modi in cui alle anime del Paradiso viene concesso di aiutare i vivi. Un altro modo consiste nella loro capacità di intercedere per noi – presso Dio o presso un'altra persona – benché in questo caso sia indispensabile che l'angelo custode di quella persona accetti che Dio o chiunque altro interceda per lei. Si tratta di una tematica vastissima e complessa, ragion per cui posso spiegarvi solo una minima parte sia di quello che gli angeli mi hanno insegnato al riguardo, sia di quello che ho sperimentato direttamente.

Dopo aver abbandonato la dimensione terrena per raggiungere il Paradiso, l'anima non vuole tornare indietro, perché è molto felice lì dove si trova. Ritornerà sulla Terra, soltanto se sarà Dio a rimandarla. Quando Dio decide di far ritornare un'anima nella dimensione terrena, non è detto che si reincarni nella stessa famiglia o nella stessa nazione. Finora, ho avuto modo di assistere sporadicamente a un simile fenomeno. Ogni tanto, quando mi capita di recarmi da qualche parte, anche all'estero, mi viene fatta visualizzare una persona che si è reincarnata. In tal caso, prego e chiedo a Dio di aiutarla a realizzare lo scopo per il quale è tornata in questo mondo.

Conservo tuttora il ricordo di un'esperienza che ho vissuto quando avevo all'incirca dieci anni. Quel giorno ero seduta a guardare la televisione sul pavimento della casa di Ballymun. L'angelo Elia, che sedeva accanto a me, mi disse che l'uomo che stavo vedendo sullo schermo di quel televisore in bianco e nero aveva avuto una precedente incarnazione, e la sua anima era ritornata per aiutare l'umanità a evolvere. Quell'uomo era Martin Luther King. In quel preciso istante, visualizzai la sua vita passata. Molti di voi si stupiranno nel sentirmi dire che era un bianco, e che era vissuto in una piccola comunità rurale. Non saprei dire in quale epoca e in quale zona del mondo sia stato; l'unica cosa che posso affermare con certezza è che la lingua in cui si esprimeva non era l'inglese. Ebbi l'impressione che fosse il capo, il leader di quella minuscola comunità; ciononostante, era un operaio come il resto degli abitanti del villaggio. Lo visualizzai mentre era intento a rimuovere le pietre disseminate nei prati erbosi, coadiuvato da un gruppo di uomini, donne e bambini, ai quali impartiva ordini pur impegnandosi a sua volta in quel lavoro. Tutt'intorno, si intravedevano molti alberi pieni di foglie verdi. Era come se stessero preparando il terreno, per innalzare un muro di protezione nell'intero perimetro della comunità. So che quell'uomo – Martin Luther King – aveva raggiunto un alto livello di consapevolezza ed era animato da una fede incrollabile, pur non essendo perfetto. Dio non gli aveva permesso di condurre un'esistenza facile; eppure, a giudicare da quello che avevo visto, era dotato di una grandissima forza d'animo, che lo spingeva a lottare contro le ingiustizie con una notevole determinazione.

Elia si limitò a dirmi: «Ricordati, Lorna, che Dio ha concesso all'uomo il libero arbitrio, e lo ha concesso anche a coloro che si reincarnano. A volte capita che non realizzino l'obiettivo della loro incarnazione, o che non acquisiscano la saggezza che avrebbero dovuto trasmettere successivamente ai loro simili».

«Elia, vuoi forse dirmi che Martin Luther King non ha realizzato l'obiettivo per il quale si era reincarnato?» gli domandai.

«No, Lorna. Martin Luther King lo ha realizzato, poiché ha permesso a tutti gli abitanti di questo mondo di credere nella giustizia e nell'uguaglianza, infondendo loro la dignità e il coraggio necessari per combattere in nome di ciò che è giusto. Egli ha saputo trasmettere tutto questo non soltanto all'interno del nucleo familiare presso il quale si era reincarnato e agli afroamericani, ma anche al resto dell'umanità. Così facendo, ha permesso ai popoli oppressi delle generazioni che verranno di attingere coraggio dalla sua stessa vita. Ancora adesso, le persone che si schierano a favore degli anziani o dei diseredati, o che lottano per tutelare il diritto al lavoro, sono influenzate – indipendentemente dal fatto che ne siano consapevoli oppure no – dal suo esempio. Quell'anima ha portato a compimento la missione che Dio le aveva affidato prima di ritornare sulla

Terra. Talvolta, però, le anime attuano solo una parte infinitesimale dell'obiettivo che sono chiamate a realizzare, poiché capita spesso che la loro esistenza in questo mondo venga distrutta da altri individui.»

Ricordo un giorno in cui ero andata a pescare con mio padre; all'epoca, avrò avuto all'incirca undici anni. D'un tratto, sostammo in un minuscolo villaggio attraversato da una sola strada, in prossimità di un negozio con due pompe di benzina sistemate nelle immediate vicinanze. In quel momento, stavano riparando un trattore, mentre un signore anziano fumava la pipa seduto su una sedia a dondolo all'esterno del negozio. Diverse cataste di legna da ardere erano ammonticchiate lungo il muro dell'edificio; vicino alla porta, c'erano anche vari secchi di plastica e copertoni. Mio padre aprì il cofano dell'automobile e mi chiese di andare a prendere un po' d'acqua da versare nel radiatore. Mi disse quindi che si sarebbe assentato un attimo, giusto il tempo di comprare due cose in negozio, approfittandone anche per farsi indicare le zone migliori per pescare lungo il fiume poco lontano.

Essendo piccola di statura, faticai non poco a versare l'acqua nel radiatore. Mentre ero concentrata su quel lavoro, l'angelo Hosus apparve accanto a me. Aspettò che finissi, e poi disse: «Osserva quel signore anziano». Lo guardai, notando che era rimasto seduto a fumare la pipa, picchiettandola di tanto in tanto contro un bracciolo della sedia. Mentre scrutavo la scena, la luce del suo angelo custode divenne più intensa, permettendomi così di vedere che quell'uomo aveva vissuto una precedente incarnazione. La sua anima uscì dal corpo, mostrandomi le fattezze che aveva avuto nella vita passata. Mi apparve un uomo corpulento e con le spalle larghe. I lunghi capelli neri erano legati a coda di cavallo, incorniciando un volto dai lineamenti delicati sul quale risaltavano gli occhi marroni. A giudicare dal suo aspetto, ebbi l'impressione che non fosse irlandese, ma non saprei dire quale potesse essere il suo Paese di provenienza. Gli indumenti che indossava erano molto semplici, e realizzati in un tessuto pesante (non posso escludere che fosse lana) di colore scuro. Il suo aspetto era diametralmente opposto rispetto alle sembianze che caratterizzavano l'anziano signore seduto su quella sedia. Quel vecchietto fragile e ossuto cominciò a dondolare sulla sedia, mentre il suo angelo custode lo avvolgeva nella sua luce, protendendosi in avanti per ricollocare la sua anima dentro quel corpo raggrinzito. Dai gesti dell'angelo trapelavano una dolcezza e un amore incommensurabili. Il corpo di quel vecchietto sembrava scosso da lievi tremiti.

Gli angeli mi avevano spiegato che, quando un individuo si reincarna, il suo angelo custode deve ritornare per accompagnarlo lungo tutto il suo cammino esistenziale. Ecco perché quell'angelo è chiamato a vegliare sulla sua anima.

«Hosus, mi spieghi perché quel signore si è reincarnato?»

Replicò con un sorriso: «Perché quella famiglia doveva imparare ad amare e a prendersi cura degli altri».

«Hosus, a me sembra una cosa facilissima!» esclamai.

«Talvolta lo è, Lorna, ma può capitare che le persone non riescano a comprendere come tutto questo sia possibile» ribatté lui. «L'amore costituisce un elemento fondamentale per la vita umana. L'amore è importantissimo, e rappresenta uno dei doni più potenti e preziosi che siano stati elargiti all'umanità.»

Osservai nuovamente quella persona. «Hosus, quell'uomo ha un aspetto molto fragile. Morirà presto?»

Lui mi guardò e accennò di sì con il capo. «Non essere triste; fra poco la sua anima ritornerà in Paradiso. Morirà nel suo angolino preferito: la sua sedia a dondolo.»

Hosus scomparve nel preciso istante in cui mio padre uscì dal negozio. Chiuse il cofano della macchina, e ci accingemmo a partire. Mi voltai per l'ultima volta verso quel vecchietto, amorevolmente accudito dal suo angelo custode.

La sera stessa del mio arrivo ad Amsterdam, tenni una conferenza. Era la primissima volta che parlavo di fronte a un pubblico! Quando scesi dal taxi che aveva sostato accanto alla bellissima chiesa antica in cui avrei tenuto la mia conferenza, vidi l'angelo Michele ritto davanti all'ingresso. Ero felicissima di incontrarlo. Mentre mi accingevo a varcare la soglia di quell'edificio, lui mi sfiorò una mano infondendomi un senso di gioiosa serenità. Quando entrai nel salone, notai che si era già radunato un discreto numero di persone, attorniate da uno stuolo di angeli che facevano un allegro brusio.

Prima di presentarmi davanti al pubblico, mi isolai per qualche minuto all'interno di una saletta attigua per raccogliermi in meditazione, dopodiché entrai nel salone. Gli angeli custodi delle persone che erano lì emanavano un bagliore intenso; notai anche la presenza di altri angeli che si muovevano da un capo all'altro della sala. Chiesi loro mentalmente di attenuare un pochino l'intensità della loro luce, per consentirmi di vedere bene le donne e gli uomini seduti di fronte a me. Quando arrivò il momento riservato alle domande del pubblico, mi sorpresi nel notare come, tutte le volte che qualcuno mi rivolgeva un quesito, la luce dell'angelo custode ritto alle sue spalle divenisse più intensa, permettendomi così di scorgerne la sagoma con grande nitore. Ogni volta che assistevo a questo fenomeno, mi ritrovavo immancabilmente a indugiare per un attimo prima di parlare, al punto che mi era venuto il sospetto che il pubblico pensasse che stavo riflettendo sulla risposta giusta da dare!

È bellissimo notare come tante persone si stiano sforzando di crescere spiritualmente, e che riconoscano di avere un angelo custode che veglia sulla loro anima senza mai abbandonarle neppure per un attimo. Mi sentivo onorata per quell'invito a parlare di fronte al pubblico meraviglioso, e pregai affinché la vita di tutti e quella dei loro cari potesse scorrere all'insegna della gioia. Gli organizzatori di quell'evento avevano svolto un magnifico lavoro.

Durante il periodo che avevo trascorso ad Amsterdam, non mi sarei mai aspettata di assistere a un altro caso di reincarnazione, ma le sorprese degli angeli non erano finite. Nei giorni seguenti, mi avrebbero infatti permesso di visualizzare altre vite passate.

Fra un'intervista e l'altra, avevo deciso di andare a prendere una boccata d'aria insieme a Jean. L'angelo Michele mi bisbigliò all'orecchio: «Osserva tutto con molta attenzione, Lorna, in modo da scongiurare il rischio che tu possa lasciarti sfuggire qualche dettaglio». Mentre passeggiavo lungo la strada, fui superata da un uomo in bicicletta, che spingeva con una mano un carrettino al cui interno erano seduti un bambino di sette anni e una bambina che ne avrà avuti all'incirca quattro. Immaginai che fossero i suoi figli. Nel preciso istante in cui mi superarono, mi fu concesso di vedere che entrambe le creature erano anime reincarnate. Con mia grande sorpresa, notai che la bambina era stata un maschietto nel corso della sua vita passata. Per me, si trattò di una rivelazione del tutto inattesa. A onor del vero, non mi ero mai soffermata a riflettere sull'eventualità che un'anima possa alternare le incarnazioni, avvicendandosi fra il sesso maschile e il sesso femminile. Ripensandoci meglio, per quale motivo le incarnazioni dovrebbero essere tutte dello stesso sesso? Se possono rinascere all'interno di un nucleo familiare diverso, in un Paese e con un colore della pelle diverso, perché non potrebbero incarnarsi con un sesso diverso rispetto al passato?

Visualizzai la vita precedente della piccola: era un ragazzino di circa sette anni, che portava uno zucchetto; ne dedussi pertanto che era ebreo. Sotto il giacchino, si intravedeva una camicia bianca; è tutto quello che riuscii a scorgere. Nel preciso istante in cui la bambina si voltò nella mia direzione, altrettanto fece il ragazzino appartenuto alla sua vita passata, e che dimorava all'interno del suo corpo. Quel bambino mi sorrise, e notai che aveva dei bellissimi occhi scuri. Per quanto concerne invece l'altra anima (quella del fratello della bambina, n.d.T.) che si era reincarnata, ero riuscita a cogliere meno dettagli. Quando l'anima fuoriuscì dal corpo, vidi un bambino più piccolo rispetto a quello dell'attuale incarnazione. Non mi sembrò che fosse ebreo. In realtà, intravidi fugacemente il suo volto, prima che la bicicletta su cui pedalava il padre si allontanasse dalla mia vista. Ciò che effettivamente notai erano gli occhi che scintillavano in un volto giallognolo, incorniciato da una folta chioma di riccioli neri, che sembravano essere un po' troppo lunghi e in disordine.

Durante quella passeggiata per le vie di Amsterdam, notai che intorno a noi c'erano tantissimi adolescenti. Lo dissi anche a Jean, che attribuì la presenza di tutti quei ragazzini al grande centro commerciale a pochi passi da lì. Dal canto mio, nutrivo comunque qualche riserva dinanzi a una simile ipotesi, se non altro per la nutrita compagine di angeli che stavo vedendo. D'un tratto, un angelo mi disse: «Buona parte di questi ragazzi si trova qui per stabilire un contatto con te a livello sottile».

All'improvviso, mi passò davanti una ragazzina bionda; avrà avuto suppergiù quattordici anni ed era accompagnata da un gruppetto di amici. La luce del suo angelo custode la avvolse in un bagliore che le permise di «risaltare» maggiormente rispetto ai suoi amici. Quando la sua anima si protese in avanti, vidi che quella che stava vivendo era una nuova incarnazione. Mi voltai verso Michele, chiedendogli: «Che cosa succede?» ma lui si portò un dito alle labbra, come a sottolineare la sua intenzione di non rispondermi. L'anima di quella ragazzina assunse le fattezze che aveva avuto nel corso della sua vita passata. Per un motivo che tuttora mi sfugge, la visualizzai seduta, benché fosse in piedi. Vidi una donna sui trent'anni, per nulla somigliante all'adolescente che mi appariva. Aveva una carnagione diafana e indossava un abito lungo e attillato di colore nero, che sottolineava le sue forme generose. Su quell'abito di buona fattura era appuntata una piccola spilla d'oro; notai inoltre che la donna aveva una borsetta di cuoio lucido. Uno degli angeli, che si trovava accanto a quell'anima, mi spiegò che era stata una donna potente e autorevole presso la comunità in cui aveva vissuto.

«Michele!» esclamai senza parole, cercando disperatamente di chiedergli cosa stesse accadendo. Per quale motivo, di colpo, mi stavano facendo vedere tutti quei ragazzi che si erano reincarnati? E perché proprio ad Amsterdam? Mi rispose: «Niente domande, Lorna».

Mentre mi accingevo a ritornare in albergo, fui letteralmente assalita dalla curiosità, rimuginando sul tema della reincarnazione, e su ciò che gli angeli mi avevano detto e mostrato a tale riguardo nel corso degli anni. Fortuna volle che Jean non fosse troppo in vena di conversare, anche perché io ero persa nei miei pensieri.

Moltissime persone vorrebbero credere che noi ci reincarniamo subito dopo aver definitivamente abbandonato il corpo fisico in concomitanza con la morte; sono soprattutto i genitori che hanno perso un figlio a maturare simili convinzioni. Vi sarà senz'altro capitato di sentir dire da una madre che il suo bambino è la reincarnazione della nonna, del nonno se non addirittura di un suo fratellino o di una sua sorellina deceduta qualche tempo prima. Quella stessa madre potrebbe dirvi che il suo bambino ha lo stesso sorriso, assume le medesime posture o sceglie le stesse parole della nonna passata a miglior vita. Benché non si possa escludere a priori che tutto ciò sia vero, in realtà è piuttosto improbabile che quella creatura sia la reincarnazione di sua nonna. Tutte queste affinità potrebbero essere semplicemente indicative del fatto che nel bambino è impressa qualche informazione del codice genetico di sua nonna, passatagli dalla madre. Non mi è difficile comprendere le ragioni che ci spingono a fare simili affermazioni, specie se abbiamo subito la perdita di una persona cara. Tutti noi osserviamo i nostri figli, nel tentativo di scorgervi le caratteristiche dei nostri cari trapassati che sono ritornati in Paradiso. Non dobbiamo dimenticare che, quando arriva il momento in cui le nostre anime devono abbandonare il corpo nel quale hanno dimorato per far ritorno in Paradiso, ci ricongiungeremo ai nostri cari che se ne sono andati prima di noi.

Ero ancora una ragazzina quando un giorno portai Shane, il cane della nostra vicina, a fare una passeggiata lungo le strade del complesso residenziale in cui abitavamo. Mi sentivo un po' stanca, e decisi dunque di sedermi sopra un muretto che circondava un parco; notai subito la presenza di molte mamme che si godevano il sole insieme ai loro bambini. Alcune di loro sostavano a poca distanza da me. D'un tratto, una di queste si chinò sulla carrozzina per sfilare la federa che rivestiva il cuscino su cui era appoggiata la testa del figlioletto appena nato; poi lo prese in braccio e andò a sedersi sul muricciolo. Alcuni bambini più grandi stavano giocando a pochi passi da lì; in un altro giardino che si estendeva un po' più lontano, vidi una madre che chiacchierava con una vicina, tenendo in braccio un neonato, in prossimità del quale notai la presenza di un'anima bellissima che aveva un aspetto diverso da quello delle altre anime umane che mi era stato concesso di vedere. Era più opaca; pur essendo luminosa e trasparente come il cristallo o come uno specchio d'acqua, in un certo senso sembrava rivestita da una sostanza traslucida. Rispetto a quanto mi era accaduto con molte altre anime che avevo visto in precedenza, colsi meno dettagli riguardo alle sue fattezze umane; ebbi comunque l'impressione che quell'anima avesse assunto delle sembianze maschili, proiettando l'immagine di un giovane alto e prestante, che emanava molto amore e molta dolcezza. Essa comunicava costantemente con il neonato, pur senza proferire parola. Chiesi agli angeli che cosa stesse succedendo, ma non ricevetti nessuna risposta.

Rimasi seduta ancora per un po', dopodiché scesi dal muretto e ripresi a passeggiare con Shane, dirigendomi verso gli argini del fiume. Una volta raggiunta la nostra meta, gli tolsi il guinzaglio, permettendogli di scorrazzare liberamente. Mentre stavo lanciando alcuni rami, affinché il cane corresse a prenderli, apparve l'angelo Michele. Ero felice di vederlo e mi precipitai verso di lui, ma Shane corse più veloce di me e arrivò per primo, accovacciandosi ai suoi piedi.

«Ho saputo che ci hai rivolto alcune domande, Lorna» mi disse con un sorriso.

«Sì, Michele. Oggi, mentre ero seduta sul muretto a osservare quell'anima che parlava con il neonato, mi sono chiesta per quale motivo fosse lì. Ora che ci ripenso, non è certo la prima volta che mi capita di vedere un'anima che parla incessantemente con un neonato. Sono anime un po' diverse rispetto alle altre. Chi sono e perché questo fenomeno si verifica solo con alcune creature?»

«Lorna, le anime che hai visto accanto a quei neonati appartengono a individui che in passato hanno vissuto in questo mondo. Parlano con i neonati per contribuire a infondere loro quella forza d'animo di cui avranno bisogno quando saranno chiamati ad affrontare delle prove impegnative della vita. Sono anime guida. Le anime guida potrebbero aver fatto parte dello stesso nucleo familiare di quegli esserini, ma non è necessariamente così.»

«Michele, non sono sicura di aver capito bene» dissi con un'espressione confusa.

«Lorna, con il tempo capirai» replicò lui con molta dolcezza. «Hai già imparato tante cose.»

Scoppiai a ridere e aggiunsi: «Solo perché ho a disposizione i migliori maestri». Tacqui per un breve istante, e poi gli chiesi: «Michele, cosa intendi per "sempre che desiderino farlo"?».

«Lorna, mi fai sempre tante domande!» esclamò lui sorridendo, prima di scomparire dalla mia vista. Giocai con il cane ancora per un po', prima di riprendere il cammino verso casa.

Anni dopo, mentre stavo pescando insieme a mio padre, ebbi modo di approfondire ulteriormente il tema delle anime che parlano con i neonati, così come quello della reincarnazione.

Una domenica, papà mi invitò ad andare a pesca con lui, e io accolsi il suo invito con gioia. Dopo aver radunato l'attrezzatura, ci mettemmo in viaggio di buon mattino. Due ore dopo, mio padre parcheggiò la macchina sul bordo di un sentiero in prossimità di una foresta. Gli chiesi dov'era il fiume, e lui disse che avremmo dovuto affrontare una bella camminata per raggiungerlo. Tirammo fuori dalla macchina tutta l'attrezzatura da pesca, e ci inoltrammo nella foresta, per poi attraversare una zona particolarmente brulla e rocciosa. Fu una camminata faticosa e impegnativa, ma ne valse davvero la pena: il fiume era davvero un incanto.

Cominciammo a preparare le canne da pesca. D'un tratto, papà mi propose di pescare nel punto in cui ci trovavamo, mentre lui avrebbe risalito l'argine per circa mezzo miglio. Rimasi a osservarlo allontanarsi, finché non scomparve dalla mia vista.

Stavo pescando da una decina di minuti, quando all'improvviso udii qualcuno che gridava il mio nome. Mi voltai e vidi l'angelo Michele seduto sopra una roccia, in tenuta da pescatore. Calzava un paio di stivali di gomma alti fin sopra il ginocchio, e stringeva una lenza nella mano destra. Ridendo, riavvolsi il filo della mia canna e mi avvicinai a lui, domandandogli: «Hai fatto buona pesca oggi?». Ridemmo entrambi, e l'angelo scrollò il capo.

Misi giù la canna da pesca e andai a sedermi su una roccia di fronte a lui. «Lorna, sono qui per spiegarti qualcosa in più a proposito delle anime guida che hai visto parlare con i neonati» esordì.

«Sì, Michele, però ho notato che quando i neonati crescono e cominciano a parlare, le anime guida non rimangono più con loro» risposi con vivo interesse.

«Lorna, finora non ti ho spiegato che la maggior parte di quei neonati non ricorda ciò che le anime guida hanno detto. L'aspetto più importante legato a questo tipo di comunicazione con i neonati consiste nell'imprimere la forza d'animo nella loro personalità. Se Dio permette che un'anima guida rimanga accanto a un neonato, nella maggior parte dei casi significa che quella creatura ha bisogno di una guida autorevole come esempio da seguire. In tal caso, l'anima guida è chiamata a svolgere questo compito affinché il neonato, crescendo, possa diventare a sua volta un esempio da seguire, assumendo per così dire un ruolo di leadership magari nell'ambito del proprio nucleo familiare. In certi casi, potrebbe avere il compito di guidare una nazione, o diventare un capo carismatico a livello mondiale, o addirittura assurgere ai ranghi di una figura autorevole, combattendo per una giusta causa.»

«Ti riferisci ai grandi condottieri della storia?» gli chiesi.

«Sì, anche, ma questo è soltanto uno dei tantissimi esempi di persone (uomini, donne e perfino bambini) che non sempre vengono citati dai libri di storia, ma che hanno utilizzato gli insegnamenti ricevuti da un'anima guida per affrontare meglio le avversità, non soltanto le loro ma anche quelle che affliggono i loro simili» replicò l'angelo. Dio ha scelto alcune anime, che un tempo hanno vissuto in questo mondo, affidando loro il compito di guide (anime guida) incaricate di descrivere ai neonati numerosi aspetti dell'esistenza umana, infondendo loro una rinnovata forza d'animo e di carattere. Solo uno su alcune centinaia di neonati può disporre di un'anima guida, specie nella prospettiva di particolari prove da affrontare. Come ho già avuto modo di spiegarti poco fa, la maggior parte dei neonati finirà per dimenticare tutto quello che è stato detto loro, benché quelle parole si siano impresse nella loro personalità. Ciò non toglie che, in qualche rara occasione, il bambino riesca a conservare quei ricordi per un po' di tempo, rivelando gli insegnamenti ricevuti dall'anima guida, descrivendoli con la massima disinvoltura, quasi fossero farina del suo sacco. Quel bambino potrebbe riuscire addirittura a fornire una serie di indicazioni dettagliate, specificando nomi e date, descrivendo in modo circostanziato alcuni luoghi che non ha mai visitato (e che magari non esistono nemmeno più), ed esprimendosi in un'altra lingua. Talvolta, potrebbe essere anche in grado di fornire una descrizione dettagliata di come è avvenuta la sua morte, magari in seguito a una ferita sul campo di battaglia rivelatasi fatale, oppure per inedia o annegamento. Ecco perché, in alcuni casi, gli adulti potrebbero sentirsi indotti a credere che un bambino come questo sia la reincarnazione di un altro individuo. In realtà non è così. Tutto questo non c'entra assolutamente nulla con il tema della reincarnazione.»

«Ho capito, Michele. Ora capisco per quale motivo gli adulti possono pensare che un bambino sia la reincarnazione di un'altra persona, in seguito ad alcune circostanze particolari. Ricordo che, quando abbiamo parlato delle anime guida, tu hai detto qualcosa in merito al fatto che quei neonati potrebbero attingere a quella forza d'animo nel corso della loro vita, sempre che desiderino farlo. Questo significa che Dio ci manda queste anime per aiutarci, ma che poi spetta soltanto a noi decidere, in base al nostro libero arbitrio, se accettare questo aiuto oppure no?»

«È così, Lorna» rispose lui un attimo prima di scomparire dalla mia vista.

Mi rimisi a pescare, riflettendo sulle quelle parole.

All'improvviso, una grossa trota rimase impigliata all'amo. A occhio e croce, avrei detto che pesava circa un chilo e mezzo.

Ero certa che mia madre sarebbe stata felicissima. Misi via la canna da pesca e camminai lungo l'argine del fiume. Dopo circa un quarto d'ora, intravidi mio padre in lontananza e gli gridai che avevo preso un pesce. Quando lo raggiunsi, lui aprì il cestino mostrandomi i due pesci che a sua volta era riuscito a catturare. Eravamo felici. Accendemmo il fuoco, mettendo a riscaldare dell'acqua. Di lì a poco, facemmo uno spuntino a base di tè e panini. Quando varcammo la soglia di casa, ero stanchissima ma soddisfatta perché sapevo che avevamo reso felice la mamma con tutto quel pesce.

Solo adesso, mentre sto scrivendo tutto questo, mi rendo conto del male che gli adulti possono arrecare seppur involontariamente. Tanto tempo fa, i genitori e gli adulti in generale prestavano scarsa attenzione a quello che dicevano i bambini, contrariamente a ciò che accade al giorno d'oggi, grazie a un livello superiore di consapevolezza e di apertura spirituale che ci permette di essere più predisposti all'ascolto dei nostri figli. Attualmente, quando un bambino comincia a parlare – rievocando l'esistenza di un'altra anima, come se fosse la sua stessa vita –, è più probabile che gli adulti lo stiano a sentire. Capita addirittura che un adulto desideri approfondire quanto affermato dal bambino, finendo così per scoprire una verità, che lo convincerà che quella creatura ha avuto una precedente incarnazione, e radicando a sua volta questa idea nella mente di quell'esserino. Tale consapevolezza potrebbe influire profondamente sul percorso che lo porterà a trasformarsi in adulto. Parlandone con il piccolo, richiamando esplicitamente la sua attenzione proprio su questo fatto, non si può escludere che possa conservare il ricordo di alcuni dettagli relativi a quanto l'anima guida gli ha rivelato. Occorre tuttavia procedere con estrema cautela, per scongiurare che sviluppi alcune inibizioni tali da bloccare il suo cammino evolutivo. Un ulteriore pericolo è ravvisabile nel fatto che il bambino potrebbe conservare alcuni ricordi dolorosi legati alla morte, che gli sono stati rivelati dall'anima guida, con il rischio di rimanerne traumatizzato.

Può anche capitare che qualcuno ci dica che abbiamo vissuto una precedente incarnazione, dipingendola come un accadimento a tinte fosche, con il rischio che queste rivelazioni abbiano delle ripercussioni deleterie sulla nostra esistenza.

Una donna manager era venuta a farmi visita, confessandomi di essere convinta di aver vissuto una precedente incarnazione nei panni di una donna d'affari spietata, avida e priva di scrupoli, che aveva peraltro rovinato la carriera e la famiglia di un uomo ricorrendo a una serie di stratagemmi sleali. Quella signora mi rivelò che erano questi i motivi alla base dell'epilogo catastrofico delle sue iniziative commerciali, e della sua incapacità di trovare un rimedio a quella catena di insuccessi. Mi disse inoltre di essere persuasa che, a monte di un problema contrattuale sorto ultimamente, ci fosse il fatto che lei avesse danneggiato il contraente (un proprietario terriero) in una vita passata. Gli angeli mi spiegarono che non c'era nulla di vero in queste affermazioni, ma che le servivano come un pretesto, come alibi per giustificare i suoi fallimenti. Anziché agire in quel modo, avrebbe fatto meglio a contemplare tutti quegli eventi negativi con un approccio realistico e puramente «manageriale». Nessuno dovrebbe mai rifugiarsi dietro l'idea di una vita passata per non vivere pienamente nel qui e ora.

A volte, può anche capitare che le persone utilizzino ciò che considerano un'ingiustizia della vita, alla stregua di una giustificazione razionale per desiderare un'altra vita in questo mondo. Perché, per esempio, il loro nucleo familiare è bersagliato da tante malattie? Ricordate però che non spetta a noi giudicare ciò che è giusto e ciò che non lo è. Ci è stata data questa vita – questa e nessun'altra – con il compito di viverla fino in fondo, a prescindere dalle sue caratteristiche, e indipendentemente dal fatto che sia lunga o corta.

Era trascorso un anno, o forse anche due, da quell'esperienza, quando Michele mi rivelò qualche dettaglio in più sulla reincarnazione. Stavo passeggiando lungo il canale poco lontano dalla casa dei miei genitori a Leixlip, quando l'angelo mi apparve seduto sopra un cumulo di pietre che si affacciava sulla vecchia diga.

«Lorna, Dio vuole che io ti aiuti a comprendere un po' meglio l'argomento della reincarnazione» mi disse. Mi protesi verso di lui e Michele mi prese una mano, infondendomi un senso di serenità celestiale.

«Lorna, Dio ama incondizionatamente tutti gli uomini che sono Suoi figli, ai quali ha concesso il libero arbitrio. Ciò non toglie che a volte fatichi a comprendere cosa li spinge a mettersi gli uni contro gli altri, per quale ragione si colpiscano a vicenda, distruggendo anche il pianeta che Egli ha donato loro. So bene che per certi versi è umanamente inconcepibile dover pensare che Dio, che è onnisciente, non riesca a comprendere appieno alcuni atteggiamenti. Lorna, voi esseri umani avete tanto amore e tanta benevolenza dentro di voi, ma siete "abilissimi" nel complicare le cose. Dio desidera comprendervi meglio, perché solo in questo modo potrà concedere agli uomini tutte le opportunità possibili e immaginabili per il futuro. È questo uno dei motivi per i quali le anime si sono reincarnate.»

Guardandolo negli occhi, colsi repentinamente il significato delle sue parole in un'accezione spirituale, e mi portai una mano alla bocca, esclamando: «Oh santo cielo!».

«Adesso hai capito, Lorna?» mi chiese. Annuii con un cenno del capo, dopodiché Michele soggiunse: «Ecco perché Dio ha mandato sulla Terra Suo Figlio, che fa parte di Lui. Suo Figlio e lo Spirito Santo operano all'esterno di Dio. Le anime che dimorano nei corpi degli uomini costituiscono parte integrante del corpo di Dio. I figli di Dio sono dunque rappresentati dalle nostre anime e non dai nostri corpi. Dio vuole fare tutto. Egli può far sì che si compia una parte importantissima dell'evoluzione umana.»

«Michele, adesso mi sento un tantino spaventata, perché credo di sapere quello che stai per dire.»

«Sì, Lorna, è come pensi tu. Ripetilo insieme a me» replicò. Io e Michele dicemmo all'unisono: «Se gli uomini, che sono figli di Dio, non modificheranno il loro modo di vivere, sappiate che Dio prenderà le anime dal loro corpo fisico e le riporterà presso la Sua dimora celeste. Senza le nostre anime, noi esseri umani diventeremo come la più feroce delle belve, e finiremo per distruggere noi stessi».

Rimasi immobile di fronte all'angelo, che mi abbracciò per darmi conforto. Nel volgere di un breve istante, mi rivolse un sorriso dolcissimo, dicendomi: «Lorna, Dio ti ama».

«Michele, c'è una cosa che ti devo chiedere» proruppi in tono ansioso. «Dio non ci abbandonerà, vero?»

«No, Lorna, ed è anche per questo motivo che richiama a Sé alcuni dei Suoi figli, per poi farli reincarnare come individui. Talvolta, sceglie di far reincarnare un'anima per rimediare agli errori commessi da altri, per infondere speranza o per instillare fiducia, per contribuire a creare un mondo migliore.»

Subito dopo aver pronunciato queste parole, scomparve dalla mia vista.

Durante quella mia trasferta ad Amsterdam, né Michele né gli altri angeli avevano risposto a tutti i miei interrogativi sulla reincarnazione. Ignoro ancora adesso i motivi per i quali mi abbiano fatto visualizzare le vite passate di un discreto numero di giovani individui. Forse perché sta cambiando qualcosa nel mondo? Oppure si tratta di un evento legato alla città di Amsterdam? Non sempre gli angeli rispondono alle mie domande; confido però nel fatto che, più avanti, mi daranno tutte le risposte che cerco. Mi sto accorgendo che la mia conoscenza aumenta sempre più, grazie anche ai viaggi e alle persone che incontro – redattori, giornalisti, lettori – e che mi rivolgono quesiti su argomenti ai quali un tempo non avrei mai pensato. Non dimenticate che, prima che scrivessi *Un angelo tra i capelli*, solo pochissime persone erano a conoscenza di quello che vedevo, e dunque non c'era nessuno che potesse farmi molte domande al riguardo.

Ho trascorso alcune giornate piacevoli ad Amsterdam, a dispetto dei numerosi impegni estenuanti che mi attendevano. Gli angeli non si erano sbagliati; a onor del vero, erano riusciti a sorprendermi con le anime reincarnate, ma anche con il piacere allo stato puro che scaturiva dall'opportunità di scoprire una città completamente diversa. La sera prima della partenza, feci un giro in battello fra i canali, avvolta nella bellissima atmosfera del crepuscolo rischiarato dalle luci degli edifici e dei palazzi che cominciavano ad accendersi. Alcuni canali erano così stretti, che il capitano si vide obbligato a dar fondo a tutta la sua destrezza per poter manovrare il battello senza pericoli. Ci fu solo un breve istante di tensione, quando urtò le pareti del canale. D'un tratto, la guida ci indicò un viottolo chiamato «La Preghiera Infinita», poiché pare che un tempo, in quella zona, sorgessero numerosi monasteri. Quel nome mi piacque molto!

Capitolo 34

Gli angeli delle nazioni

Stavo camminando lungo un tratto del sentiero che costeggia il fiume Nore, nei pressi del villaggio irlandese di Inistioge. La campagna circostante offre molti spunti per fare bellissime passeggiate. Devo aver percorso all'incirca mezzo miglio affiancata da alcuni angeli, che mi seguivano in silenzio. Neppure io avvertivo la necessità di comunicare con loro, perché in quel momento stavo godendo appieno della solitudine, pur sapendo bene di non essere veramente sola. Sostai per raccogliere un pezzetto di legno, e mi sedetti su uno scoglio in riva al fiume. Ero intenta a picchiettare l'acqua con il mio bastoncino di legno quando, d'un tratto, trasalii notando che un angelo si era seduto accanto a me. Mi ero spaventata al punto che rischiai di cadere. Mi aveva sfiorato con una tale delicatezza, che ebbi quasi l'impressione che potesse passare attraverso il mio corpo; in qualche modo, ero comunque riuscita a non perdere l'equilibrio.

La cristallina bellezza di quell'angelo evocava la trasparenza dell'acqua. Il suo aspetto mi faceva pensare a una farfalla dalle ali smeraldine nelle quali si riverberavano tutti i colori che potreste vedere riflessi dallo specchio d'acqua di un fiume o di un lago. Notai che il suo corpo compenetrava il fiume, al punto che i suoi piedi formavano un tutt'uno con l'acqua. Era «lo spirito dell'acqua». Quando me ne accorsi, mi sentii pervadere da una gioia incontenibile. Quella creatura si protese in avanti, sfiorandomi una mano che divenne umida e calda. Sentivo il suo amore. Nel volgere di qualche attimo, quel contatto svanì; i polpastrelli delle sue dita cancellarono ogni singola goccia d'acqua dalla mia mano, lasciandola perfettamente asciutta. Gli sorrisi, ripensando alle primissime volte in cui avevo intravisto quell'angelo quando, da bambina, andavo a pescare con mio padre. Lo osservavo muoversi dentro l'acqua, ora lentamente, ora con estrema rapidità; indipendentemente dal suo ritmo, faticavo non poco a scorgerne la sagoma. Non riuscii a trattenere un sorriso, mentre rievocavo quei momenti speciali.

Ricordo un episodio accaduto mentre ero al mare con la mia famiglia. Avrò avuto più o meno sei anni. Quel giorno stavo correndo avanti e indietro per la battigia, con i piedi immersi nell'acqua bassa su cui si infrangevano delle piccole onde. D'un tratto, udii qualcuno gridare il mio nome. Mi fermai, voltandomi indietro per scrutare in direzione del mare, ma non vidi nient'altro che l'immensa distesa azzurra fondersi con il cielo. Cominciai a camminare, fino al punto in cui l'acqua mi arrivava all'altezza della vita. Non smisi per un attimo di udire quella voce che gridava il mio nome, però non riuscivo a scorgere nessuno. Non andai oltre, perché mio padre mi aveva sempre ripetuto che mi dovevo fermare non appena mi fossi immersa fino oltre i fianchi. Spalancai le braccia, e sfiorai delicatamente l'acqua con le mani. In certi momenti, le onde si infrangevano contro il mio viso; altre volte, invece, si limitavano a passarmi placidamente accanto. D'un tratto, notai lo spirito dell'acqua che all'improvviso si voltò, mettendosi a nuotare in cerchio intorno a me. Mi fece ridere così tanto, che per poco non finii lunga distesa. Dopo un po', mi fece il solletico, e io risi ancor più di gusto. Il contatto con lui mi comunicava dolcezza e calore. Ricordo che mia sorella Emer mi chiamò a gran voce, poiché era curiosa di sapere cosa mi divertisse in quel modo. Ritornai verso la spiaggia dove Emer e mio padre mi stavano aspettando, e sorrisi nel rievocare quell'episodio.

«Ora devo andare, Lorna» disse quello spirito scivolando dentro l'acqua. Rimasi a osservarlo per un brevissimo istante, finché non scomparve completamente. Confesso di esserci rimasta un po' male. Mi voltai a guardare il punto dello scoglio in cui si era seduto, ma non vidi nemmeno una goccia d'acqua e nessuna traccia di umidità, come se non fosse mai stato lì.

Con il passare degli anni, ho imparato molte cose sul conto dello spirito o angelo dell'acqua, scoprendo che Dio lo ha unito saldamente a questo elemento. Per questo motivo, lo si può incontrare dovunque vi sia dell'acqua. Ogni volta che lo vedo, provo una gioia immensa.

Esistono infinite tipologie di angeli, ed è proprio su questo che mi vorrei soffermare, senza però correre il rischio di opprimervi con un'eccessiva quantità di informazioni. Vi ho già accennato brevemente agli angeli delle nazioni, in concomitanza con l'esperienza che avevo vissuto al Metropolitan Museum di New York. Consentitemi dunque di aggiungere qualche dettaglio in più sull'argomento.

Ricordo una sera di qualche anno fa, in cui stavo guardando il notiziario acciambellata sul divano della mia casa di Johnstown. Proprio in quel momento, trasmettevano un servizio nel quale si vedevano delle scene di rivolta, mentre i carri armati con a bordo intere truppe di soldati stavano attaccando i ribelli disarmati che agitavano striscioni in segno di protesta. D'un tratto, quelle immagini divennero confuse, mentre la voce del giornalista si fece sempre più distorta fino a svanire del tutto. In quel preciso istante, apparve un angelo delle nazioni in mezzo allo schermo. Inutile dire che rimasi sconvolta.

Gli angeli delle nazioni sono creature molto forti e potenti, ancor più potenti degli angeli ancestrali o degli angeli custodi. In un certo qual modo, sono assimilabili a una tipologia speciale di angeli ancestrali, con la differenza che vengono assegnati a un Paese anziché a un nucleo familiare, sorvegliandone i confini e non abbandonandoli mai. Gli angeli delle nazioni mi appaiono solo quando accadono episodi gravissimi sul territorio coinvolto.

Rimasi a fissare lo schermo in preda a un'indicibile angoscia, scrutando quella creatura celeste. A onor del vero, gli angeli non mi avevano specificato né la nazione che era incaricato di proteggere né in quale Paese fossero scoppiati quei disordini. L'unica cosa che potevo affermare con certezza era che quell'angelo, al pari di tutti gli angeli delle nazioni che avevo visto fino a quel momento, indossava una pesante armatura come se fosse in assetto da combattimento. Quell'armatura era così solida e massiccia, da sembrare impenetrabile al punto che neppure un ordigno nucleare avrebbe potuto scalfirla. Sulla struttura base erano stati applicati numerosi frammenti di metallo, che presentavano varie forme e che fungevano da elementi di rinforzo.

L'angelo delle nazioni avanzò verso di me, pur rimanendo all'interno dello schermo, permettendomi così di vederlo più nitidamente. Indossava un elmo, che gli copriva la testa lasciandogli però il volto scoperto. Aveva un'espressione inflessibile e autoritaria. Il volto arrotondato emanava un bagliore intenso; non mi fu comunque possibile distinguere il colore dei suoi occhi.

Trasalii sentendo chiamare il mio nome con un tono di voce molto profondo ma chiaro. Sentire il mio nome pronunciato da lui mi aveva fatto sobbalzare, acuendo la mia ansia. Captai una forte tensione emotiva in quell'angelo, da cui trapelava la grande preoccupazione che nutriva per la nazione che stava proteggendo. Percepii inoltre distintamente tutto l'amore che provava per quel popolo. Cominciò a parlare, scandendo le parole molto lentamente, come se ciascun fonema fosse un'entità a sé, e mi disse di pregare Dio, chiedendoGli di intervenire a favore di quello Stato, dopodiché scomparve dalla mia vista.

Tutte le volte che vedo un angelo delle nazioni, mi spavento ed entro in uno stato di forte tensione, poiché è come se stabilissi un contatto con quel Paese, percependo tutta la sua sofferenza. Sento le urla di una madre, la sua disperazione, la paura delle persone colpite dagli spari, il dolore fisico di chi rimane ferito. Riesco a percepire le risate al pari delle lacrime; purtroppo, quando mi appare un angelo delle nazioni, so per certo che ci saranno molte più lacrime che risate.

L'angelo Michele mi ha spiegato che gli angeli delle nazioni si impegnano all'inverosimile per aiutare le popolazioni, ma soprattutto i governanti, a trovare una soluzione ai loro problemi senza innescare conflitti di sorta. Il loro impegno viene esteso a ogni genere di difficoltà a livello professionale, scolastico, ambientale e medico. Questi angeli lavorano nell'intento di creare le condizioni favorevoli alla libertà e alla giustizia, sconfiggendo la povertà e permettendo ai bambini di avere un'infanzia serena, e agli adulti di professare la religione nella quale si riconoscono per libera scelta. Gli angeli delle nazioni si prodigano affinché i popoli eleggano dei leader giusti e onesti, che abbiano a cuore gli interessi della gente. Mi capita di visualizzare questi angeli mentre cercano di favorire un cambiamento, facendo il possibile per dissuadere i soldati in guerra o i terroristi dal porre in atto i loro insani propositi, o anche per indurre le multinazionali a rinunciare allo sfruttamento di un Paese.

Personalmente, riconosco gli angeli delle nazioni (si somigliano tutti) dal loro aspetto molto possente e dall'armatura massiccia che indossano. Ciò non toglie che ognuno di loro sia diverso, con elementi differenti utilizzati per rinforzare le proprie armature; non mi è difficile distinguerli gli uni dagli altri, e inoltre hanno ben poco in comune con le persone «normali». Molti operano nel mondo fin dagli albori dell'umanità, a differenza di altri che hanno ricevuto questo incarico da Dio solo in epoche più recenti. Non sono in grado di comprendere secondo quali criteri Dio stabilisca che un'etnia o un luogo particolare abbia bisogno della presenza di un angelo delle nazioni.

A volte, quando ascolto una notizia alla radio o alla televisione, un angelo mi sussurra che la popolazione sta facendo ciò che l'angelo delle nazioni si aspetta da lei; ognuno fa dunque la sua parte, schierandosi per esempio a favore della giustizia. A quel punto, mi sento pervadere da una gioia immensa, che mi spinge a chiedere all'angelo di quella nazione di continuare a essere una fonte di ispirazione per il suo popolo, infondendogli il coraggio necessario per migliorare la situazione non soltanto in quei territori, ma anche nel resto del mondo.

Va da sé che le nazioni si influenzano a vicenda. L'angelo Michele mi ha spiegato che, quando un Paese fa qualcosa di buono, esiste una maggiore probabilità che altri Paesi seguano il suo esempio. Ecco perché gli angeli delle nazioni comunicano costantemente gli uni con gli altri, lavorando insieme, anche se non sono autorizzati a varcare i confini del proprio Paese. Tutti noi, in rappresentanza della popolazione alla quale apparteniamo, possiamo fare la nostra parte invocando semplicemente l'aiuto del nostro angelo delle nazioni.

Capitolo 35

Gli aiutanti del diavolo

Ricordo un sabato in cui io e Megan ci trovavamo a Kilkenny. C'era molta frenesia e un gran via vai di persone. Megan voleva un paio di jeans, e così andammo in giro per negozi, godendoci lo shopping in un'atmosfera distesa e rilassata. Più tardi, mentre aspettavamo che scattasse la luce verde del semaforo per poter attraversare la strada, vidi una scena che mi spaventò molto. Sull'altro lato della strada, in mezzo a un gruppetto di persone che attendeva a sua volta di attraversare l'incrocio, scorsi una di quelle creature che sono solita definire aiutanti umani del diavolo. Era un adolescente molto alto; avrà avuto circa sedici anni e mi stava fissando. Si fece largo a spintoni in mezzo a quel capannello di persone, come se volesse a tutti costi che notassi la sua presenza, e che prendessi atto della sua forza fisica e capissi che io non gli incutevo il benché minimo timore. I suoi occhi di ghiaccio risaltavano sul volto. A dire il vero, la grande distanza che ci separava avrebbe dovuto impedirmi di vederli bene, ma mi fu concesso di scorgerli nitidamente.

Gli aiutanti del diavolo mi fanno paura. Ne ho visti diversi in Irlanda e, da quando ho iniziato a viaggiare assiduamente, mi capita di incontrarli anche in altri Paesi. Tutte le volte, il terrore mi assale. A quanto pare, sanno bene che posso percepire il male che si cela in loro. Non ho idea di ciò che gli aiutanti del diavolo vedono in me; sta di fatto che, a giudicare dal loro comportamento, vogliono attirare la mia attenzione; per certi versi, è come se mi avessero preso di mira. Se non fosse per le centinaia di angeli che mi circondano, ogni volta che il mio sguardo si posa su una di quelle creature malefiche, dovrei temere per la mia incolumità. So bene che, qualora se ne presentasse l'occasione, non esiterebbero un attimo a uccidere chiunque. Gli aiutanti del diavolo si divertono a spaventarmi, proprio perché sanno che io conosco questa verità; malgrado ciò, non mi nascondo.

Posso riconoscerli dallo sguardo. Quando li vedo, ho l'impressione che i loro occhi si trasformino, diventando gelidi e penetranti. Mi è addirittura capitato di vedere quegli occhi sul volto di un neonato che mi scrutava dalla carrozzina in cui era disteso.

Al pari di qualsiasi individuo, anche questi esseri hanno un angelo custode ma, in un certo senso, è come se il diavolo, o Satana, li possedesse finendo con il sopraffare la loro anima. È come se quell'anima venisse congelata, impedendo all'individuo di ascoltare il suo angelo custode o di interagire con lui. Ciononostante, escluderei che abbiano perso il loro libero arbitrio, giacché possono ancora scegliere il bene. Quantunque Dio e gli angeli offrano loro opportunità per cambiare, Satana fa in modo che trovino di gran lunga più piacevole e gratificante restare dove sono, prodigandosi affinché ottengano ciò che desiderano dalla vita. Molti di questi individui appaiono abili, brillanti e intelligenti. Alcuni di loro occupano o occuperanno posizioni di potere, influendo sulle sorti del pianeta, in qualunque settore (politico, accademico, economico, scolastico, artistico e religioso). Sono i soldati del diavolo.

Finora non mi è capitato di scorgere quegli occhi sul volto di uno degli uomini che si trovano alla guida di una nazione, e spero che questo non accada mai. Prego sempre affinché ce ne siano pochissimi; eppure, a giudicare dal numero di quelle creature che ho già incontrato, temo che ne esistano molte. Oltretutto, il numero di bambini avvolti in una luce speciale, che mi è stato concesso di vedere, è nettamente inferiore. Indipendentemente dal fatto che ne siamo consapevoli oppure no, siamo tutti dei soldati di Dio, poiché ognuno di noi è chiamato a fare la sua parte – importante – per impedire che il male venga compiuto. In un certo qual modo, è come se ognuno debba fornire il proprio contributo, attraverso il suo modo di vivere. Ogni nostra azione può fare la differenza. Sono le piccole cose che permettono di creare le grandi. Ognuno di noi deve fare in modo di non cedere alle tentazioni di Satana, riguardo a quelle che potrebbero apparire come delle inezie legate alla dimensione quotidiana. Tutte le volte che lo facciamo, alimentiamo Satana, rendendolo più forte e permettendogli di trionfare nuovamente.

Basta un gesto semplicissimo come quello di trattenersi dal pronunciare qualche frase ingiuriosa sul conto di qualcuno; in alternativa, si potrebbe scegliere di offrire il proprio sostegno a una persona che tutti evitano ed escludono, o di non formulare giudizi (anche taciti) sugli altri, o ancora di portare pazienza con i parenti o con i colleghi di lavoro. Molte persone fingono di assecondare ciò che dicono gli altri, a dispetto del palese disagio che avvertono. Evitare di parlare chiaro, quand'anche si tratti apparentemente di un'inezia, equivale di fatto ad alimentare il diavolo.

Soprattutto gli adolescenti devono fare attenzione a non cedere alle pressioni dei loro coetanei, che vorrebbero spingerli a deridere o a importunare i loro simili. Si tratta di un fenomeno che regna incontrastato nell'universo scolastico di oggi. Anche se molti di voi stenteranno a crederci, Satana è venuto in questo mondo come un individuo in carne e ossa, che potrebbe essere tuttora vivo e vegeto. È stato Michele a rivelarmelo: avevo circa dodici anni, e ricordo che quel giorno stavamo discutendo a proposito del bene e del male. Durante quel dialogo, Michele non aveva utilizzato il termine «Anticristo»; a onor del vero, non avevo mai sentito pronunciare quella parola. Nel corso del tempo, mi sarebbe capitato di sentirla pronunciare dalle persone che si riferivano a Satana nato con le fattezze di un individuo in carne e ossa, ma non avevo mai udito un solo angelo utilizzarla. Gli angeli parlano semplicemente di Satana o del diavolo. Più di quarant'anni fa, l'angelo Michele mi disse che Satana era effettivamente riuscito a nascere in un corpo umano, ma che molto probabilmente sarebbe morto in tenera età. Ciononostante, gli angeli mi spiegarono che Satana avrebbe continuato a reincarnarsi fintanto che non fosse riuscito a diventare adulto. A quanto pare, è previsto un ciclo di rinascite destinato a esaurirsi quando all'Anticristo verrà concesso di approdare all'età adulta. Gli angeli mi avevano mostrato quel bambino, che riesce a diventare un adulto, dopo essere nato in un luogo del mondo che non si trova in America, continente nel quale si trasferirà in una determinata fase (non so quale) della sua vita. Attraverso i racconti degli angeli, ne ho dedotto che si tratta di un processo destinato a compiersi nell'arco di molto tempo, benché nessuno mi abbia detto quanto tempo ci vorrà né se oggi Satana è vivo o se attende di rinascere.

Satana era stato creato da Dio, che lo aveva reso un angelo più forte e potente rispetto a tutti gli altri, ma lui si ribellò tentando di scalzare Dio dal Suo trono, convinto di essere migliore, e prese con sé altri angeli – anche se detesto chiamarli così, e faccio di tutto per evitare di alludere a quelle creature, e di parlarne seppur brevemente.

A differenza degli altri angeli e arcangeli, Satana dispone del libero arbitrio, privilegio che gli è stato concesso da Dio. Dio non intende distruggere qualunque cosa abbia creato, porta avanti la Sua missione, augurandosi che Satana ritorni da Lui. So che molti di voi pensano che Dio abbia sbagliato, poiché avrebbe dovuto eliminare il diavolo. Ciononostante, gli angeli mi hanno spiegato che tutto questo trascende l'umana comprensione, poiché in realtà la nostra conoscenza è troppo scarsa per poter comprendere pienamente Dio. Inoltre, mi hanno comunque assicurato che comprenderemo molte più cose, dopo aver abbandonato definitivamente la dimensione terrena. Ogniqualvolta mi vengono fatte visualizzare alcune sequenze che riguardano l'Anticristo – Satana con le fattezze di un adulto –, prego sempre Dio e i suoi angeli, dicendo: «Non finché avrò vita». Non voglio essere qui nel momento in cui salirà al potere, anche se l'angelo Michele mi ripete costantemente che dovrò ritornare in questo mondo. Stando dunque a quanto mi ha riferito Michele, io sarò qui quando Satana dominerà la Terra, benché non mi sia dato sapere se ciò accadrà in questa vita o in una futura incarnazione.

Anche se non possiamo fare nulla per impedire all'Anticristo di rinascere e di raggiungere l'età adulta, possiamo pur sempre limitare le devastazioni che rischia di cagionare. In questo momento, è già in atto una lotta cruenta fra il bene e il male. Come ho già avuto modo di affermare, tutti noi siamo dei soldati impegnati in questa battaglia, che influisce su ogni decisione che prendiamo nel corso della nostra vita. Molti pensano che la lotta fra il bene e il male coinvolga soltanto i leader che hanno in mano le sorti del pianeta, i governi, i terroristi, le organizzazioni internazionali, gli eserciti, i capi spirituali o le multinazionali. Ci crogioliamo nella convinzione di poter demandare ogni cosa a queste figure, mentre noi ci dedichiamo esclusivamente alla nostra esistenza quotidiana. Tutto questo però non basta, poiché dovremmo impegnarci maggiormente a scegliere il bene qualunque cosa facciamo. Come ho già avuto modo di sottolineare, dovremmo coalizzarci per dire no alle cose che riteniamo ingiuste, per quanto futili o banali possano apparire.

Dio vuole la nostra felicità. Sappiate che mi ha permesso di visualizzare alcuni scenari futuri decisamente positivi. L'evoluzione, che l'uomo è chiamato a compiere, prevede che il corpo e l'anima diventino una cosa sola, permettendogli dunque di diventare un essere spirituale perfetto che sarà definitivamente immune dalla sofferenza fisica e dalla morte.

L'Anticristo tenterà di impedire questa evoluzione. Egli si manifesterà per darci «tutto», tentando di farci credere con l'inganno che stia lavorando per rendere migliore questo mondo. Ma non è così! Noi esseri umani sappiamo dar prova di grande ingenuità al punto che, se permetteremo a Satana di dominarci più di quanto non stia facendo ora, ci accecherà al punto da spingerci a credere che siamo molto di più del nostro corpo e della nostra mente, soffocando la nostra consapevolezza di avere anche un'anima. Ci indurrà a dimenticare che siamo figli di Dio e che, in virtù di questo principio inoppugnabile, siamo connessi direttamente a Lui attraverso la nostra anima che è immortale e che dunque non morirà mai.

Capitolo 36

Tutti noi dobbiamo fare la nostra parte

Prima che uscisse *Un angelo tra i capelli*, pochi erano a conoscenza di quello che vedevo e dei miei dialoghi con gli angeli. In realtà, sono molte le cose che gli angeli non mi hanno permesso di divulgare pubblicamente. Negli anni successivi all'uscita del libro, ho avuto modo di incontrare, per la prima volta in vita mia, diverse persone con le quali sono riuscita a parlare di quello che vedo e che sento. Confesso di averlo trovato piacevole e interessante. Le domande che gli altri mi rivolgono non mancano mai di stupirmi, benché io non sia sempre in grado di rispondere ai loro quesiti, ragion per cui mi avvalgo spessissimo della «consulenza» degli angeli, specie quella di Michele e Hosus. A volte mi rispondono e a volte no; ciò non impedisce comunque al mio livello di conoscenza e di comprensione di espandersi costantemente.

Uno degli argomenti sui quali vengo spesso interpellata è quello riguardante il futuro dell'umanità. Tengo tuttavia a sottolineare che gli angeli non si limitano a farmi visualizzare un unico scenario futuro, bensì mi permettono di vedere tante ipotesi la cui effettiva realizzazione dipenderà dalle decisioni che l'uomo prenderà. Ho già avuto modo di accennarvi ad alcuni possibili scenari futuri in questo libro, compreso quello descritto nel capitolo «Un flashback dal futuro». Un altro percorso che mi è stato mostrato in un tempo che verrà riguarda i più piccoli. In quello scenario ipotizzabile, ci saranno pochissimi bambini che, a causa del loro numero esiguo, verranno considerate creature molto preziose. Nasceranno meno bambini rispetto al passato, a causa del numero crescente di donne che non possono averne; si tratta peraltro di un fenomeno che è già in atto. In futuro, la popolazione mondiale continuerà a crescere, seppur in misura ridotta; poi comincerà a diminuire. Commetteremo altri errori e prenderemo una serie di decisioni sbagliate, prima di ritornare sulla retta via, ma non tutto è perduto. Ho anche visto che le creature del futuro saranno ciò che a quelle del passato e a quelle del presente non è stato consentito essere, vale a dire bambini veri che rappresentano una fonte costante di prodigi. Forse adesso non ce ne rendiamo conto; sta di fatto, però, che trattiamo i nostri figli in modo abominevole. A scuola, durante le lezioni di storia, i bambini del futuro piangeranno scoprendo come hanno vissuto quelli del presente, provando una grande pena per quelle creature che non hanno conosciuto né la gioia né il divertimento autentici. I bambini del futuro non avranno bisogno né di giocattoli sofisticati né di supporti tecnologici, poiché saranno molto più felici di giocare e di divertirsi all'aria aperta. Osservando un filo d'erba o un insetto, riusciranno a scorgervi molte più cose rispetto a quanto si sappia fare oggi. La loro vita sarà molto diversa rispetto a quella che caratterizza la nostra epoca. Saranno affascinati dalla vera essenza della vita, dalla natura e da tutto ciò che li circonda. E coltiveranno l'amore per lo studio e per il sapere.

Mi è stato rivelato che, se sceglieremo di percorrere la retta via, le nazioni faranno capo a un solo governo, pur conservando la propria autonomia individuale e le proprie tradizioni. Il coordinamento delle azioni strategiche avverrà soltanto per le questioni di natura planetaria. Anche se faremo capo a una sola entità governativa, manterremo intatta la nostra libertà. Sebbene io sappia che stiamo concentrando i nostri sforzi verso questo futuro positivo, sono terrorizzata al pensiero che ci stiamo contemporaneamente dirigendo verso un futuro a tinte fosche, a causa delle decisioni sbagliate che abbiamo preso risentendo dell'influenza di Satana. Egli vuole che il mondo ricada interamente sotto il suo dominio, senza tradizioni nazionali, senza una propria autonomia individuale e senza libertà. Prego costantemente per scongiurare questo pericolo, ma è come se il lato negativo riesca ad avere sempre il sopravvento.

Ciononostante, si intravedono alcuni segnali inequivocabili che fanno ben sperare. Sono convinta che sempre più persone stiano acquisendo una maggior consapevolezza della loro dimensione spirituale, esaudendo così la volontà di Dio. Man mano che il nostro livello di consapevolezza aumenterà, ci accorgeremo sempre più di avere delle potenzialità inespresse delle quali non sospettavamo neppure l'esistenza, e impareremo a farne buon uso. Questi doni non ci sono stati elargiti per arricchirci o per accumulare beni materiali, ma per metterli al servizio dell'intera collettività. Questi doni ci sono stati elargiti per consentire a noi, e a coloro che ci stanno vicino, di essere più felici, più sani e più ricettivi sotto il profilo spirituale, sviluppando per esempio la dote della telepatia. Non dovremo necessariamente manifestarla verso chiunque. Tuttavia, accadrà spesso di notare che una madre entri in contatto telepatico con suo figlio, mentre quest'ultimo è a scuola, accorgendosi così se ha un problema o se c'è qualcosa che gli suscita inquietudine. A dire il vero, si tratta di un fenomeno che è già in atto, come dimostrano tante persone che si stanno rivelando più ricettive e intuitive. Ho avuto modo di riscontrarlo, soprattutto fra i giovani. Conosco dei manager che hanno appurato come alcuni degli uomini e delle donne più giovani, che lavorano presso le loro aziende, abbiano un intuito più sviluppato rispetto ad altri. Quando queste persone esprimono un suggerimento – anche se a volte sembra contravvenire alle regole del senso comune –, questo è destinato a rivelarsi conveniente in ogni caso, anche perché favorisce una maggior apertura anche nei superiori, i quali si sentono a loro volta più propensi a sviluppare il proprio intuito anche sulla scorta della stima e dell'apprezzamento che manifestano verso questi giovani collaboratori. Si tratta di un dono che ci è stato fatto per consentirci di affrontare al meglio la nostra esistenza quotidiana. Mi capita costantemente di incontrare alcuni individui disposti ad avallare questa tesi, poiché sono consapevoli del fatto che il loro intuito si stia rafforzando; ciò vuol dire che dovrebbero rinunciare alla loro esistenza «normale», e diventare dei chiaroveggenti o dei guaritori. Tuttavia, non dobbiamo dimenticare che Dio ci ha elargito questi doni per aiutarci ad affrontare la quotidianità, così come per aiutare le nostre famiglie e le persone che ci circondano a vivere pienamente la loro vita.

A scuola, i bambini impareranno a utilizzare le loro facoltà spirituali nell'ambito di un programma di insegnamento che contempla anche questo aspetto. Tutti i bambini apprenderanno i rudimenti di questo «sapere», e poi decideranno se specializzarsi in una particolare dote. Per esempio, un bambino, che si interessa di botanica, svilupperà alcune doti strettamente correlate alle piante, che potrebbero permettergli di fare il giardiniere. Analogamente, un bambino che ama gli animali potrebbe sviluppare alcune doti speciali che gli permetteranno di interagire con queste creature, scegliendo magari di fare il veterinario. Lavorando in questa direzione, rafforzeremo le nostre doti taumaturgiche. La figura del chirurgo potrebbe non scomparire, ma è ipotizzabile che il bisturi e la tecnologia non gli serviranno più. Ciononostante, benché la medicina sia destinata a cambiare, essa non potrà rinunciare ad alcuni metodi legati alle antiche tradizioni, con l'unica differenza che non si faranno distinzioni fra la figura del medico e quella del guaritore. In futuro, si potrà contare sulla presenza di varie figure che sceglieranno di specializzarsi nello studio di diverse parti del corpo. Alcune persone riusciranno a guarire le malattie muovendo l'energia o eliminando parte di quell'energia senza neppure sfiorare il paziente. Anche se qualcuno sta già lavorando con le energie per favorire la guarigione, sappiate che tutto questo non è nulla al confronto di ciò che l'umanità riuscirà a compiere in futuro. Mi è già capitato di vedere all'opera alcuni guaritori che stanno facendo un ottimo lavoro. A onor del vero, esistono molti guaritori in gamba. Va da sé che alcuni sono un po' meno bravi, e che molti non sono abbastanza aperti spiritualmente o non si prodigano in nome di una giusta causa. Mi è stata fatta visualizzare una ciotola d'argento colma di un liquido trasparente simile all'acqua, ma più denso. Alcuni medici utilizzeranno questo liquido, poiché li ho visualizzati mentre vi intingono le dita, anche se non so per quale motivo lo facciano. Può darsi che questa sostanza favorisca la guarigione oppure che la si debba utilizzare come una sorta di disinfettante da applicare al termine del trattamento.

Gli scienziati possono sfruttare queste potenzialità latenti per migliorare la qualità della vita del nostro pianeta. Anche in questo caso, è indispensabile che le persone facciano le scelte giuste, decidendo di utilizzare le doti di cui dispongono in un modo positivo, rinunciando a qualunque approccio negativo all'insegna dell'avidità piuttosto che della sete di dominio.

Dio vuole che i Suoi figli, che popolano questo mondo, siano felici. Egli desidera né più né meno ciò che si augura qualunque genitore. Noi non ci rendiamo conto del fatto che Dio fa di tutto per renderci felici. L'unica cosa imperfetta che ci ha dato è il nostro corpo. Per il momento, il corpo è destinato a nascere e a morire, a differenza dell'anima che vive in eterno.

In uno dei possibili scenari futuri che ho visualizzato, ci evolveremo a tal punto da non avere imperfezioni a livello fisico. I nostri corpi non si ammaleranno e non subiranno l'usura del tempo. Questo non significa che non saremo più messi alla prova dalla vita. Saremo sempre chiamati ad affrontare molte prove, che però non avranno più nulla a che vedere con quelle che ci vengono riservate oggi.

Ricordo un giorno in cui avevo visualizzato un gruppo di bambini del futuro. Li vidi in piedi sul ciglio di una strada; d'un tratto scomparvero per poi riapparire altrove. Riuscivano dunque a spostarsi in quel modo. Successivamente, notai un bambino che attraversava un fiume. Poteva fare benissimo a meno di camminare sopra un ponte, giacché sembrava fluttuare sul pelo dell'acqua.

So che in futuro Dio vorrà che gli individui siano in grado di vedere gli angeli. Per quanto mi riguarda, li vedo da sempre. Quando mi viene concesso di conoscere il futuro scelto da Dio, mi accorgo a più riprese che gli angeli faranno parte integrante delle nostre famiglie. I bambini di domani considereranno il loro angelo custode alla stregua di un amico, di un compagno che delinea una presenza costante nella loro vita. Se fossimo genitori in quell'ipotetico scenario futuro, non proveremmo il benché minimo stupore di fronte al fatto che i nostri figli parlano con i loro angeli custodi. Riusciremo anche a vedere gli angeli custodi di altre persone, e avremo meno bisogno di essere guidati dal nostro.

Nel futuro da Lui prescelto, Dio riuscirà a dischiuderci l'opportunità di esplorare altri mondi. Il genere umano non è in grado di comprendere che l'universo è immenso. L'universo è infinito, e tutto ciò che vi si cela trascende la nostra essenza nella forma che ci caratterizza attualmente. Si tratta di un concetto difficile da comprendere, poiché noi prediligiamo la possibilità di ravvisare un inizio e una fine per ogni cosa. Ciò non toglie che Dio abbia creato altri pianeti, altri «mondi», alcuni dei quali sono popolati da altri Suoi figli. Alcuni Suoi figli sono più evoluti di noi, mentre altri lo sono meno. Esistono anche altri pianeti popolati da esseri intelligenti, che però non hanno un'anima e dunque non si possono considerare figli di Dio, se non altro nell'accezione che siamo soliti contemplare. Non so per quale motivo Dio li abbia creati. Non posso escludere che, in virtù di questa loro caratteristica, alcuni di quegli esseri intelligenti siano più facilmente influenzabili.

A ogni buon conto, credo anche che le decisioni che prendiamo per il futuro del pianeta non influiranno soltanto sul destino di questo mondo, ma anche su quello dell'intero universo. Indipendentemente dallo scenario – positivo o negativo – che si delineerà per il nostro futuro, ho visto che visiteremo altri pianeti. Se il genere umano maturerà le decisioni più opportune, ci verrà concesso di visitare altri pianeti ai fini del percorso evolutivo nostro e di quello degli abitanti di quegli stessi pianeti. Ci recheremo lì e poi ritorneremo sulla Terra portando con noi alcuni dei loro abitanti. Gli angeli, che accompagneranno gli uomini in questi viaggi, avranno il compito di vegliare su coloro che sono lontani, per scongiurare il rischio che vengano distolti dagli impegni che devono affrontare. Se invece non sapremo decidere per il meglio, ho visto che la razza umana sarà costretta a trasferirsi su altri mondi, a causa delle eccessive devastazioni perpetrate sulla Terra. Ci muoveremo dunque animati dall'intenzione di saccheggiarli, trasformandoci così in terroristi dell'universo.

Una volta raggiunto un particolare stadio evolutivo, le persone non moriranno più, poiché disporranno di un corpo perfetto, più simile alla nostra anima. Per certi versi, è come se il corpo e l'anima si avvinghiassero l'uno all'altra formando un'unica entità. Ora come ora, subito dopo la morte fisica, andiamo direttamente in Paradiso abbandonando il nostro involucro di carne. In futuro, il corpo rimarrà unito in modo indissolubile all'anima, e questo permetterà loro di raggiungere il Paradiso insieme.

Ho visualizzato un futuro in cui Dio, in qualità di Creatore, chiede a una razza umana molto evoluta sul piano spirituale: «Volete rimanere qui o volete venire in Paradiso?» sentendosi rispondere: «Preferiremmo restare qui» nella piena consapevolezza che Dio le rinnoverà il Suo invito. Dio accoglierà con gioia quella decisione di trattenersi ancora per qualche tempo sulla Terra. A quel punto, gli esseri umani continueranno – almeno per un po' – ad apprezzare la vita e l'impegno finalizzato alla creazione di una dimensione che rifletta perfettamente, seppur in minima parte, il Paradiso terrestre, affinché la vita in questo mondo somigli sempre più alla vita che caratterizza la dimensione celeste.

Non ho comunque visto il Paradiso fondersi con la Terra. La barriera che divide la Terra dal Cielo rimarrà per sempre. La fine del mondo arriverà solo se l'umanità intera accetterà l'invito di Dio a trasferirsi definitivamente in Paradiso. Dio ne sarebbe felice, ma solo nel momento in cui dimostreremo di essere pronti e di aver raggiunto un livello di evoluzione adeguato. Per poter evolvere in quella direzione, è indispensabile che ognuno di noi faccia la propria parte, secondo il volere del Padre Onnipotente.

Capitolo speciale

I segreti del vostro Angelo Custode

In questo capitolo speciale intendo svelarvi tutto ciò che so sugli angeli custodi, perché impariate a conoscerli meglio e a comunicare con il vostro.

Che ci crediate o no, voi avete un angelo custode. È un dono di Dio ed è qui per aiutarvi, e anch'io desidero dare il mio contributo affinché possiate godere della consolazione, della gioia e del meraviglioso sostegno che questo dono vi offre.

Il vostro angelo vi ama. Per lui siete preziosi: la persona più importante del mondo.

Io vedo gli angeli ogni giorno, fin dall'infanzia. Mi appaiono in modo perfettamente nitido, come i passanti per la strada. Da piccola ne vedevo uno dietro a chiunque incontrassi, poi la visione cambiò: gli angeli assunsero la forma di un fascio di luce, fulgido come un faro, che brillava alle spalle di ciascuna persona. Un angelo di nome Mitha mi spiegò che i custodi avevano oscurato il loro aspetto per proteggermi. La luce reale emanata da un angelo custode disvelato era troppo intensa per me, mi feriva gli occhi e mi disorientava – perché è più luminosa di quella degli altri angeli – e spesso il suo fulgore era tale da impedirmi di distinguere l'individuo sul quale l'angelo vegliava.

Mitha mi disse che Dio voleva mostrarmi gli angeli custodi nel pieno della loro gloria, per consentirmi di conoscerne l'aspetto e di parlare agli altri della loro esistenza, ma che da quel momento solo alcuni di loro si sarebbero svelati appieno, e soltanto per pochi istanti. Ancora adesso quasi ogni giorno ne vedo manifestarsi almeno uno in tutta la sua bellezza.

Da allora non ho più incontrato nessuno che non fosse accompagnato dal fascio di luce del proprio angelo custode. La luce si trova a circa tre passi dalla persona e si allunga ben oltre la sua statura, verso l'alto. Le dimensioni possono variare, ma questo non significa che un custode sia migliore di un altro.

Resto sempre sbalordita dal numero di persone che dubita di avere un angelo custode. Molti sono disposti a credere a quelli altrui, ma non al proprio.

L'estate scorsa mi trovavo a Philadelphia per la presentazione di un libro e, mentre chiacchieravo con il pubblico e rilasciavo autografi, alzai lo sguardo verso la fila di gente davanti a me. Distinsi chiaramente la luce di un angelo custode dietro ciascuno dei presenti, e notai che l'intera libreria era affollata di angeli. Stavo parlando con una donna quando un angelo mi batté la mano sulla spalla e, indicando la coda, disse: «Lì ci sono una madre con una bambina. Sono molto agitate». Con lo sguardo seguii la direzione che mi indicava, ma non riuscii a vederle. Poi d'un tratto un angelo custode si levò sopra la folla di persone e angeli: «Siamo qui!» mi avvisò.

Vedevo distintamente il bellissimo angelo custode, ma non la madre né la bambina. Il suo colore era di un brillante verde smeraldo, declinato in varie sfumature. Le sue ali si agitavano appena, come mosse da una brezza, e il volto irradiava bontà, gentilezza e amore. Senza aprire bocca gli domandai se fosse lui il custode della madre e della bambina. Lui rispose: «Sono il custode della madre. Mi chiamo Rosalet».

Ci volle un po' prima che riuscissi a scorgere la madre con sua figlia. Continuai a parlare con chi mi chiedeva un autografo, e a firmare libri, finché mi sentii di nuovo sfiorare la spalla.

«Le vedi, ora?»

Alzai la testa e, poco oltre nella fila, individuai una donna con una bambina. La mamma, piccola di statura, scura di carnagione e molto carina, dimostrava una trentina d'anni; la figlia doveva averne sei o sette, e aveva splendidi occhi bruni.

«Sì, le vedo» replicai mentalmente. Sapevo che qualcosa non andava, e tuttavia provavo una grande gioia. Pregai che il loro problema, qualunque fosse, trovasse una soluzione.

Venne il loro turno e si avvicinarono. Sembravano nervose. La piccola si stringeva alla madre. La luce dei loro angeli brillava alle loro spalle. Invitai la madre a prendere posto sulla sedia accanto a me, e la bambina rimase in piedi tra me e lei. Il suo sguardo passava nervosamente dalla madre a me, per poi tornare sulla madre, che non mi staccò mai gli occhi di dosso.

«Non dovremmo essere qui» sussurrò, incerta. «Non eravamo nemmeno sicure che ci avrebbero lasciate entrare.»

Sconcertata, le presi la mano e domandai: «Perché?».

Lei mi guardò e con un filo di voce rispose: «Questo posto è cattolico, e noi siamo ebree».

Fino a quel momento non mi ero nemmeno resa conto che la libreria fosse cattolica, e restai scioccata al pensiero che ci si potesse sentire male accetti per il semplice fatto di appartenere a un'altra religione. «Perché ha pensato una cosa simile?»

In quel momento i due angeli custodi di madre e figlia si manifestarono in tutto il loro splendore, perché potessi vederli appieno. Sollevarono le braccia, sfiorandosi l'un l'altro la punta delle dita per creare insieme al mio angelo un cerchio protettivo intorno a noi, come per farci scudo dagli astanti.

La madre mi guardò con le lacrime agli occhi. «Lorna, è possibile che Dio non abbia dato angeli custodi agli ebrei?» sussurrò.

Io le presi entrambe per mano e dissi, tutto d'un fiato: «Non sa che ogni essere umano ha un angelo custode? È un dono che Dio fa a tutti noi, qualunque sia la nostra fede, e persino se siamo atei». Rivolsi loro un gran sorriso. «Certo che avete un angelo custode! Li vedo alle vostre spalle, proprio come vedo voi due.»

Gli occhi della bambina brillarono d'emozione quando le descrissi il suo angelo. «Il tuo ha un gran sorriso e veglia su di te, guardandoti con amore. Il suo aspetto mi comunica che è femmina, somiglia a una ragazza. Indossa una splendida tunica fluente, azzurra come il cielo, e argentata.»

«Ho davvero un angelo custode allora!» strillò la bambina, deliziata.

Descrissi anche il custode della madre.

Per un momento restammo sedute in silenzio, poi i grandi occhi scuri della bambina si riempirono di lacrime. Lei si voltò verso la madre e in tono implorante chiese: «Domandale anche dell'angelo custode di papà».

La madre mi rivolse uno sguardo triste e mi spiegò che il marito era morto improvvisamente circa un anno prima. Alla sofferenza per la perdita si era aggiunto il rimpianto che lui si trovasse solo, quand'era morto.

«Tuo papà non è solo» rassicurai la bambina. «Il suo angelo custode non l'ha mai lasciato. E ha accompagnato la sua anima in Paradiso.»

La bambina e la madre si abbracciarono. Poi la piccola disse, infervorata: «Mio papà aveva un angelo custode, e anch'io ne ho uno!».

«E anche la tua mamma» aggiunsi, sorridendo.

Quando si alzarono, felici, io ringraziai i loro angeli per averle condotte da me quel giorno, a dispetto dei loro timori. Ero profondamente commossa, ma ancora scioccata che qualcuno potesse pensare di non avere un angelo custode a causa delle proprie convinzioni religiose. Siamo tutti figli di Dio e Lui ha assegnato a ciascuno di noi un angelo custode che non ci lascia mai, nemmeno per un secondo. Non siamo mai soli. Il nostro angelo è sempre con noi, ed è il custode della nostra anima.

Il vostro angelo custode è il dono più prezioso che Dio vi abbia fatto. Perché non usarlo? Il vostro angelo esiste solo per voi, per accompagnarvi in ogni momento della vita. Se solo ci rendessimo conto di quanto può aiutarci, le nostre esistenze sarebbero molto più semplici.

Se il vostro angelo è già attivamente parte del vostro quotidiano, ne sono felice, ma potete chiedergli molto di più. Forse, nel bisogno, non vi siete ancora rivolti a lui: cominciate a farlo. Basta chiedere – non serve altro. Anche se siete scettici sulla sua esistenza, cos'avete da perdere? Chiedendo il suo aiuto gli permetterete di offrirvelo. Più avanti, in questo capitolo, vi mostrerò come comunicare al meglio con il vostro angelo.

Gli angeli custodi ci assistono in così tanti modi diversi! La settimana scorsa stavo passeggiando davanti alla scuola maschile del quartiere, proprio nell'orario di uscita degli studenti.

Notai un gruppetto di adolescenti, saranno stati una decina, circondare un ragazzo alto. Dovevano avere circa quattordici o quindici anni, e lo spintonavano, lo strattonavano, lo prendevano a spallate. Il suo angelo custode si manifestò allora in tutta la sua luce, solo per un attimo. Era molto alto e forte, e indossava un'armatura. Riuscii a sentire ciò che disse al ragazzo: «Non perdere la calma, non lasciarti innervosire, non rispondere alla provocazione. Buttala in ridere». I custodi degli altri ragazzi non si manifestarono ai miei occhi, ma avvertivo che anche loro stavano cercando di allentare la tensione. Il ragazzo preso di mira dai bulli scoppiò a ridere e contagiò anche gli altri. Poi si avviarono tutti insieme, come se nulla fosse.

Quella sera feci visita a un amico ricoverato in ospedale. Nel letto accanto al suo, un paziente anziano con difficoltà respiratorie cominciò ad ansimare, visibilmente in preda al panico. Il suo angelo custode gli comparve al fianco e io lo vidi tendere una mano a sfiorargli il petto, per facilitargli la respirazione. Qualche istante dopo entrò un'infermiera e confermò che la crisi era passata.

Quando incontro una persona triste o depressa, spesso vedo il suo angelo custode circondarla con le ali, per confortarla. Un giorno, mentre passeggiavo nel parco, vidi un angelo tendere le braccia da dietro la persona che stava proteggendo e aprire lentamente una mano. Dalle sue dita emerse una sfera di luce grande come una pallina da golf e quando l'angelo ritirò le braccia la luce restò là, sospesa e brillante. L'angelo mi sorrise e mi spiegò che la sfera era la luce della speranza. Capita spesso di vederla brillare vicino a chi è depresso. Talvolta è piccola come una monetina da un centesimo, altre è grande come una palla da tennis; può essere davanti o di fianco alla persona, ma è sempre immobile, sospesa all'altezza degli occhi. Non ne ho mai notata più di una per individuo. So che quella sfera di luce è invisibile agli occhi dell'interessato, ma so anche che fa risorgere la speranza nel suo spirito.

Il vostro angelo custode non vi lascia mai, nemmeno per un secondo. Per questo a volte deve chiedere la collaborazione di altri angeli. Capita di continuo. Qualche giorno fa, in una delle principali vie commerciali di Dublino, ho incrociato un disabile che procedeva appoggiandosi a un deambulatore. Aveva due angeli, uno per lato, che lo aiutavano a camminare.

A volte le apparizioni sono buffe. Recentemente mi sono imbattuta in un uomo che faceva jogging. Il suo angelo custode lo seguiva da vicino ma davanti a lui c'era un altro angelo che correva a ritroso in modo da poterlo guardare, e lo incitava.

Esistono milioni di angeli disoccupati che possono essere chiamati in soccorso dal vostro custode. Ci sono angeli maestri praticamente per ogni possibile disciplina, e ne esistono di molti tipi diversi. Dovete solo ricordarvi di chiedere al vostro custode la loro collaborazione. Farlo è semplicissimo: basta che gli parliate come fareste con un amico e gli chiediate di aiutarvi. Se siete preoccupati per qualcosa in particolare, chiedetegli di convocare un angelo maestro per darvi una mano. Per esempio, potete dire: «Angelo custode, ti prego, mandami un angelo maestro che mi insegni a guidare meglio».

Dio ha scelto il vostro custode appositamente per voi. Egli arriva sulla Terra insieme a voi ed è stato incaricato da Dio del compito specifico di farvi da guida per tutta la durata della vostra vita terrena. Non ha mai accompagnato un'altra anima, prima, né tornerà sulla Terra dopo di voi. Questo è uno degli elementi che rendono speciale e unico il legame tra voi e il vostro angelo custode.

Mentre scrivevo questo capitolo ho posto agli angeli svariate domande sui custodi e ho appreso molte cose. La scorsa settimana, mentre passeggiavo, l'angelo Michele è sceso a camminare al mio fianco. Era venuto a spiegarmi come vengono scelti gli angeli custodi. Ci siamo seduti insieme su un grosso masso, Michele mi ha preso la mano e ha detto: «Dio condurrà la tua anima in Paradiso per un istante».

Mi sono ritrovata in un corridoio gigantesco, con migliaia e migliaia di angeli custodi che mi sfrecciavano accanto. Contrariamente a come mi appaiono sulla Terra, nessuno di loro aveva una persona davanti a sé, a tre passi di distanza, ma io sapevo comunque che erano custodi, perché il loro aspetto è diverso da quello di ogni altro tipo di angelo.

Uno di loro si avvicinò e sostò al mio fianco. Michele disse che dovevamo seguirlo. Ci avviammo, tenendoci a una certa distanza, e tutti gli altri angeli sembrarono sparire, permettendomi di concentrarmi su di lui.

D'un tratto ci ritrovammo in un vasto spazio popolato da quelle che Michele mi spiegò essere anime non nate – anime in attesa di venir concepite e di nascere. Erano bellissime! Non ho parole per descriverle. Erano luminosissime ma, diversamente da quelle che vedo sulla Terra, non avevano affatto un aspetto umano. Non ne avevo mai viste così tante riunite in un unico luogo.

L'angelo custode camminava tra loro e le anime si voltavano a guardarlo. Mi sentii quasi sopraffatta dall'emozione quando mi resi conto che ciascuna di loro stava aspettando il proprio custode e, al passaggio dell'angelo, si girava come a chiedere: «Sei tu, il mio angelo? Sei arrivato?». Continuammo a camminare tra quel mare di anime, seguendo l'angelo.

Poi di colpo lui si fermò accanto a un'anima. Si incontravano per la prima volta e tra loro si produsse come un'esplosione d'amore. L'angelo custode e l'anima si strinsero in un abbraccio. Era la prima volta che vedevo un angelo e la sua anima abbracciarsi in quel modo.

Restai a guardarli con le lacrime agli occhi, avvertendo l'amore enorme che li legava, mentre l'angelo Michele mi spiegava che Dio aveva scelto quell'angelo espressamente per quell'anima, e mi disse anche che Dio aveva convocato l'angelo alla Sua presenza per indicargli l'anima alla quale avrebbe dovuto legarsi per l'eternità, diventandone il custode.

Domandai a Michele quali caratteristiche deve avere un angelo per far sì che Dio lo scelga per un individuo specifico, ma non ottenni risposta, quindi non ho idea di come e perché questo accada. Forse in futuro mi verrà svelato.

Contemplai l'anima e il suo custode ancora per qualche istante, profondamente commossa dalla gioia che manifestavano per essersi trovati.

Mi voltai e chiesi a Michele se l'anima sarebbe stata concepita presto, ma lui scosse la testa, spiegandomi che Dio non aveva ancora stabilito il momento e che potevano passare anni – persino secoli. Fino ad allora l'angelo custode e l'anima assegnatagli sarebbero rimasti fianco a fianco in Paradiso, per prepararsi alle gioie e alle sfide che avrebbero affrontato insieme quando l'anima si fosse incarnata in un essere umano.

Poi, come d'incanto, mi trovai di nuovo seduta sul grande masso, accanto a Michele. Continuammo a chiacchierare e lui mi disse che gli angeli custodi vengono scelti appositamente da Dio per vegliare su di noi. Noi siamo molto preziosi per Dio, perché siamo fatti a Sua immagine. La nostra anima è una scintilla della Sua luce, e Gli è estremamente cara; per questo ci ha dato un angelo custode, affinché la nostra anima torni sana e salva da Lui, in Paradiso. Gli angeli custodi non hanno un'anima e uno dei motivi per cui non ci lasciano mai è proprio la beatitudine che provano in presenza delle nostre anime – e dunque della luce di Dio.

Tutti i custodi sono stati creati tali da Dio. Non erano angeli di altro tipo in passato, né lo diventeranno in futuro. Michele mi ha detto anche che gli angeli custodi vengono creati con tutte le competenze e le abilità necessarie al loro compito, e quindi non hanno bisogno di un addestramento ulteriore, anche nel caso in cui debbano assistere una persona con una vita molto travagliata, o un handicap emotivo o fisico particolare. Tutti noi abbiamo un unico angelo custode. Non ho mai visto due custodi insieme a un solo essere umano. Anche i gemelli ne hanno uno ciascuno. Ne chiesi il motivo a Michele e lui rispose: «È naturale, Lorna: ciascun gemello deve averne uno per sé. Devi ricordare che ai gemelli capita spesso di venire separati». Ogni gemello ha un proprio angelo a fargli da guida nel corso dell'esistenza, ma i custodi dei gemelli hanno tra loro un rapporto più stretto di tutti gli altri. A volte quando vedo una coppia di gemelli, specialmente se sono bambini, vedo i loro custodi scambiarsi uno sguardo di profondo amore e tenerezza prima di tornare a guardare ciascuno il proprio protetto. È molto raro vedere i custodi comunicare tra loro, ma l'ho visto succedere con quelli dei gemelli. È uno spettacolo fantastico, credetemi.

Vi sarà capitato di sentir definire «angelo» un'anziana defunta. È un'espressione d'affetto e d'amore, e gli angeli mi hanno detto che sentire quelle parole li rende molto felici. Ma quella donna non si è tramutata davvero in un angelo. Nessun essere umano che abbia vissuto sulla Terra lo diventa.

Gli arcangeli non possono diventare custodi di un singolo individuo. Dio ha assegnato loro compiti più vasti, che riguardano l'umanità intera, e questo è il motivo per cui chiunque può chiedere il loro aiuto. Come qualsiasi altra persona al mondo, anche voi potete chiamare un arcangelo in soccorso. Il vostro angelo custode si trova sempre e solo nello stesso posto, al vostro fianco, mentre un arcangelo può trovarsi in molti luoghi contemporaneamente. Quindi chi sostiene di avere un rapporto particolare con un arcangelo forse dice il vero, ma quell'arcangelo non è assegnato esclusivamente a lui. Ed è proprio il suo custode a permettere all'arcangelo di accorrere talvolta in aiuto.

Per quanto possiamo amare il nostro cane o il nostro gatto, loro non hanno un angelo custode. Nessun animale ne ha uno. Ma questo non significa che gli angeli non ci aiutino a prenderci cura di loro. Se il vostro animale domestico ha un problema, il vostro angelo custode richiamerà la vostra attenzione su di lui. Recentemente dal finestrino di un autobus ho visto un cane che era stato investito. C'era un uomo ad assisterlo e il suo angelo lo aiutava a soccorrerlo, accarezzando il cane.

Le persone mi chiedono sempre di descrivere l'aspetto del loro angelo custode. La verità è che, malgrado talvolta si manifestino in tutta la loro luce, e mi si rivelino in forma umana, quell'apparenza cambia a seconda delle circostanze. Prendiamo ad esempio l'angelo custode di Luke, un ragazzo che vedo spesso e al quale sono molto affezionata. Ogni volta che lo incontro il suo angelo mi appare diverso. Un giorno lo vidi sotto forma di una ragazza molto alta ed elegante. Aveva il look di una giovane moderna e alla moda, con abiti in sfumature cremisi, viola e malva. Quel giorno Luke mi parlò dei suoi problemi con la fidanzata.

In un'altra occasione ci incontrammo per un caffè e l'angelo custode di Luke prese le sembianze di un giovane molto muscoloso e forte. Sembrava pronto a dare battaglia e indossava una sorta di armatura impalpabile e attillata, color oro. L'aspetto di un angelo custode svela sempre qualcosa delle esigenze specifiche del suo protetto in un dato momento della vita. In quel periodo il problema di Luke era la prepotenza del suo capo, e la fisionomia assunta dal suo angelo rappresentava la forza di cui aveva bisogno.

Non capisco fino in fondo per quale motivo gli angeli custodi assumano sembianze diverse nelle varie occasioni in cui mi si manifestano, ma credo lo facciano per aiutarmi a capire meglio la persona che ho davanti, e il particolare periodo che sta attraversando. In questo modo, descrivendone l'aspetto, io posso a mia volta aiutare quella persona a convincersi che il suo angelo custode ha il potere e le competenze specifiche necessarie a risolvere il problema.

L'ultima volta che mi sono imbattuta in Luke, lui mi ha detto di stare bene: andava d'accordo con la sua ragazza e aveva un nuovo capo. Mentre parlava, il suo angelo custode si è manifestato alle sue spalle, e non appariva né femmina né maschio. Era imponente, elegante, aveva un volto radioso. Emanava una luce color crema, con riflessi di altre lievi sfumature pastello.

In genere l'aspetto degli angeli custodi non rivela un'età particolare. Gli angeli non invecchiano insieme alle persone loro affidate, ma talvolta possono mostrarsi nelle sembianze di un adolescente. Finora nessun angelo mi si è rivelato con l'aspetto di un anziano.

Voi non potete toccare il vostro angelo ma lui può toccare voi e talvolta le persone se ne accorgono. Il vostro angelo custode può toccarvi in qualsiasi parte del corpo e di solito è un segnale per trasmettervi conforto, per rassicurarvi della sua presenza. Io, per esempio, sento spesso il mio angelo custode che mi scompiglia i capelli, o me li tira. Per questo ho intitolato *Un angelo tra i capelli* il mio primo libro. La sensazione è così reale che spesso mi viene istintivo aggiustarmi la pettinatura con le dita. Capita anche che il vostro angelo custode vi prenda per mano. Potete percepire quel contatto in molti modi diversi: come una sensazione di calore o di freddo, un brivido sulla pelle, oppure una pressione rassicurante. Recentemente una bambina mi ha chiesto se, girandosi di colpo, rischiava di pestare i piedi al suo angelo, oppure di camminargli attraverso. La risposta è no: per quanto vi sforziate non è possibile toccare un custode, e nemmeno calpestare o andare addosso agli angeli custodi degli altri.

Non ho mai visto un custode manifestare emozioni diverse dall'amore. Non ne ho mai visto uno esprimere rabbia, irritazione o frustrazione. A volte mi viene da pensare che *dovrebbero* spazientirsi con noi, ma la loro indulgenza è infinita e nulla riesce a demoralizzarli al punto da rinunciare al loro compito. Non smettono mai di comunicare con noi. Non sono mai tristi, ma li ho visti riversare fiumi di amore e comprensione sull'essere umano di cui si prendono cura, quando quest'ultimo è afflitto dalla tristezza. Gli angeli custodi avvertono e comprendono le nostre emozioni e ci aiutano a gestirle, ma non ne hanno di proprie, a parte il sentimento d'amore. Altri tipi di angeli sono dotati di un gran senso dell'umorismo, imitano le persone e si divertono a scherzare, ma non ho mai assistito a comportamenti del genere da parte degli angeli custodi. La loro unica manifestazione emotiva è un sorriso colmo d'amore.

Gli angeli custodi non hanno amici come noi. Il vostro angelo custode conosce quelli dei vostri amici e parenti, ma è raro che comunichi con loro come si fa tra esseri umani. Se per la strada mi si manifestano contemporaneamente i quattro angeli custodi di un gruppo di passanti, non li vedo parlare tra loro. Per quanto ne so, il mio angelo non ha mai comunicato con quello di mia figlia Megan, anche se trascorrono molto tempo insieme sotto lo stesso tetto.

L'eccezione alla regola si verifica quando chiedete al vostro custode di sollecitare l'angelo di qualcun altro a prestare un'attenzione particolare al suo protetto, o ad aiutarlo in qualche modo. In quel caso la comunicazione tra loro è automatica. Appena formulata la richiesta, il messaggio arriva a destinazione. Il vostro angelo non deve pronunciarlo per trasmetterlo. È un altro dei molti aspetti che noi esseri umani fatichiamo un po' a comprendere.

Se avete un problema specifico, e soprattutto se avete chiesto espressamente l'aiuto del vostro angelo, lui può chiamare un angelo maestro, per esempio per assistervi con il vostro computer, o per darvi la pazienza necessaria nell'educazione dei bambini. Esistono angeli maestri per ogni problema. Il vostro custode ne convocherà uno, ma non avrà bisogno di spiegargli niente. L'angelo maestro sa già tutto. Come ho detto, il vostro custode può rivolgersi anche a un arcangelo, o a qualsiasi altro tipo di angelo o di anima affinché comunichi con voi, ma solo se è convinto che sia la cosa giusta da fare. È lui a prendere tutte le decisioni che vi riguardano.

Ricordo che una volta stavo conversando con una ragazza stressata dagli esami. Accanto al suo angelo custode c'era un maestro. Ne arrivò anche un altro, ma il suo custode non gli permise di avvicinarsi e mi spiegò silenziosamente che non era ancora venuto il momento giusto per il suo intervento. L'altro se ne andò senza dare alcun segno delle reazioni che avrebbe provato un essere umano, come risentimento o irritazione. Gli angeli non hanno un ego. Non prendono niente sul personale. Il loro è un amore incondizionato. Esistono solo per aiutarci.

Non credo che un angelo custode possa essere migliore di un altro. In loro non ho mai visto alcun indizio di superiorità o inferiorità. Se avete l'impressione che qualcuno goda di un'esistenza più felice e fortunata, non dipende dal fatto che il suo angelo custode sia più capace. E se, al contrario, qualcuno crede che la sua vita sia un disastro, non è perché il suo angelo custode è incompetente.

Noi abbiamo il libero arbitrio. I nostri angeli sono sempre presenti, ci bisbigliano all'orecchio cercando di farsi sentire. Il vostro angelo conosce da sempre la vostra vita in ogni dettaglio, sa prevedere quali strade vi troverete davanti e quali scelte dovrete affrontare. Fa del suo meglio per indurvi a prendere la decisione giusta, anche se sul momento può sembrarvi quella più difficile. Ho imparato per esperienza che la vita è molto più facile e felice se diamo ascolto al nostro angelo custode, ma né lui né altri angeli possono interferire con il nostro libero arbitrio: noi scegliamo sempre liberamente. E nessuno di noi può incolpare il suo angelo se le cose poi non vanno come avrebbe voluto.

Come ho già detto, il vostro angelo custode non vi lascia mai, nemmeno per un istante. È sempre con voi, qualunque cosa stiate facendo – per quanto privata o intima vi possa sembrare. Gli angeli non vedono il mondo come lo vediamo noi. Vedono il nostro corpo, ma sono molto più interessati alla luce della nostra anima.

Quando dormite, il vostro angelo custode veglia sul vostro sonno, e prega per voi.

Lui non ha esigenze fisiche. Non dorme, non mangia, non beve, non si stanca e non si annoia. È sempre costantemente vigile, e concentrato su di voi.

Come ho già spiegato, il vostro custode vi accompagna fin da prima del vostro concepimento. Spesso, fuori casa, mi capita di incrociare una donna incinta e di intravedere in un lampo il bambino dentro di lei. A volte è minuscolo, ma per quanto piccolo vedo la luce del suo angelo custode, proprio accanto a lui. Quando succede, provo una gioia immensa, e recito sempre una breve preghiera affinché quel bambino cresca sano e forte, sia consapevole della presenza del suo angelo in ogni momento della vita, e ne ascolti i consigli.

Il vostro angelo custode sa quando morirete e sarà là, vicino alla vostra anima, pronto a farla uscire dal corpo al momento del decesso. Quando incontro un malato terminale il suo corpo mi appare più luminoso, perché il suo angelo custode gli sta più vicino, quasi al punto da toccargli l'anima.

Quando morirete, vedrete il vostro angelo custode e tutti i vostri timori spariranno. Ricordate, state tornando a casa. E tenete anche a mente che nessuno è mai morto solo, né questo accadrà mai. Al momento della morte, l'angelo custode sarà accanto a noi.

Dopo aver portato la vostra anima in Paradiso il custode resterà con voi ancora per qualche tempo. Poi, quando sarete stati in Paradiso per un po', lui comincerà ad andare e venire e voi non sarete più uniti come accadeva sulla terra. L'angelo Michele mi ha spiegato che dopo essersi separato dall'anima l'angelo custode prega per la famiglia e i cari di quella persona rimasti in vita. Non è meraviglioso sapere che gli angeli di tutti i nostri parenti defunti e di tutti i nostri antenati sono in Paradiso, a pregare per noi?

Mi sorprendo sempre quando le persone mi chiedono come comunicare con il loro angelo custode. Io mi rivolgo al mio fin dalla primissima infanzia, e quindi lo faccio con assoluta naturalezza, come parlassi con mia figlia. Il nostro dialogo è costante. Il mio angelo custode è il mio migliore amico.

Dunque a me viene spontaneo, ma incontrando persone

in tutto il mondo mi sono resa conto che per molti altri questa comunicazione costituisce un problema.

In realtà, non dovete fare altro che dire «ciao» al vostro angelo, dargli un segno che siete consapevoli della sua presenza – anche se ancora dubitate che esista. Cominciate a parlargli come fareste con un amico. Potete farlo in silenzio o a voce alta, come preferite o vi sembra più adatto alle circostanze.

***

A volte le persone mi chiedono se rivolgo una preghiera al mio angelo. Io prego soltanto Dio, non il mio angelo. Ma a lui chiedo aiuto. Da piccola ho imparato una preghiera all'angelo custode che viene insegnata a moltissimi bambini, in Irlanda e altrove. È molto bella.

Angelo di Dio,
che sei il mio custode,
illumina, custodisci,
reggi e governa me
che ti fui affidato dalla Pietà Celeste.

Il giorno in cui l'ho imparata è rimasto impresso dentro di me come uno dei più felici del periodo in cui andavo a scuola. Avevo circa cinque anni ed era la prima volta che sentivo un adulto – in quel caso, la mia maestra – ammettere l'esistenza degli angeli custodi e il sostegno che derivava dalla loro presenza. Provai una gioia incontenibile alla vista di tutti gli altri bambini che imparavano la preghiera e chiedevano aiuto al loro angelo custode.

Ma anche se viene definita così io non l'ho mai considerata una vera e propria *preghiera* al mio angelo, bensì un modo per chiedergli assistenza. Se vi va potete usarla, ma funziona anche parlargli come a un amico.

Chiedete al vostro angelo custode di aiutarvi a rinfrancare la vostra fede nella sua esistenza e nel suo potere. Potete domandargli qualunque cosa, anche un segno della sua presenza, ma che sia molto semplice. Ricordate che il vostro custode non può lasciarvi nemmeno per un secondo, quindi una richiesta troppo elaborata potrebbe dover richiedere la collaborazione di altri angeli o esseri umani. Dunque scegliete un segno che sia ordinario, ma per voi riconoscibile: un fiore offerto da qualcuno, una piuma trovava per caso, la telefonata di una persona in particolare, o il sorriso di un'altra che ultimamente vi ha trattati male. Potete anche chiedere al vostro custode di toccarvi – lui lo fa abitualmente – e di insistere su un particolare punto del corpo finché riuscirete a distinguere il suo tocco.

Non arrendetevi finché avrete ottenuto la prova richiesta. Ma dovete tenere gli occhi aperti. Essere vigili. Per esempio, se avete scelto un fiore, potreste dare per scontato che si tratti di una rosa, rischiando in tal modo di trascurare il ranuncolo raccolto e offerto da un bambino incrociato in un parco. Capita spesso che i segni degli angeli custodi passino inosservati – persino quelli che abbiamo chiesto espressamente!

Qualche giorno fa il mio telefono è squillato. Io rispondo di rado, salvo quando gli angeli di Dio mi dicono di farlo. E quel giorno me lo dissero. All'altro capo del filo si presentò una donna. Disse di essere stata alla presentazione di un mio libro e di avere atteso molte ore prima di incontrarmi. In quell'occasione aveva chiesto al proprio angelo custode un segno della sua presenza, e si lamentò con me perché lui non l'aveva accontentata. Io scoppiai a ridere, e dissi: «Il fatto che le abbia risposto al telefono non le sembra un segno? Come ha ottenuto il mio numero?».

Lei mi spiegò che dopo la presentazione in libreria era corsa via perché doveva prendere il treno ed era saltata sul primo taxi. Chiacchierando con il tassista gli aveva raccontato il nostro incontro. Lui aveva risposto di conoscermi e di avermi ospitata spesso sul suo taxi. Aveva il mio numero, e lo diede alla signora.

Io scoppiai di nuovo a ridere. «È salita su un taxi guidato da un uomo che mi conosceva personalmente, e che aveva il mio numero di telefono? Probabilmente era l'unico tassista in tutta Dublino ad averlo. Non le sembra che capitare proprio sul suo taxi, e ottenere il mio numero da lui fosse un segno? Il suo angelo le ha dato moltissimi segni. È stata lei a non riconoscerli.»

La donna restava scettica. Pensava ancora che il suo angelo custode non le avesse dato alcun segno. Io glieli elencai di nuovo: era salita su un taxi il cui conducente mi conosceva, lui le aveva dato il mio numero e io, contrariamente alle mie abitudini, avevo risposto al telefono. Le ripetei tutto, a chiare lettere, ma ancora non sono sicura che lei abbia compreso. Il mio sospetto è che si aspettasse un'apparizione del suo angelo, ma quelle manifestazioni sono rarissime. Non so perché a me sia concesso di vederli e ad altre persone no, ma se per allacciare un rapporto con il vostro angelo custode aspettate che vi compaia davanti, rischiate un'attesa molto lunga. E per tutto quel tempo vi sarete privati di un dono straordinario.

Il vostro angelo custode vi parla continuamente, attraverso i vostri pensieri e le vostre sensazioni. Imparate a riconoscere il suo messaggio e a prestare ascolto. Quando provate l'impulso di fare qualcosa, spesso è il vostro angelo ad avervela suggerita. Magari state tinteggiando una stanza della vostra casa e d'istinto vi viene da pensare che sia meglio spostare un barattolo di vernice. Scacciate il pensiero e poco dopo inciampate proprio in quel barattolo, rovesciandolo a terra. Il vostro angelo custode aveva cercato di mettervi in guardia. Sforzatevi di imparare a seguire i suoi suggerimenti senza esitazioni. Prendete nota dei casi in cui non lo fate, datevi un pizzicotto e ripromettetevi di dargli retta, la prossima volta. Spesso avvertiamo l'ispirazione di compiere un gesto, ma la mettiamo da parte. Invece dovremmo convincerci che non sempre la sappiamo più lunga.

Il vostro angelo custode comunica con voi anche tramite le altre persone. Magari siete alla fermata dell'autobus, uno sconosciuto vi rivolge la parola e ciò che dice vi rammenta qualcosa che dovete fare, o vi aiuta a prendere una decisione importante.

Non possiamo parlare direttamente con gli angeli custodi altrui. Però possiamo comunicare con loro attraverso il nostro, e il messaggio verrà trasmesso istantaneamente. Mi capita sempre più spesso di incontrare madri che si rivolgono al proprio angelo custode per avere la collaborazione di quelli dei propri bambini – e ne traggono grande conforto. La richiesta che fate al vostro angelo, trasmessa al custode di un altro, gli permette di attivarsi in aiuto del suo protetto. Forse quella persona non crede negli angeli, o non comunica con il proprio, ma attraverso la vostra richiesta il suo angelo custode avrà maggior potere di intervenire. Tuttavia per esprimere pienamente la propria influenza un custode deve essere invitato a farlo dalla persona stessa su cui sta vegliando.

***

Che ci crediate o no, conoscete persino il nome del vostro angelo! Lo avete appreso nella primissima infanzia, ma forse lo avete dimenticato. È venuto il momento di richiamarlo alla memoria.

I veri nomi degli angeli custodi sono lunghissimi: a volte superano i cento caratteri. Comprendono anche suoni che non esistono nelle lingue umane. Io so che prima del vostro concepimento voi e il vostro angelo custode avete deciso insieme un diminutivo, escludendo le lettere per voi impronunciabili.

Il vostro angelo custode farà tutto il possibile per suggerirvi il suo nome e aiutarvi a ricordarlo. A questo scopo, gli angeli hanno reclutato anche il mio aiuto, chiedendomi di dirvi: «Il nome del tuo angelo custode è quello che ami con tutto il cuore».

Con alcune persone – e soprattutto i bambini – mi basta pronunciare questa frase perché ricordino all'istante il nome del loro angelo. Ma di solito gli adulti impiegano più tempo, e spesso respingono il nome che viene loro in mente, convincendosi che non può essere quello giusto! A volte lo considerano troppo sciocco, o indegno di un angelo custode. I bambini non hanno di queste remore, e alcuni mi hanno presentato il proprio angelo custode con nomi come Stinky, Puddleboots, Fishy e Ireland. Ricordate: in Paradiso voi e il vostro angelo custode avete scelto insieme il suo nome.

Prendetevi un momento e chiedete l'aiuto del vostro angelo per risvegliarvi la memoria. Non abbiate paura di farlo avvicinare. Basta che riserviate un piccolo spazio, una parentesi di tempo, e lui si avvicinerà. Non servono circostanze particolari: potete farlo mentre lavate i piatti, durante una passeggiata, a bordo di un autobus, ai fornelli, o semplicemente seduti in poltrona. Per qualche istante concentratevi sul vostro angelo custode, senza pensare a nient'altro. Lui è già al vostro fianco, e sa che vi state sforzando di ricordare il suo nome.

Cercate di tornare bambini. Mettete da parte ogni scetticismo e ogni dubbio. Non lasciatevi intralciare dai condizionamenti subìti nel corso degli anni. Ripensate alla vostra infanzia, e lasciate affiorare i ricordi. Forse vi verrà in mente una parola associata a una canzone preferita, a un animale domestico, o a un parente. È in questo modo che il vostro angelo custode comunica con voi.

O magari provate una particolare predilezione per un fiore, un albero o un animale. Possono essere indizi suggeriti dal vostro angelo, per rammentarvi il suo nome. Forse non vi ha mai sfiorato il pensiero di provare un'inclinazione per un dato nome, o per una parola. Lasciate che affiori adesso.

Conoscere il nome del nostro angelo può farcelo sentire più vicino, ma per lui va benissimo anche venire interpellato come «Angelo Custode». Conta solo che vi mettiate in comunicazione con lui. Mi hanno anche chiesto di dirvi che se volete chiamarli per nome, ma non riuscite ricordarlo, potete sceglierne uno nuovo, custodirlo nel cuore, e il vostro angelo custode lo accetterà come proprio, per sempre. A questo punto arriva il suo amore incondizionato per voi.

Appendice

Preghiera dei tuoi Angeli della Guarigione

Nel mio libro *Un angelo tra i capelli*, mi soffermo su una serata speciale in cui l'arcangelo Michele mi ha dettato una preghiera che, da allora, lascio a tutte le persone che mi chiedono di aiutarle. Tutti gli angeli operano a favore della guarigione; esiste comunque una particolare categoria di creature celesti che annovera i cosiddetti «angeli della guarigione», convocati dagli angeli custodi quando occorre intervenire per guarire particolari situazioni della vita. Ci sono milioni e milioni di angeli della guarigione, con i quali Dio inonda senza sosta il nostro pianeta. L'unica cosa che dobbiamo fare è invocare il loro aiuto.

Dobbiamo sempre rammentare che la guarigione avverrà nel modo che Dio ritiene più giusto per noi. A volte non ci accorgiamo che è avvenuta, poiché potrebbe essere diversa da quella che avevamo chiesto; potrebbe essersi compiuta a livello emozionale o spirituale e non sul piano fisico. Dobbiamo osservare attentamente ciò che accade intorno a noi, affinché ci sia possibile riconoscerla nel preciso istante in cui ci viene concessa. Spesso, la guarigione può sembrare di lieve entità come nel caso, per esempio, di una persona che ha sofferto a lungo di depressione, e d'un tratto ride o sorride; possiamo parlare di guarigione anche laddove una persona riscontri un notevole miglioramento delle sue condizioni di salute, dopo una serie di gravi disturbi a livello fisico; anche una madre molto stressata e incapace di far fronte ai suoi impegni, che all'improvviso si sente pervadere da una grande gioia, può dichiarare a ragion veduta di essere guarita.

Molte persone mi hanno rivelato di aver ottenuto un riscontro positivo da questa preghiera, poiché gli angeli della guarigione hanno risposto alle loro invocazioni, aiutandole a sentirsi meglio. Nel corso degli anni, tantissime persone mi hanno raccontato le loro esperienze, spiegandomi di essere convinte che questa preghiera si sia dimostrata una fonte di aiuto per loro o per i loro cari. Sono anche molte le persone che mi hanno detto di aver trascritto la preghiera su un foglio che portano sempre con loro; altri invece l'hanno consegnata a coloro che ne hanno bisogno.

Preghiera dei tuoi Angeli della Guarigione,
che Michele, il tuo arcangelo, ti porta da parte di Dio.
Oh Angeli della Guarigione,
Oh tu, Schiera Celeste,
riversate su di me,
e su tutte le persone che amo,
la luce delle vostre mani che portano la Guarigione.
Oh Angeli della Guarigione,
fate che io senta su di me la vostra fulgida luce.
Permetterò alla vostra Guarigione di cominciare
il suo percorso,
qualunque esso sia, secondo la volontà di Dio.
Amen.

Ringraziamenti

Fin da quando ero piccola, gli angeli non hanno mai smesso di ripetermi che sarei diventata un'autrice di bestseller, e che avrei fatto conoscere al mondo intero i messaggi provenienti dalla loro dimensione e da Dio stesso. Io scoppiavo immancabilmente a ridere, facendo loro notare quanto fosse improbabile che un simile evento potesse verificarsi, visto e considerato che sapevo a malapena leggere e scrivere. Ciononostante, loro mi rassicuravano dicendo che «mi avrebbero mandato un aiuto». Quell'aiuto si sarebbe materializzato attraverso le fattezze di Jean Callanan, il cui supporto sta rapidamente trasformando in realtà concreta tutto ciò che gli angeli avevano pronosticato. Ogni giorno ringrazio Dio e gli angeli per avermela mandata: senza la sua professionalità, il suo impegno costante, il suo talento creativo e la sua capacità di comunicare con tante persone sparse in ogni angolo del pianeta, non sarei stata certamente in grado di raggiungere questi traguardi. Desidero anche ringraziarla per la simpatia, la pazienza – a volte messa a dura prova dalla sottoscritta – e l'amicizia che mi dimostra.

Sono inoltre felice che Dio e gli angeli abbiano permesso a Mark Booth di entrare a far parte della mia vita, non soltanto in veste di editor ma anche di amico. Mark è molto esigente e mi sottopone di continuo a un fuoco di fila di domande; io do per scontato che gli altri sappiano molte cose sul mio conto; Mark non condivide affatto questa mia teoria, obbligandomi così a fornire delle spiegazioni esaurienti e circostanziate. Apprezzo molto tutte le domande che mi rivolge costantemente per sondare il terreno anche perché, non di rado, riguardano particolari elementi ai quali non penserei mai di mia iniziativa. La sua insaziabile e profonda curiosità, così come l'interesse e l'entusiasmo che non manca mai di manifestare, hanno notevolmente migliorato la qualità di questo libro sotto molti aspetti, non ultimo quello legato alla componente introspettiva. Mark mi ha sempre difeso e sostenuto fin dalle primissime fasi, che hanno costituito il preludio alla mia crescente popolarità, e di questo gli sono profondamente grata.

Ringrazio Charlotte Haycock per non avermi mai fatto mancare il suo sostegno. L'efficienza, al pari della pazienza, che sa dimostrare nei momenti in cui siamo tutti particolarmente sotto pressione, fanno sì che diventi una gioia lavorare con lei.

Un grazie anche agli altri membri del team di Hodder & Stoughton e ai curatori della collana Coronet Books. Pian piano, li sto conoscendo a uno a uno. Sono rimasta molto colpita dal loro entusiasmo e dalla loro professionalità; anche per questo motivo, spero vivamente che mi sia concessa l'occasione di conoscerli meglio in futuro. Ringrazio soprattutto Kerry Hood, Lucy Hale e il suo team commerciale, oltre allo staff superlativo della succursale irlandese della casa editrice Hachette. Inoltre, vorrei ringraziare Alice Wright, che ha realizzato in modo magistrale la grafica della copertina di questo libro. Moltissime persone hanno dato ascolto ai loro angeli, contribuendo così a diffondere il messaggio che Dio e gli stessi angeli mi hanno chiesto di rivelare. A onor del vero, i nomi che dovrei citare sono davvero troppi; sorvolerò poi sul fatto che molti di loro lo hanno fatto a mia insaputa. Tuttavia, ritengo doveroso ringraziare Eoin MacHale, per la grande generosità con cui ha creato il mio sito web, del quale continua peraltro a occuparsi aggiornandolo regolarmente, per non parlare del ruolo importante che ha avuto nella realizzazione di numerosi video. Un grazie anche a Jennifer Hill Robenalt, che ha contribuito alla gestione degli aspetti relativi al mercato americano, a Stefanie Diaz dello studio associato Sanford J. Greenburger di New York, per il fantastico lavoro svolto nell'ambito della cessione dei diritti internazionali, a Stephen Mallaghan, che funge mirabilmente da ambasciatore degli angeli e anche della sottoscritta. Ringrazio anche Paul Wallace, Finola Bruton, Mags Carty e Suzy Burton.

A questo punto, ritengo doveroso ringraziare le migliaia di lettori che hanno trasmesso il messaggio di speranza degli angeli attraverso il passaparola. Sebbene mi sia stato possibile conoscere solo una parte infinitesimale di queste persone, prego ogni giorno per tutti coloro che danno ascolto ai loro angeli, realizzando così la volontà di Dio.

Gli ultimi tre anni sono stati frenetici e intensi per me, sotto molti punti di vista. Sarebbe stato tutto molto più difficile, se non avessi potuto contare sul sostegno degli amici che, pur non essendo coinvolti direttamente nella stesura di questo libro, hanno reso più semplice e piacevole la mia vita. Per questo motivo, desidero ringraziare Brian Kelly per la sua amicizia e il suo sostegno, Catherine e John Kerrigan, John Carty, Michael e Angela Lennon, Manolo Link e Sally White. Ringrazio la famiglia Mallaghan per la cortesia, l'amicizia e la calorosa ospitalità che hanno riservato a me e a mia figlia. Ringrazio inoltre mio genero Brendan Mackey, che mi è stato di enorme aiuto, anche per la sua capacità di farmi ridere.

Vorrei ringraziare anche Kathleen Deniff, sua figlia Catherine e tutta la sua famiglia per l'amicizia e la grande disponibilità che mi hanno dimostrato.

Chiunque legga questo libro scoprirà che ho una figlia adolescente. Senza l'aiuto degli altri miei figli, non sarei stata certamente in grado di portare a compimento tutti i miei impegni e tutti i miei progetti. La mia figlia maggiore è come una seconda madre per lei, mentre i miei due figli maschi sopperiscono, fin dove possono, al vuoto lasciato dal padre. Sono profondamente grata a tutti loro per il supporto che non mi fanno mai mancare. Ho un debito di riconoscenza anche per l'amicizia solidale che mi dimostrano, e per il grande affetto che ci lega. Recentemente, sono diventata nonna per la prima volta: la nascita di mio nipote mi ha suscitato un'intensa emozione.

Desidero infine ringraziare la mia figlia più piccola. Ammiro il modo in cui ha imparato a gestire le mie assenze da casa o le lunghe ore che ho trascorso a lavorare dietro una porta chiusa. So bene quanto sia difficile per lei dover accettare tutto questo. Sono peraltro consapevole del fatto che sente terribilmente la mia mancanza, ogni volta che devo partire per un viaggio. Anche lei mi manca molto: la considero un dono preziosissimo.

Indice

Finito di stampare nel novembre 2021 presso
Elcograf S.p.A. – Stabilimento di Cles (TN)
Printed in Italy